校园足球发展
与师资培养研究

问绍飞 著

吉林大学出版社
·长　春·

图书在版编目(CIP)数据

校园足球发展与师资培养研究 / 问绍飞著. —长春：
吉林大学出版社，2020.9
ISBN 978-7-5692-7082-2

Ⅰ.①校… Ⅱ.①问… Ⅲ.①青少年—足球运动—教
练员—师资培养—研究—中国 Ⅳ.①G843.2

中国版本图书馆 CIP 数据核字(2020)第 173733 号

书　　名　校园足球发展与师资培养研究
　　　　　XIAOYUAN ZUQIU FAZHAN YU SHIZI PEIYANG YANJIU

作　　者　问绍飞　著
策划编辑　樊俊恒
责任编辑　樊俊恒
责任校对　刘守秀
装帧设计　马静静
出版发行　吉林大学出版社
社　　址　长春市人民大街 4059 号
邮政编码　130021
发行电话　0431—89580028/29/21
网　　址　http://www.jlup.com.cn
电子邮箱　jdcbs@jlu.edu.cn
印　　刷　三河市铭浩彩色印装有限公司
开　　本　787mm×1092mm　1/16
印　　张　14.25
字　　数　260 千字
版　　次　2021 年 5 月　第 1 版
印　　次　2021 年 5 月　第 1 次
书　　号　ISBN 978-7-5692-7082-2
定　　价　70.00 元

前　言

足球运动在当今世界上的影响力是其他运动项目不可相比的,其拥有最为广泛的群众基础,并且跨越不同文化而成为世界公认的文化形式。我国也对足球运动的发展非常重视,并为此做出过不少努力。校园足球作为足球运动的重要形式,在我国深受学生喜爱,为此许多学校都将这项运动纳入体育教学的范畴之中。以足球课程教学和足球活动为主要形式开展的校园足球活动不仅对学生的身心发展和社会适应力有极大的促进作用,还对学生养成良好运动习惯,培养终身体育意识大有助益。这些价值的彰显都使得校园足球成为当前足球领域研究的重点课题。

校园足球的发展离不开校园足球教师。校园足球师资的质量高低直接决定了校园足球开展的质量及其可持续发展的势头。为此,注重对足球师资的培养也是提升我国校园足球发展水平的关键环节。因此,为更加深入地了解我国校园足球发展状况以及足球师资的培养情况,特撰写《校园足球发展与师资培养研究》一书,以期为我国校园足球的发展做一些贡献。

总地来看,本书具有内容编排合理、逻辑关系紧密、理论分析透彻和与时俱进等特点。在详细分析我国校园足球总体开展情况以及足球师资培养状况的同时,还以江苏省作为个案具体阐述相关情况,使所论证的观点更加具有说服力。

本书共七章。第一章首先阐述了足球与校园足球运动的概述,便于人们对足球这项运动有一个总体认识;第二章重点研究的是全国校园足球运动的整体发展情况,包括校园足球开展的背景与原因、现状与问题以及可持续发展的方法;第三章以江苏省为例,对校园足球运动的发展进行了研究,具体包括了相关政策分析、发展现状以及发展策略;第四章至第七章重点研究的是校园足球师资的内容,第四章首先阐述了校园足球师资的基本知识,第五章探讨了校园足球师资胜任力的问题,第六章研究的是校园足球师资的培养情况;第七章以江苏省为例,对校园足球师资培训体系的构建进行了探索,这部分内容对切实提升校园足球师资水平可以提供一些启发。

本书在撰写过程中参考借鉴了相关专家学者的理论和研究数据,在此向他们付出的辛勤劳动表示感谢!由于水平有限,书中难免会有疏漏或不足之处,恳请广大读者予以批评指正,不胜感激!

作　者

2020 年 3 月

目 录

第一章　足球与校园足球运动概述

足球运动被誉为"世界第一运动"，之所以获得这样的美誉就在于足球运动本身具有多种魅力和价值。校园足球是足球运动开展形式中的一种，通过在校园中开展这项运动，可以培养学生出色的身体素质、顽强的意志品质和团队协作能力，意义深远。因此，本章对足球和校园足球的基本理论进行阐述，以使人们更清晰地了解这项运动。

第一节　足球运动概述

一、足球运动的起源

（一）古代足球的起源

足球是一种以脚作为主要控球部位开展的，并在一定规则要求下进行的以将球踢进对方球门为目标的攻防运动。可以说，足球是当今世界上开展最广泛、影响力最大的体育项目。在现代，一场高水平足球赛事可以吸引成千上万的现场观众和数以亿计的电视观众，网络时代的到来更让足球受众再一次出现数量爆棚。在日常，足球已然成为人们茶余饭后的重要谈资。当追溯足球的源头时可知道，古代的足球只是一种仪式，或是一种游戏。对足球的溯源主要有以下几种学说。

（1）宗教说。宗教说的观点认为足球起源于远古时期的一种宗教活动。在活动中，人们将足球看作太阳，它赋予万物生命和维系生命的生长。还有的观点认为在仪式活动中，足球被看作是野兽的头，活动中哪一方能争抢到这个头，就预示着来年会获得丰收。

（2）游戏说。游戏说的观点认为足球起源于古代的某种游戏。我国有文献记载，在公元前15世纪就出现了一种"足球舞"游戏，后来这项游戏演变为"蹴鞠"运动。在商代甲骨文中也有对于"足球舞"的描述。在我国的《史记》中，司马迁也详细描述了齐国百姓开展蹴鞠活动的情况。不仅在我国,在西方国家中也有一些关于类似今天足球运动的游戏记载,像意大利的"gioco del calcio"(一种脚踢运动)。这些都属于个体游戏,都是一种用脚踢的娱乐方式。

(3)比赛说。比赛说的观点认为足球是由我国祖先黄帝创造的,他首先利用其作为人的身体素质训练手段使用。而后来的汉高祖刘邦则在宫苑内修建了开阔的校场——鞠城。这是一个两端设有鞠室的空旷场地,参加比赛的双方的目标都是尽量将鞠比对方多踢进对方的鞠室。如此的比赛形式已经非常接近于现代足球了。就此看来,比赛说最为贴近现代足球运动的起源和发展特征。

尽管上述几种关于足球的起源说法都有一定的可信度,但至今仍没有哪一种能够完全得到学界的认可。

国际足联曾在其《国际足球发展史》报告中指出:"足球发源于中国,由于战争而传入西方。"前国际足联主席阿维兰热也曾在北京举办的首届"柯达杯 16 岁以下国际足联世界少年足球锦标赛"的开幕式上正式宣布了"足球起源于中国"。

(二)现代足球的起源

英国是现代足球运动的发源地。据史料记载,有一种类似现代足球的游戏于公元 1066 年之后出现在罗马,名为"哈巴斯托姆(harpastum)",这项游戏后来传入英国,此后便逐渐流行开来。刚开始流行的这项类似足球的游戏并没有什么特别明确的规则,比赛时双方会用手拉脚绊等各种方式阻止对方进攻,有时候运动者还会用手抱着球跑。当然场地也没有什么规格可言,一片空旷的场地即可。正是由于这种游戏缺乏规则约束,经常导致比赛双方发生激烈的肢体冲突,好好的一场比赛最终演变成一场"全武行",也正因如此,这项游戏被人们称为"暴民足球",同时认为参加这种运动的人多为没有教养的人。鉴于这项活动的"低端",从 1314 年开始直至 1660 年,英国国王爱德华二世颁布法令禁止此项运动。而从 1680 年起,英国王室和贵族阶级人士重新热衷了这项运动,由此使得足球在英国更为广泛地开展起来。

到 19 世纪时,足球运动在英国的发展可谓达到了较高的水平,其在社会中广泛开展,甚至在学校中也是主流体育运动项目。1823 年,一名叫埃利斯的学生先是为橄榄球制订了简单的比赛规则,后来经过 20 多年的补充和发展,英式橄榄球规则制订完成。1849 年,伊顿公学废除了橄榄球规则中用手传球、带球的条款,改变后新出现的规则就被视为最早的足球运动规则,这也是现代足球运动正式出现的标志。

　　英式足球从英式橄榄球中分离出来以后继续获得演化和发展。1863 年 10 月 26 日,来自伦敦和郊区的 6 所公学的足球队代表组成了英格兰足球协会。与此同时,协会将比赛规则进一步发展和完善,使得英式足球极具观赏化。人们对足球运动观赏的强烈要求催生出了该项运动的"钱途",于是,足球比赛组织方开始向观众收取门票费。就这样,现代早期的足球运动出现了商业化的萌芽。1865 年,英足总承认了职业足球的合法性。1888 年 3 月 22 日,英格兰地区组建了"英格兰足球甲级联赛",该联赛首届赛事共有 12 支球队参加,最终夺冠者为普林斯顿队。

二、足球运动的发展

(一)世界足球运动的发展

　　世界上第一个足球俱乐部于 1857 年在英国谢菲尔德郡成立,这就是至今仍然存在于英格兰足球联赛之中的谢菲尔德足球俱乐部。在此之后,英国其他地区也纷纷建立起了众多足球俱乐部。越发增多的足球俱乐部使得彼此之间的交流比赛增加,此时就需要有一个专门的组织负责这些事务。于是,1863 年英格兰足球协会成立,该协会创始成员有 11 个。据此,1863 年就成了现代足球运动的诞生年。

　　1868 年和 1870 年,英国人分别将足球运动带到非洲和大洋洲。

　　1872 年,世界上第一场正式比赛开场。比赛是泛英足球赛,对阵双方为英格兰和苏格兰。

　　1885 年,第一家职业足球俱乐部在英格兰成立。在此带动下,欧洲的西班牙、意大利等多个国家也建立了职业足球俱乐部。

　　1888 年,在苏格兰举办了足球联赛。

　　1894 年,足球运动传入巴西。

　　此后一段时期内世界范围内的足球活动逐渐增加,各方都有成立一个国际性的足球组织来协调各种足球事务的呼声。于是,国际足球联合会(FIFA)在 1904 年 5 月 21 日成立,总部设在瑞士苏黎世。

　　1908 年,奥运会将足球运动纳入正式比赛项目之中。

　　1925 年 6 月 13 日,国际足联对越位规则的设立极大地推动了足球技战术乃至足球运动的发展。

　　1930 年,第一届世界足球锦标赛在乌拉圭举办,此后这项赛事因第二次世界大战的爆发而中断了长达 12 年。

　　20 世纪 50 年代初,匈牙利作为世界足坛的劲旅尝试使用"四前锋"的打法,该战术极具进攻性,能给对手以极大的压迫感。就此成为世界足球的主流打法。这种打法直到巴西人创造"4—2—4"阵型之后才逐渐"没落",之后便是荷兰人首创的全攻全守打法①。

目前,世界足球运动主要有三大流派。

第一种是欧洲派。欧洲派的打法特点通常为有着严格的战术纪律,运动员以力量见长,长传准确,追求快速推进到对方半场甚至禁区前沿,打法更加硬朗、简练和实用。这种流派的代表球队有英格兰队、意大利队和德国队。

第二种是欧洲拉丁派。欧洲拉丁派的打法特点为队员普遍灵巧、速度快、个人技术娴熟,但同时也讲究整体配合,擅长利用短传进行长短结合、边中结合的配合,特别擅长抓攻防转换的进攻时机。这种流派的代表球队有西班牙队和葡萄牙队。

第三种是南美派。南美派的打法特点为队员普遍拥有非常花哨的个人技术,一对一能力和创造力较强,团队配合以短传和小范围传控为主,但战术纪律相对松散,灵活性和随机性强。南美球员身材普遍不是特别高大,但灵活性、柔韧性和协调性俱佳。这种流派的代表球队有巴西队、墨西哥队、阿根廷队。

世界杯足球赛是世界上影响力和权威性最高的足球赛事。国际足联曾规定如果某支球队获得三次世界杯冠军,则冠军奖杯"雷米特杯"将由该国永久所有。在1970年第9届世界杯上,巴西队第三次获得冠军,"雷米特杯"被巴西永久所有。此后国际足联确定了新的世界杯奖杯为"大力神杯",并规定该奖杯为永久流动奖杯,冠军国家仅有四年保留权,至下届世界杯开始前归还。

20世纪70年代末,世界足球开启了职业化的浪潮,这标志着世界足球的发展来到了一个新高度。足球运动的职业化首先在足球发达国家中开始,然后普及到世界其他足球地区。20世纪90年代初,亚洲各国也开始尝试足球职业化改革,我国的足球职业化改革也是在这一时期开始的。

(二)现代女子足球运动的发展

现代女子足球运动出现于19世纪末的英国。当时的英国正在大搞女性参政的宣传工作,借此势头,女性在社会中的地位大大提升,使得过往只有男性参加的运动中也出现了女性的身影,足球运动就是其中之一。不过,即便此时女性开始参加足球运动,但女足运动并没有得到广泛的民众支持,

---

① 张瑞林.足球运动[M].北京:高等教育出版社,2005.

其比赛也没有得到官方承认。这主要是受人们长期以来的传统观念禁锢造成的局面,甚至医学界还特意拿出相关研究成果证明女性参加足球运动对身体有害的事实。到第二次世界大战期间,许多女子足球队消失,直到战后才又慢慢地得以恢复和发展。

进入 20 世纪五六十年代,随着妇女解放运动的进一步兴起,一些欧美国家开始逐渐放开足球运动对女性的禁闭,承认了女足运动的合法性,这也就使得这一时期出现了许多非正式的女足比赛。20 世纪 70 年代初,国际足联也认可了女子足球运动,并于 20 世纪 90 年代初成立了负责世界女足事务的管理委员会。1996 年的亚特兰大奥运会第一次将女足比赛纳入正式比赛项目,这极大促进了女足运动在全世界的发展。

下面具体对世界主要地区的女足运动的发展进行简述。

1.欧洲女子足球运动

现代足球运动的发源地是英国,同样,女子足球的发源也在英国,并且其最初的传播也是在欧洲大陆上。世界上最早的女子足球队于 1890 年初在英格兰成立。1892 年,英格兰"普雷斯顿迪克"女子足球队访问美国,与当地业余男子足球队进行了一场友谊赛,这在当时引起了一波不小的轰动效应。1894 年,第一支女子足球俱乐部在英格兰成立。此后,女足运动的发展进入缓慢期。1960 年,联邦德国足协特别设置了女足工作特别委员会来专门管理女子足球事务。这一举动实际上是对女足运动的一种支持,不仅如此,该协会还专门培养专供女足比赛使用的女性裁判和女性足球教练员。同年,瑞典等斯堪的纳维亚半岛国家也开始发展女足运动,有些国家甚至将其纳入学校体育教学内容之中,积极鼓励女学生参加足球运动。东欧国家的女足发展也不甘落后,许多当时的社会主义阵营国家也大力倡导女性积极参加工厂、学校和官方业余女子足球队。20 世纪 60 年代末,意大利和瑞典尝试举办女子足球联赛。1971 年,女足运动在比利时刚一得到认可,短时间内就有 50 多支女足俱乐部注册成为正规女足俱乐部。冰岛足协尝试举办了室内女子足球锦标赛。1984 年,欧足联举办了第一届欧洲女子足球锦标赛,赛事取得了巨大成功,这使得女足运动在欧洲的发展呈现出欣欣向荣的趋势。

2.美洲女子足球运动

南美洲国家的女性地位普遍偏低,很长一段时间内,人们对女性参加体育运动更是充满冷嘲热讽,因此该地区的女足运动始终难以发展起来。巴西是南美洲较早开展女足运动的国家。巴西在 1965 年就成立了第一支女足球队,承担球队训练工作的也更多是女性。在巴西女足运动发展取得一定成就后,阿根廷、委内瑞拉、秘鲁等国也逐步推广女足运动。

北美洲可谓是女足运动较为发达的地区,其代表国家就是美国。20世纪70年代初,美国有一些女足球队为了获得比赛机会加入了美体联半职业男子足球俱乐部中。美国于1974年成立了女子足球组织,1979年正式组建了第一支女足俱乐部。女足运动在美国的发展非常理想,以至于到20世纪80年代中期时,美国已注册的19岁以下女足运动者多达一百万人。女足管理机构建立起了一套分级、分龄的多层次女足竞赛体系,以此让不同年龄段和不同运动水平的球员都能得到锻炼和提升自我足球技能的机会。1997年,美国正式建立了女足联赛机制,打造出了美国女足职业大联盟的品牌赛事。该项赛事后来也成为世界上最为顶级的女足联赛之一,吸引了世界最高水平女足选手的加盟。

总的来说,通过一个阶段的发展,尽管美洲在女足普及程度和整体运动水平上不及欧洲,但美国和巴西这两位佼佼者绝对是世界女子足坛中的顶尖球队。

3. 亚洲、非洲、大洋洲女子足球运动

在亚洲,新加坡是最先开展女足运动的国家,此后泰国、日本等也开始关注女足运动。日本的女足运动首先是由学校渠道开展的,这符合日本体教结合的一贯思路。1964年,新加坡和泰国的女足运动得到官方承认,新加坡还将女足运动列为全国运动会的正式比赛项目。1968年4月,为了促进亚洲女子足球运动的发展,亚洲各国足协达成一致意见,成立亚洲女足协会。第1届亚洲女子足球锦标赛于1975年举办。1985年亚洲足球联合会成立女子足球委员会。20世纪80年代后期,日本出现了女子职业足球队。同期,朝鲜和韩国的女足运动也逐渐发展起来。1990年亚奥理事会正式决定将女足运动纳入亚运会正式比赛项目之中。

非洲地区历来是足球天才的诞生地。但对于女足来说,它的开展是相对落后的,仍旧有着巨大的进步空间。1980年,北非国家阿尔及利亚首先倡议从国家层面上开展女足运动,这一倡议得到了其他非洲国家的普遍支持和响应。20世纪90年代,尼日利亚男足在国际赛场上的异军突起直接刺激了国内女足运动的开展,由此就使得尼日利亚女足在很短的时间内获得了发展,并且很快就成了女足世界中的一支劲旅。

大洋洲女子足球运动是以澳大利亚和新西兰为代表的。1974年澳大利亚成立女子足球协会,很快其注册女足会员就达到1万名。1975年新西兰在原北岛女足组织的基础上成立了全国女子足球协会,如此一来,新西兰

全国的女足俱乐部几乎遍及全国城市。进入 20 世纪 90 年代以后,新西兰每年都会举办不同年龄段的女足赛事,一些运动水平较高的女足队员还加盟到了欧美女足联赛中。

(三)现代足球运动的发展趋势

足球运动的发展受社会经济、科技、文化等多重因素的影响,随之就会呈现出不同的发展趋势。因此,这里就从足球内外部角度出发,对足球技战术、足球产业化、足球职业化和足球全球化等的发展趋势进行分析。

1.足球运动技战术发展趋势

(1)现代足球运动技术发展趋势。

①球员技术越发全面和精湛,许多球员可以胜任多个位置。

②技术动作越发追求快速。

③技术动作拥有越发明显的对抗性。

④技术动作的使用时机越发合理。

(2)现代足球运动战术发展趋势。

①球员在场上的司职位置比过往有了更多的不确定性,如在需要下,防守球员也要参与到进攻战术中,而进攻球员也可能会参与到防守战术中。

②战术越发倾向形成整体和保持阵型的完整性,过往那种仅凭个人能力就完爆对方后防线的情况越发少见。

③球员越发要通过执行适当的战术来争夺场上的主动权。

④球星的作用依然重要,其多为攻防战术组织的核心,以及打破僵持局面的关键角色。

⑤定位球战术越发成为打破场上僵局的利器。

⑥攻防转换战术越发受到重视。

2.足球运动产业化发展趋势

足球运动在今天已经形成了一个较为完备的产业,其之所以能走上产业化的道路,主要在于其职业化的发展方向。足球作为一项富有十足魅力的运动,受到众多球迷的关注。再加上现代产业化理念的影响,球迷群体必然成为足球消费的潜在群体。为此,足球管理部门也相应加强了服务质量和降低费用等经营方式,以足球联赛为依托,促进足球产业化发展。现代足球产业化的发展趋势表现在以下几个方面。

(1)市场的开发。足球比赛是足球产业的根基。就一场足球比赛的开发来说,其能获得的收益模块有门票、广告、赛事转播权的出售,以及各类赞助等。

①门票:门票是各俱乐部运营的一项收入。以联赛水平较高的意大利甲级联赛为例,其中的 AC 米兰队的收入有 67%～70% 来自门票。

②广告:足球比赛中的广告收入有场地广告和电视广告两种。例如,1986 年第 13 届世界杯赛,每个赛场竖两块广告牌收费为 700 万美元,而 1994 年世界杯,这类广告收费达到 1 700 万美元。

③赛事转播权:赛事转播权收入是众多足球赛事收益模块中的大头。现如今,每到世界重大足球赛事开幕之前,众多媒体对比赛的转播权的争夺都是非常激烈的。之所以媒体对赛事转播权非常看重,也是基于看好足球赛事的举办影响,高质量、高品位的足球赛事是提高电视台收视率的有效方法,正是这一诱惑力,使得英国的天空电视台在 2001 年用 11 亿英镑的天价买断了英超联赛的 3 年电视转播权。此后的十几年,各媒体为了获得足球的赛事转播权所投入的资金更是不断攀升。

④赞助:足球运动中获得的赞助一般是赞助商提供给球队或赛事组委会,以此换得实物、资金、影响力等利益的物质赋予行为。现如今的俱乐部和赛事组委会的活动资金多是以这种形式获得的。

(2)足球商品的买卖。足球商品是那些有赛会或俱乐部等各种标志的产品、纪念品、用品及服饰等物品。对于这些标志,详细说来有球队队徽、赛事会徽、吉祥物形象等标志。例如,皇马、曼联等世界知名足球俱乐部会出售众多印有球队队徽的商品,购买者络绎不绝,他们多是这支球队的粉丝。

(3)资产经营与资本运营。资产经营主要针对的是足球俱乐部对球员、教练员、经营人员及其他俱乐部所属的无形资产的经营行为。在商业化的职业足球中,球员、教练员等都可以被视为是一种"商品",这类特殊的商品会随其专业能力的增减升值或贬值。例如,著名球星 C·罗纳尔多从皇马转会到尤文图斯就是一笔非常轰动的转会,因为 C 罗的到来使尤文图斯的关注度倍增,该俱乐部的门票收入、广告费、赞助费也成倍增长,俱乐部可谓做了一桩非常划算的买卖。

在资本运营方面,足球已成为现今体育运动领域中商业化最为成功的项目,如此成功的项目注定不能缺少盈利模式。就现代的足球资本运营来说,通常涉及职业俱乐部实行股份制时的股票经营以及足球彩票的经营等。在英国、意大利、法国等足球发达国家中,每年参与足球博彩活动的就有约 1 000 多万人次,政府能从这一产业中获得 7.3 亿美元以上的收入,本国足协则可从其中得到 2.3 亿美元以上的收入,而在网络越发发达的今天,足球博彩业更加蓬勃发展,各有关利益团体能从这一行业中获得更多的收益。

3.足球运动职业化发展趋势

足球运动的职业化实际上在早期就曾存在过,但那时的足球俱乐部的职业化更多是通过开展群众性足球活动获取一定的收益来支持俱乐部的运转。这种职业化的水平相对较低,并不是今天意义上的完全职业化的形态。

1876年,英国的谢菲尔德星期三足球俱乐部为了增强球队的实力,以花费资金的形式购入了球员詹姆斯·兰。自此,足球俱乐部的转会形式带动了足球职业化的发展。正因职业足球活跃了英国足球,所以才使得英国在当时的世界足坛中占有领先地位,它们无疑是19世纪末和20世纪初的世界足坛王者。

众多期待发展足球运动的国家在看到英国的成功经验后,也逐渐开始探寻本国的职业足球发展之路。于是,在20世纪30年代,各国纷纷尝试建立本国的职业足球俱乐部和联赛。1930年,以不分职业与业余的世界杯足球赛为标志,职业足球终于得到了国际社会的认可。为了紧随时代发展,我国也在1994年尝试了中国足球的职业化发展道路,举办了由各足球俱乐部构成的中国足球职业联赛。而足球运动也成为最早在我国走职业化发展道路的运动项目。时至今日,我国的职业联赛历经20多年的发展,已经涌现出了几支能够在世界俱乐部排名上位居中上阶段的俱乐部,同时由足球俱乐部带动的足球大众文化也在我国传播开来。

之所以足球运动是体育运动职业化的排头兵,关键在于其非常符合足球运动乃至体育运动的本质发展规律。再有,足球俱乐部的市场化经营直接面对的就是供需市场,只有提升了俱乐部的经营水平和球队的竞技水平,打出让人赏心悦目的比赛,自然就能吸引到更多的球迷,如此就在提升足球运动水平的同时,收获不菲的经济效益,这是一项两全其美的事情。

4.足球全球化发展趋势

足球运动及其文化在今天的发展早已超出了其体育运动本身的范畴,其背后还承载着众多物质和精神财富。为了让这些财富获得更快的积累,脱离全球化的趋势显然是不行的。当今足球运动的发展,必须走上全球化的发展道路。

现代足球在竞技层面展现给人们的是世界杯和各国高水平联赛。足球竞赛带动了足球经济的发展,而不同国家足球俱乐部间的球员转会也成为交流各国足球的纽带。众多企业依托足球比赛的赞助冠名,提升了企业形象和知名度,从中获取了不菲的收益,他们的赞助也对足球运动的推广和普及起到了支持作用。博彩业也将各国的足球赛事设置为重要的开彩项目。

如今的足球运动发展借助全球化势头已经成为国与国之间的交往渠道。足球,成为国家之间展现友谊和交流文化的重要形式,通过足球的形式,可以在增进两国友谊、消除隔阂、协调国际关系,维护世界和平等方面发挥出巨大作用。

三、足球运动的特点

足球运动被众多大众接受和喜爱,是基于其本身所具有的众多特点。

(一)足球运动的常规性特点

1.极强的对抗性

在足球比赛中,双方球员要在同一片球场中努力争夺对球的控制权,完成进攻或防守任务。为此,球员要通过全方位对抗来做到这点。对抗,始终是足球运动中的核心,这种对抗不只是技战术层面的,更是身体上的乃至心理上的。早期足球运动由于没有给身体接触制定规则,所以经常出现野蛮的犯规动作,给球员以较大的身体伤害。后来在规则的约束下,这种对抗变得更加合理。现代足球在进攻和防守两端都要经历不小的对抗才能实现战术目标。例如,在防守时需要合理的卡位、冲撞和铲断等来阻止对方的进攻;在进攻时要通过速度的比拼和战术配合奋力摆脱对方的防守,给传球和射门创造机会。有数据显示,一场高水平足球比赛中双方会因各种争抢动作倒地达200次以上,这一数据足以证明这项运动对抗的激烈。尤其是当足球来到禁区附近区域时,双方的对抗会急剧增加,场面刺激,扣人心弦。

2.攻防的整体性

现代足球的发展更加看重球队的整体性,即不论是进攻还是防守都注重整体协同进行,这使得过往那种由一两名球星就能控场的战术不再可行。为了使球队能更好地在场上协同,就需要一个严格的战术纪律约束球员的行为,这也是统一球员思想的信号旗,在战术的要求下,球员们就知道进攻时如何跑位,防守时如何站位,攻防转换如何具体进行。只有形成整体的攻守,才能取得比赛的主动权。其实在球场外,还有另一种整体性发挥着作用,那就是球队后勤保障给予场上球员的支持,包括医疗团队和信息技术团队所做出的医疗和技术支持等工作。

3.技战术的多样性

技战术是足球运动不可分割的重要组成部分,技战术的发展也成为带动足球运动总体发展的一种风向标。为了获得比赛的胜利,球员要具备出色的技术能力和战术执行能力,而掌握的技术越精湛,掌握的战术越丰富,就越能在比赛中占有优势。事实上,足球运动的技术和战术是可以相互促进的。一项战术的设计需要有技术作为保障,而一项技术的诞生也可能是由于某种战术的需要。这使得足球成为一项技术上多彩多姿、战术上变幻莫测、胜负结局难以预测的运动项目,而这正是足球运动吸引人的地方。

4.比赛的观赏性

上述几项足球运动特点的结合,使这项运动拥有了非常显著的观赏性特点,就成了足球具备观赏性的决定性因素。现代足球比赛中,要想取得一场足球比赛的胜利是不容易的,为此,双方球员必须要在激烈的速度、空间、时间和身体等对抗中运用技术,执行战术,这让比赛结果难以预料,场面也经常跌宕起伏,对观众来讲的确是非常吸引人。

(二)足球运动的文化性特点

足球运动发展到今天已经衍生出了自身的文化,且这种文化在社会众多群体中已经深入人心。以一种社会文化形态出现的足球运动不仅是人们进行自我完善与发展的重要物质形式,而且其所带有的价值也影响着人们的内心和行为。人们从足球中获取的更多是团结奋进、勇猛顽强、努力拼搏的积极精神,这些精神无疑是人类文化中的精粹。如果这种精神能够晋升为世界精神,它蕴含的所有内涵才能被更多人所理解,进而使得这项运动成为全人类共同认可和接受的且不用语言表述的文化。

作为一种社会文化现象,足球运动表现出了独特的社会文化内涵,具体表现在如下方面。

(1)足球与经济。随着足球运动产业化的发展步伐越发加快,足球经济在社会经济中的重要性不断增加,而足球运动本身的发展也需要足够的经济支持作为保障。由此可见,足球和经济这两者之间,存在着一种经济决定足球,足球运动反过来回报经济的关系。

(2)足球与政治。政治对足球运动产生直接的影响,但大多数时候这种影响是间接的,它紧随历史发展的步伐而来。另外,足球运动也凭借其自身超高的人气和社会影响力,为社会和政治服务。由此看来,足球和政治之间存在着一种相互影响、互为作用的关系。

(3)足球与文化。作为孕育足球的土壤,一个国家或一个民族的文化对其足球运动的发展会产生一定影响。这其中,语言、文化传统、社会习俗等都会影响足球运动,例如,德国足球更为严谨,注重团队配合;巴西足球更为随性,注重个人能力的发挥。这种足球风格的不同就与不同文化施加给足球的影响有着紧密关联。

(4)足球与科学。现代足球运动的发展非常依赖科技给予的支持。这一支持涉及多个方面,例如,将感应芯片植入足球内部,用来更加准确地判断球体是否越线;高科技面料制作的球衣可以让球员在运动中更加便捷和舒适;裁判员语音系统可以方便执法的几位裁判之间即时沟通;多角度高倍速摄像机可以无死角捕捉场上任何一名球员的行为等。现代足球已被全面打上高科技的烙印,这一趋势还会延续,更多的高科技产品会应用到这项运动中来,科技的参与,也注定会成为足球运动可持续发展的助推器。

四、足球运动的价值

足球运动本身具有多种非常实用的价值,这些价值涉及经济、社会、教育、文化和健身等众多方面。下面就具体对这几种主要的足球运动价值进行分析。

(一)经济价值

足球运动是当之无愧的世界第一运动,这自然就使其本身天然带有良好的经济开发价值。事实也证明,作为当今世界几项具有较高国际化、产业化和职业化的运动项目之一,足球运动在满足人们的观赏需求的同时,还拥有巨大的商业开发价值,其所创造出的经济效益非常可观。

在世界范围内,欧美国家的足球运动发展较早,时至今日也自然在足球各领域中的发展最为系统和完备。在欧美足球发达的国家,足球产业已形成规模,甚至成为国民经济中不可忽视的组成部分。足球经济之所以可行且收益不菲,在于其本身所附着的巨大影响力,这些优势非常有利于足球资源、中介服务等市场体系的形成,它几乎使任何参与足球产业中各领域经济操作的主体都能从中获益,如足球博彩、门票、球员转会、转播权的出售、吸引赞助等。同时,足球运动一直保持快速发展的局面,也坚定了各方对这项运动的投入热情,这样一来,与足球运动相关的产业的发展也被带动了起来。

足球运动的影响力有很大部分表现在其能培养出一个人数众多的球迷群体。球迷群体的存在衍生出了不容忽视的球迷市场。忠诚度越高的球迷,其就越可能为足球产品买单,而这还需要以俱乐部为主体的经营单位自行开拓。满足球迷需求的产品活跃了足球市场经济,其不仅反过来对足球运动起到促进作用,还可为国家经济创收,是一举多得的优质产业。

(二)社会价值

足球运动所产生的影响力已经超出了运动本身的范畴,它甚至已成为一个国家体育运动水平的标尺和形象,如一提到巴西体育,人们会首先想到足球。足球无可置疑已经演化为一项社会文化现象,每当在重要足球比赛之时,在广场、酒吧、饭馆的大屏幕和电视前,都有数量众多的人在观看,现场氛围非常热烈。如果是国际足球比赛,比赛的胜利还可以激发人们的爱国热情,振奋民族精神。从参与足球运动来说,这不仅是锻炼身心的好项目,同时还是一个良好的增加与他人交流和沟通的平台,有助于人们更好地融入社会,增强社会适应的能力。

足球的社会价值也体现在其对政治的影响上。世界上国家众多,文化各异,由此会带来诸多纷争。正是如此,当两国的足球队同场竞技时,足球就俨然成为相互之间政治、经济、文化交流的一种重要手段和工具,通过足球比赛,向世人释放了和平和友谊的元素。足球比赛可以发展社会交往,甚至可以扩大文化交流,促进国家之间的相互了解,这有利于消除隔阂,缓和国际关系,维护世界和平。

(三)教育价值

团队协作性和技战术复杂性是足球运动的重要特点,其拥有的这些特点,使得足球运动被广泛纳入到学校体育当中,成为重要的教学内容。学生参与到非常强调机体协同性的足球运动之中,可以培养他们的团队意识和集体主义精神,树立起自我观和大局观,这样会让他们更能明白个人与团队的关系,知道何时需要自己服从集体,何时需要自己挺身而出担当大任。除此之外,足球运动还可以培养他们勇敢顽强、坚韧不拔、拼搏进取的意志品质,以及良好的道德品行与优良作风。

足球比赛中球员所表现出的顽强拼搏、勇往直前等品质可以激发人们的爱国热情和民族自豪感,这种精神具有强大的感染力。这里还需要提到的一点是,足球运动中有大量身体对抗和角力的动作,参与这项运动的人都满怀激情,为此,在比赛中出现一些过激行为是非常常见的,但这绝不会得到鼓励。为此,教育学生或运动者控制自身在面对激烈场合下的情绪也是对人的一种素质教育的方面,使这种对美与丑、好与坏的正确分辨通过足球运动来培养起来。

(四)文化价值

足球运动在现今已发展成为一种文化,并大力彰显出其文化价值。足球文化除了人们众所周知的球迷文化以外,还包括球员文化、教练文化以及球队文化等方面。足球文化总是与民族或国家文化相结合的,这就使得不同的文化能够孕育出不同的足球风格,如奔放的巴西足球、严谨的德国足球等。这种风格的形成是与某民族的文化、地域、身体条件、心理、主观追求等因素无法割裂开来的。

(五)健身价值

作为一项从游戏演变而来的当今世界第一运动,足球始终具有最为重要的健身价值,这一价值主要体现在它的游戏性和健身性上。当运动者参加到足球运动之中后,就必须利用身体的活动做出各种技战术行为,这种对身体活动的要求是多方面的,既有腿部的活动,也有腰腹的活动,甚至还有上肢的活动。可以说,足球运动可以提升身体多方面的运动能力,其锻炼效果是非常全面的。

具体来说,足球运动给运动者带来的健身价值主要体现在以下方面。

(1)对神经系统功能的提升。运动者为了应对足球比赛中的各种局面,需要根据对方的状况和场上的形势随时做出正确的行为反馈,这需要充分调动起神经系统的各项功能。因此,经常参加足球运动可以提高神经系统机能以及提高对系统功能的控制能力。

(2)对呼吸系统功能的提升。经常参加足球运动可以对运动者的呼吸系统功能带来提升作用,其原因在于足球运动过程中,运动者要经常做短时间快速跑,还要做长时间的慢跑和中速跑,不同的跑步速度和节奏必须要求呼吸器官做出相应的呼吸行为予以支持,久而久之呼吸系统机能就得到了提升。具体的提升效果为促进运动者肺活量提高、呼吸肌增强和呼吸深度加大等。

(3)对运动系统功能的提升。参与足球运动首先就会使自身的运动机能得到提升。在运动中,肌肉和骨骼要做出各种动作,长此以往就会使肌肉活动协调性提高、肌肉力量增强、肌纤维增粗、骨密度提升、骨干变粗。这些都是运动能力提升的佐证,同时也是进一步促进运动能力提升的基础。

(4)对心血管系统功能的提升。经常参加足球运动可促进运动者心血管系统机能提升。具体表现为运动性心脏增大,安静时脉搏徐缓,每搏输出量增多等。

五、足球运动的重要组织机构

(一)国际足球联合会

国际足球联合会(简称"国际足联"),是统管世界足球事务的最大机构。其以促进世界足球运动健康、有序地发展为宗旨,具体工作为发展各国足球运动、协调洲际足球协会关系并做出适当的管理。

国际足联的立法机构是其中的最高权力机构。执委会负责具体的工作执行,秘书处是其主要管理机构。国际足联代表大会每两年定期召开一次,会议主要商讨世界足球领域中的各项事务。

国际足联执委会中设有 24 名委员。其中有 1 名主席、8 名副主席和 15 名执委。每个职位的任期为 4 年,可以连任。国际足联执委会每年定期召开两次会议,他们有权决定秘书长的人选,以及确定下届会议的举办地点和日期等详细事务,他们同时还决定由国际足联组织的比赛的比赛地点、时间、参赛资格等事务。国际足联秘书处是一个永久管理机构,其工作职责为主持会议、日常管理、宣传和技术工作等。现任国际足联主席是瑞士人詹尼·因凡蒂诺。

(二)各大洲足球联合会

(1)欧洲足球联合会(UEFA)。成立于 1954 年,总部设在瑞士的伯尔尼。

(2)亚洲足球联合会(AFC)。成立于 1954 年,总部设在马来西亚的吉隆坡。

(3)南美洲足球联合会(CONMEBOL)。成立于 1916 年,总部设在秘鲁的利马。

(4)中北美洲及加勒比地区足球联合会(CONCACAF)。成立于 1961 年,总部设在危地马拉的危地马拉城。

(5)非洲足球联合会(CAF)。成立于 1956 年,总部设在埃及的开罗。

(6)大洋洲足球联合会(OFC)。成立于 1966 年,总部设在新西兰的奥克兰。

（三）中国足球协会

中国足球协会于 1955 年 1 月 3 日成立。在成立伊始就加入了国际足联。但不久后因政治方面的矛盾与国际足联无法达成共识，于 1958 年宣布退出国际足联。直到 22 年后的 1980 年 7 月，中国足协才重新加入国际足联。

中国足协的执行机构是主席会议，下层设有常设办公机构，这些机构担负着中国足协的各项职能工作。中国足协的工作宗旨为遵守中华人民共和国宪法、法律、法规和国家相关政策；遵守国际足联和亚洲足联章程；加强各会员协会间的联系；组织球队参加各种国际足球赛事，增进与他国、地区足球协会的友谊；促进中国足球运动各领域的快速发展。

六、足球运动重大赛事

（一）世界杯足球赛

国际足联在 1928 年召开的一次会议上决定要定期举办以国家为单位的足球赛事，并确定了该项赛事的举办周期为 4 年，这就是我们熟悉的"世界杯足球赛"。此外，为了打造世界最顶级的足球赛事，国际足联规定不论是业余球员还是职业球员均可参赛，这样各国就能广招贤才，组织出本国最强的阵容出战。

早期世界杯足球赛的奖杯叫作"雷米特杯"，这是一个流动性奖杯，只有获得三次世界杯冠军的球队才能永久保留。1970 年，巴西队夺得了第三次世界杯冠军，"雷米特杯"自此就永归巴西所有。国际足联制作的新的奖杯为"大力神杯"，同时修改了过去的奖杯所有制，确定"大力神杯"为永久流动奖杯，世界杯冠军获得者只能保留此奖杯 4 年（表 1-1）。

表 1-1　历届世界杯冠军一览表

届数	年份	举办地	冠军	届数	年份	举办地	冠军
1	1930	乌拉圭	乌拉圭	12	1982	西班牙	意大利
2	1934	意大利	意大利	13	1986	墨西哥	阿根廷
3	1938	法国	意大利	14	1990	意大利	联邦德国
4	1950	巴西	乌拉圭	15	1994	美国	巴西
5	1954	瑞士	联邦德国	16	1998	法国	法国

续表

届数	年份	举办地	冠军	届数	年份	举办地	冠军
6	1958	瑞典	巴西	17	2002	韩日	巴西
7	1962	智利	巴西	18	2006	德国	意大利
8	1966	英格兰	英格兰	19	2010	南非	西班牙
9	1970	墨西哥	巴西	20	2014	巴西	德国
10	1974	联邦德国	联邦德国	21	2018	俄罗斯	法国
11	1978	阿根廷	阿根廷				

(二)奥运会足球赛

奥运会作为世界上规模最大的综合性体育运动会,是人类文明宝贵的财富。足球运动在1912年第5届奥运会时成为正式比赛项目,每4年举办一次。

国际足联在1978年召开的会议上对有权参加奥运会的球员做出了明确规定,即欧洲和南美洲凡是参加过世界杯赛的球员都不得再获得参加奥运会足球比赛的资格,并且要求职业足球运动员也没有参加奥运会的资格。后来在1984年4月国际足联的会议上对这一规则又做了一些变动,变动主要为不再区分职业和业余球员,无论是职业球员还是业余球员都有参加奥运会的资格,但奥运会需要限定球员的参赛年龄。国际足联此举是想将奥运会作为世界足球四个级别赛事中的一个。1993年召开的国际足联执委会决定,参加奥运会足球赛事的球员年龄要在23岁之内,此外,为了保证比赛的观赏性和关注度,每队可以选择3名年龄超过23岁的"超龄"球员。女子足球第一次成为奥运会正式比赛项目是在1996年的亚特兰大奥运会上,美国女足获得了这届奥运会的女足项目金牌。

(三)女足世界杯

随着各国女足运动的发展,举办女足世界杯的呼声日益高涨。1988年,在国际足联的授意下,我国广东承办了一届有12个国家女足球队参加的国际女子足球邀请赛。该届赛事的举办取得了成功,由此也一举奠定了举办女足世界杯的基础。

1991年,第1届世界杯女子足球赛在我国广东举办。女足世界杯与男足世界杯在许多方面的设定一样,周期也是每4年举行一次。为了保证女足世界杯的赛事质量,进入决赛圈的球队数量并非像男子世界杯是 32 支,而是 16 支。这 16 支球队由各大洲预选赛产生,赛事主办国球队自动获得参赛资格。

(四)世界青年足球锦标赛

世界青年足球锦标赛根据球员年龄的不同还分为 23 岁以下组、20 岁以下组和 17 岁以下组等多个级别。足球世青赛是检验各国后备力量的绝佳舞台,当今世界足坛的许多炙手可热的球星都是在世青赛这一平台中挖掘出来的。

下面以 20 岁以下和 17 岁以下世青赛为例对世界青年足球锦标赛的情况做进一步阐述。

1.世界青年(20 岁以下)足球锦标赛

国际足联于 1975 年召开会议决定举办 20 岁以下世界青年足球赛,赛事周期为每 2 年举办一次。而国际足联确定承认这项赛事则是从第三届世界青年足球赛开始的,因此,1981 年在澳大利亚举办的第三届世界青年足球赛被称为第 1 届世界青年足球锦标赛。

2.世界青年(17 岁以下)足球锦标赛

在国际足联的倡议下,我国于 1985 年举办了 16 岁以下世界足球锦标赛。该项赛事获得了成功,在此后的四年中又举办了两届,由此验证这项赛事举办的可行性和意义。最终,国际足联于 1991 年正式举办世界青年(17 岁以下)足球锦标赛。

(五)世界冠军足球俱乐部联赛

世界冠军足球俱乐部联赛,简称"世俱杯"。它的前身是 1980 年在日本举办的"丰田杯"足球赛。这是一项国际足联倡导组织的比赛,以此让各大洲洲际俱乐部冠军联赛冠军有一个比拼的舞台。从 2005 年起,"丰田杯"足球赛被正式升级为国际足联世界俱乐部冠军杯足球赛。首届世俱杯足球赛在日本举办。我国的广州恒大队曾在 2013 年和 2015 年因夺得了亚冠冠军而获得了参加此项赛事的资格,并两次取得了第四名的好成绩。

(六)世界室内五人制足球锦标赛

20 世纪 70 年代初,美国、加拿大等国率先在室内开展足球运动,由此更加激发起了人们参与足球运动的兴致。1975年1月,北美职业足球联盟举办了首届全国室内足球联赛。1978年,美国室内足球协会宣告成立。为了进一步协调与管理好室内足球运动,室内足球国际联合会于1981年成立。在该组织的倡导下,于1982年和1987年举行了两届世界室内足球锦标赛。

1988年,为了更好地推广室内足球运动,使其拥有更理想的发展前景,国际足联设立了一个新的部门,即五人制足球委员会,并于1989年在荷兰举办了首届室内五人制足球赛,并规定该项赛事的举办周期为4年。

(七)各大洲或地区足球重要比赛

1. 欧洲

欧洲足球锦标赛(欧洲国家杯赛)、欧洲足球协会俱乐部冠军杯赛(简称欧洲冠军杯赛)、欧洲足球协会杯赛优胜队杯赛(简称欧洲优胜者杯赛)、欧洲足球协会联盟杯赛(简称欧洲联盟杯赛)和欧洲超级杯足球赛。

2. 亚洲

亚洲杯足球赛、亚洲俱乐部冠军联赛、亚洲优胜者杯赛、亚运会足球比赛和亚洲女子足球锦标赛。

3. 南美洲

美洲杯足球赛、南美解放者杯足球赛和南美青年足球锦标赛。

4. 中北美洲和加勒比地区

中北美及加勒比金杯赛、中北美洲和加勒比冠军杯赛与中北美洲和加勒比青年锦标赛。

5. 非洲

非洲杯足球赛、非洲俱乐部冠军联赛、非洲青年足球锦标赛。

6. 大洋洲

大洋洲足球锦标赛和大洋洲青年足球锦标赛。

第二节　中国足球发展概况

一、我国古代足球运动的发展

中国是足球运动的发源地,中国的蹴鞠运动是足球运动的前身。为了追寻足球运动的源头,就需要对蹴鞠运动有一个基本了解,其发展时期大体可以分为四个时期。

(一)萌芽与产生时期

《战国策·齐策》中对蹴鞠运动有记载,表述为在齐国首都临淄流行着一种"蹴鞠"活动,人们将这种活动作为一种流行的消遣和娱乐的形式。到汉代,蹴鞠活动传播得更加广泛。汉代的蹴鞠主要有三种活动形式,一个是在音乐伴奏下进行的表演性蹴鞠,一个是大众开展的娱乐性蹴鞠,还有一个是用于军事训练的训练性蹴鞠。也是在这一时期,蹴鞠活动所使用的"球"的制作方法出现了革新,即为用动物的皮革缝制,里面填充毛发,这样的"球"会有一些弹性,可玩性更强。

(二)发展与兴盛时期

唐代是蹴鞠运动的快速发展期乃至发展的巅峰期。当时的人们再一次改变了"球"的做法,即外面由八片动物皮缝制,里面用动物膀胱充气,做成一个空心球,这样球的弹性更大,也不容易伤人。不仅如此,人们对"球门"也做出了一定的改变,将低球门改为高球门。在玩法上也出现了变化,改为双方直接对抗为双方将球从两个立杆上的球网中的球洞踢向对方场地的间接式对抗。

宋代的蹴鞠运动大体上与唐代相似,各方面改动不是很多。此时蹴鞠运动在民间的开展更加广泛,甚至在街头路边很常见一些专门以表演蹴鞠技艺谋生的艺人,还出现了民间球会组织"香社"。宋代的蹴鞠运动得到了进一步的发展,据传宋太尉高俅就是蹴鞠高手。

(三)衰落时期

蹴鞠运动历经唐宋两代的发展和兴盛后开始逐渐走上了下坡路。在明代,蹴鞠运动的流行度急剧下降,而在清代,随着统治阶层对汉族传统文化的打压,使得蹴鞠这种在我国流传了几百年的运动几近消失。

二、我国近现代足球运动的发展

(一)我国近代足球运动的发展

1840 年的鸦片战争打醒了腐朽王朝的酣睡,通商口岸的设定除了让更多西方商品流入我国外,伴随而来还有一些像足球这样的西方体育运动。足球运动最早在英占香港出现。随后在 19 世纪 80 年代至 20 世纪初,足球运动在上海圣约翰大学和南洋大学等一些教会学校开展,之后在我国一些沿海城市的教会学校逐渐传播开来。

1908 年,我国成立了第一个足球运动组织——"南华足球会"。

1910 年,我国在举办的第 1 届全国运动会上设立了足球项目。

1913—1923 年,在我国参加的六届远东运动会足球比赛中共获得 5 次冠军。

1925—1934 年,中国足球队连续夺得第七届至第十届远东运动会足球比赛的冠军。

1931 年,中华全国体育协会加入国际足联。随后,中华足球联合会、延边间岛体育会、大连足球联盟、天津足球会等一些地方性体育组织相继成立。

1936 年,我国首次派队参加奥运会足球比赛。但由于从我国到德国太过漫长的旅途,使得到达举办地时球员们旅途劳累明显,因此在比赛中状态不佳,很快就遭到了淘汰。

1937 年后,足球运动处于停滞状态。

1945 年抗战胜利后,足球运动得以恢复。

1948 年 8 月,我国再次派出球队参加第 14 届奥运会足球比赛,但遗憾首轮即遭淘汰。

(二)我国现代足球运动的发展

1. 中华人民共和国成立后十年

中华人民共和国成立后,党和政府非常关注体育事业的发展,也对足球运动的开展给予了重视。再加上这一时期广大足球人的努力,使得我国足球运动的水平逐渐提升。

1951 年,第 1 届全国足球比赛在天津举办,共有 8 支球队参赛。本届比赛实际上也是一次运动员选拔赛,赛后选拔出的 30 多名运动员组建了中国国家足球集训队。

从 1953 年开始,我国体育专科院校和高校体育运动专业开始设立足球课程。

1954 年开始,众多省市、行政区、行业系统纷纷组建单位足球队,并在业余时间组织训练活动。同年,我国邀请了当时的足球发达国家匈牙利的足球国家队来华交流比赛,并做讲学活动。这是一次我国足球人近距离接触高水平足球理念的机会。同年 4 月和 10 月,我国派出两批青少年足球苗子前往匈牙利训练,归来后这些球员有很多都成为国家队的主力选手。

为了更好地协调国内外足球运动的各项工作,我国于 1955 年成立了中国足球协会,并在 1956 年建立了全国足球竞赛制度和运动员、裁判员等级制度,创立了甲、乙级足球联赛。次年,联赛出现升降级制度。

1957 年,中国足球队第一次冲击世界杯失败。

1958 年 6 月 7 日,由于和国际足联因为一些政治问题无法达成共识,中国足协退出国际足联。

1958—1960 年,我国在一系列友谊赛中取得了不错的成绩,足球运动水平得到了有效的保持。

1959 年,足球正式列入全运会的比赛项目。

2. 三年自然灾害时期

在 20 世纪 60 年代初期,我国经历了经济格外困难的时期。在这一时期,包括足球运动队在内的多项运动队不能正常开展训练,以致这一时期的足球运动水平有所下滑。

1964 年,国民经济逐渐好转,众多足球训练活动又得以展开,甲、乙级足球联赛也得以恢复。这一年,国家体委、全国总工会、教育部等部门联合召开全国足球工作会议,号召"大力发展足球运动、迅速提高技术和水平"。

1965 年 6—10 月,我国足球队在一些国际邀请赛中取得了不错的成绩。同年 9 月在第 2 届中华人民共和国全国运动会的足球比赛中,各参赛队也表现出了较高的竞技水平和精神面貌。

3. "文革"时期

1966—1976 年的这十年间是我国的一个特殊历史时期。在这一时期我国的足球运动发展出现了严重的倒退,全国的足球联赛和竞赛活动以及国际足球交流几乎中断。1971—1976 年,足球竞赛活动有所恢复。1974 年

9月14日,中国足协恢复了在亚足联的合法席位,并派队参加第7届亚运会足球比赛。

1976年,中国队首次参加亚洲杯足球赛,并获得季军。

4.改革开放至今

改革开放后,我国的足球运动水平出现了一定程度的提高,属亚洲一流球队行列。1978年,全国足球甲、乙级联赛全面恢复,并且确定了双循环升降级的制度,同时在成年队的基础上,还创办了青年足球联赛。这些不同级别联赛的创办为我国后来进行的足球职业化打下了基础。

1979年6月6日,为尽快提升我国足球运动水平,与世界高水平足球国家拉近距离,国务院批准下发了《国家体委关于提高我国足球技术水平若干措施》的文件。文件要求要特别重视青少年足球的普及、发展和培养工作,迅速组建国家青年足球队,大力加强科研工作等九大措施。

1992年6月,中国足协在北京召开了"红山口"会议。这次会议的主要议题就是中国足球运动的诸多改革问题。其中最受人关注的问题就是我国的足球职业化改革,它要求要将传统的专业体制足球转变为更加市场化和职业化的职业俱乐部体制,由此确定了未来中国足球职业化的发展道路。这对我国足球运动的发展来说可谓是具有划时代意义的决策。

1993年在大连召开的全国足球工作会议上又进一步提出了"继续深化改革、深入整顿是今后我国足球界的两项主要任务",明确了实现足协实体化、建立和完善足球俱乐部体制、开展职业联赛、实行人才流动与引进、运动员实行注册制、比赛许可证制等改革内容。除此之外,会议还提出了《中国足球事业十年发展规划(1993—2002)》《中国足协章程》《中国足球俱乐部章程》等重要文件,这些文件都与足球体制改革和提升我国足球运动水平有关,对此后足球运动的发展产生了深远影响。

1993年,俱乐部杯赛在广东举办。参加此次赛事的单位是8支新转制为俱乐部的球队。确切地说,这次赛事是为次年开始的职业联赛所举办的准备赛。1994年,中国足球职业联赛的大幕拉开,联赛名称为"全国足球甲级A组联赛"(简称"甲A联赛")、"全国足球甲级B组联赛"(简称"甲B联赛")以及"全国足球乙级联赛"。"甲A联赛"有12支球队参加,"甲B联赛"有14支球队参加。联赛采用双循环、主客场赛制,根据赛季结束后的排位有升降级制度,具体为"甲A联赛"的后两名降入"甲B联赛","甲B联赛"的前两名升入"甲A联赛"。"甲A联赛"在1998年被扩充为14支球队。随着职业联赛的进行,足球运动在我国呈现出一片兴旺发展之势,一时间,足校林立,在广场、公园、校园等场所很容易看到踢球的人群。据统计,到 2000 年,我国共有注册足球教练员 2 568 名,注册足球运动员 29 056 名。

在国家队层面。2001 年,中国队以较大优势在世界杯亚洲区预选赛中脱颖而出,于次年第一次出现在世界杯的舞台上,圆了中国人 44 年的世界杯梦。获得世界杯决赛圈参赛资格极大鼓舞了中国人民,人们坚信这将会是我国足球迈向更高台阶的开始。但在世界杯上,中国队三战皆负不进一球,暗淡结束了第一次世界杯之旅。但球队在面对巴西、土耳其等世界强队时依旧奋勇拼搏,敢于展现自己,得到一片赞扬的同时也更清晰地认识到了我们与足球强国之间的差距。遗憾的是,此后的中国队的发展出现了严重下滑,甚至很难打入世界杯亚洲区预选赛的最后阶段。

2004 年,中国足协对国内各级职业联赛再度进行了升级改造,并将原来的"甲 A 联赛"更名为"中国足球超级联赛",将"甲 B 联赛"更名为"中国足球甲级联赛",另设立"中国足球乙级联赛",并于当年分别举办了首届联赛。历经十余年的职业联赛,涌现出了北京国安、山东鲁能、上海申花、广州恒大等几支知名球队。其中,广州恒大队在 2013 年和 2015 年两夺亚冠冠军,并均在年底举办的世俱杯上夺得第四名。这些成绩足以证明我国足球职业化改革的成果。

(三)我国女子足球运动的发展

对于我国女子足球队的发展,这里主要以中华人民共和国成立之后的发展进行阐述。就此大体可以将我国女足运动发展分为如下几个阶段。

1.萌芽阶段(20 世纪 70 年代中后期至 80 年代初)

早在 20 世纪 50 年代末,我国女足运动就在广东、广西、福建等地区出现,但并没有就此发展起来。到了 20 世纪 70 年代中后期,云南、辽宁等部分地区也出现了女足运动,但仍旧没有得到更多的关注。1979 年 7 月,在我国女足历史上有着标志性意义的球队,西安东方红机械厂子弟学校队和西安铁路局第一中学队成立。此后,女子足球队运动便在一些足球重点地区开展起来。1981 年 2 月,北京市尝试举办了一届中学女子足球邀请赛。同年 5 月,广东省举办首届女子足球赛。还是在这一年,陕西钢铁厂女子足球应邀前往北京、天津、上海等地参加比赛,接连获得比赛的胜利。为此,当时中央电视台还特意摄制了一部以女足运动为主要题材的纪录片。不过,那时还有许多人对女足运动的发展持反对意见,我国体育界也对大力推广女足运动兴趣不大。种种原因导致我国的女足运动的发展较为艰难。

2. 推广普及阶段(1982—1988 年)

我国女足运动的第二个发展阶段就是推广普及阶段。在这一时期,我国各地都开始尝试建立女子足球队,其主要形式为企业与体育部门合办。而国家层面也组建了中国国家女子足球队,并且由相关足球事务管理部门研究女足竞赛体系,最终形成了以比赛促提高、大面积加速发展的女足运动新格局。

1982 年 8 月,首届女足邀请赛在北京举办。这次比赛成为中国女足运动发展的转折点。

1983 年 1 月,由 12 省市女足球队参加的首届全国女足锦标赛在广州举行,借此形成了每年举办一届该项赛事的传统。

中国女足运动的快速崛起也引起国际足坛的关注。1983 年,国际女足邀请赛在我国举办,我国的辽宁女子足球队获得这项赛事的冠军。这次赛事使我国的女足队员第一次有了和国外女足球队交锋的机会,大大开拓了自身的视野。此后,更多的同类型赛事开始在我国举办,其中有些赛事还逐渐形成了传统。

1984 年 1 月,我国组建了第一支国家女足集训队。同年,在西安举办的国际女足邀请赛中,国内派出的四支女足强队与意大利、美国、日本、澳大利亚队展开较量,最终外国球队包揽前四名。通过这次赛事,我国女足认清了自身实力,也了解了外国女足的水平和主要打法。

1985 年,广州电冰箱工业公司与广东省足协共同创办"万宝"足球俱乐部。这标志着我国的女足也开始尝试由行政管理向俱乐部体制的过渡。

1986 年 7 月,中国女足再度前往意大利,参加有意大利、美国、巴西等女足强队出战的邀请赛。经过奋力拼搏,中国女足最终夺得第三名的成绩。紧接着中国女足又参加了第 3 届托尔托纳国际女足邀请赛,再度与巴西、德国、意大利等一众高手过招,最终取得第一名的好成绩。在这一年的 12 月,中国女足参加在香港举办的第 6 届亚洲女足锦标赛,以全胜战绩摘得桂冠,此役一举奠定了中国女足在亚洲的霸主地位。

1987 年,第 6 届全运会首设女足项目。在此激励下,各省、市、地区都开始重视女足运动的发展,组建了众多高水平女足队伍,甚至在全国掀起了一股女足热。

1988 年 1 月,中国女足在得到企业资助后开创了企业与国家级球队联合办队的新模式。3 月,中国女足再赴意大利参加梅迪利亚国际女足邀请赛,在有 16 支球队参加的比赛中夺得冠军。

3. 大力发展阶段(1989 年至今)

1989 年,中国女足在第 7 届亚洲女足锦标赛上所向披靡,面对传统亚洲劲旅中华台北队时两克对手,强势问鼎。

1990 年 2 月,台湾铭传女子足球队访问大陆,参加穗、京、台女足邀请赛。结果,北京女足 4 : 0 战胜台湾铭传女足。同年 11 月,亚奥理事会确定将女足运动纳入第 11 届北京亚洲运动会的正式比赛项目。在亚运会上,中国女足也没有悬念的将金牌收入囊中。

1991 年 6 月,中国女足继续此前的统治力表现,以绝对优势蝉联女足亚锦赛冠军。同年,我国举办了第 1 届世界女子足球锦标赛,但中国女足未能打入半决赛。

1995 年,中国女足在第 2 届世界女子足球锦标赛上打入四强,最终获得季军。

1996 年,国际奥委会决定在亚特兰大奥运会上首设女足项目。中国女足展现出了良好状态,一路过关斩将,打入决赛。最终在与美国女足展开的巅峰对决中惜败,夺得亚军。尽管如此,女足姑娘们也获得了在世界大赛上的最好成绩,为这个团队赢得了"铿锵玫瑰"的美誉。

1997 年初,青岛成立了一家以企业法人资格在工商部门登记注册的女子职业足球俱乐部,此举开创了我国女足职业化发展的先河。同年我国创办女足超级联赛,赛事采用主客场双循环制。

1999 年 7 月,中国队打入第 3 届世界女足锦标赛的决赛。决赛中面对的仍旧是老对手美国队,但最终在点球大战中告负,错失了绝佳的登顶机会。这一时期中国女足运动水平达到最高峰。

进入 21 世纪以后,欧美非洲的国更加重视女足运动的发展,特别是有着良好足球底蕴的欧洲国家,更加强了本国女足的训练和管理,至此涌现出了英格兰、西班牙、法国等一批新鲜力量。我国女足在早期发展中所累积的技术优势不复存在,再加上自身身体素质上的不足,使得我国女足运动的水平有所下滑,要想重回世界一流行列还需要努力。

第三节　校园足球运动概述

一、校园足球运动的概念

21 世纪后,我国非常关心足球运动的可持续发展问题,并为此推出了诸多措施,其中有一条就是将足球运动纳入到学校体育教育当中,并且鼓励学校大力在校园推广各类足球活动。为了保障这项措施得以落实,国家体育总局与教育部联合于 2009 年 4 月下发了《关于开展全国青少年校园足球活动的通知》,并于 2009 年 6 月在北京回民中学正式启动了全国青少年校园足球活动。

对校园足球的理解要注意不能单一化,原因在于校园足球涉及多个学科和机构,其不是教育部门一方就能够完全落实的,也不是体育部门一方能落实的。足球本是体育运动项目中的一种,而学校又是以学科知识传授作为主要活动的场所。将足球纳入学校运动中,与校园相结合,就是给足球运动融入了教育属性,让足球运动的教育价值得到更好的彰显,同时也使教育的内涵更加宽泛,让教育的形式更加多样。如此来看,就基本可以将我国的校园足球定义为由体育部门与教育部门合作的,以在各级各类学校中开展的,以学生为主要参与对象的各类足球活动。校园足球的宗旨为普及和推广足球运动、增加足球人口、促进学生"德、智、体、美"等全面发展、发现和培养青少年足球后备人才。

二、校园足球运动的内涵

足球运动进入学校并与之融合后产生的校园足球,既受到足球文化的影响,也受到校园文化的影响,这样自然就产生了更加丰富的内涵。也正因如此,校园足球更能带给参与其中的学生以诸多积极的影响。

(一)校园足球是阳光体育运动的配套工程

当前,我国体育与教育两大系统都在纷纷响应国务院号召的"加强青少年体育,增强青少年体质"的精神。借此契机,搞起了"全国亿万学生阳光体育活动"。足球作为阳光体育活动中的重要一项,自然是学生们参与积极性非常好的项目。凭借足球运动在学生群体中的超高人气,将校园足球作为推动阳光体育系列活动的有力举措是最为理想的。由此,就使得足球运动成为学校阳光体育运动开展的纽带和方式。

(二)校园足球是青少年足球的重要组成部分

青少年足球是我国足球运动可持续发展的根本保障。一个国家的青少年足球人才的储备是否充裕,决定了这个国家未来足球运动的发展走向。青少年足球运动者是国家足球发展结构中的根基,为此首先就要有大量热爱并参与足球运动的学生,然后才能提及提升学生足球技能的质量,这不仅是对足球运动如此,也是其他体育项目发展的规律。校园是青少年群体最为集中的场所,校园足球也就注定是青少年足球的重要组成部分。为此,《中国足球改革总体方案》(以下简称《方案》)也专门就校园足球的开展问题做出了明确要求,即要求"各级各类学校尽全力支持校园足球活动的开展,组织多种多样的足球活动,激发青少年学生对足球的兴趣,吸引他们参与其中,从而扩大青少年足球参与人口"。《方案》中的关于校园足球开展的要求足以说明校园足球在我国青少年足球发展过程中的重要地位,而加强校园足球地开展工作也将是未来很长一段时间内我国足球工作者和教育工作者需要共同努力的方向。

(三)校园足球是"体教结合"的一次新的尝试

在欧美一些体育运动发达的国家中,体育与教育结合已经是非常常见的发展模式。其是将体育与教育相结合,让学校承担更多的体育运动人才的培养任务,以至于在这些国家中,优秀运动员大多是出自学校之中,甚至有些国家的运动员选拔只在学校范围内进行。对于我国,体教结合的模式还在探索阶段。不仅如此,我国特殊的国情和行政体制在体教结合问题上还有待进一步完善。具体来说,体教结合需要教育部门提供体育的场所,学校又要接纳体育在校园的主要存在,如此一来,体教结合有别于传统体育教学之处是其占用的教学比重更大,且带有一些竞技运动趋向性。

如今,校园足球的发展正如火如荼地进行,这是国家体育总局与教育部首次为某个运动项目联合协作启动的校园体育项目,需要进一步发挥体育系统和教育系统的资源整合优势才能最终实现校园足球的发展目标。实际上,一些学校在足球运动的体教结合道路上的尝试已经有了初步成果,其中较为典型的就是北京理工大学足球队。该队中的球员都来自在校学生,日常他们学习文化知识和足球训练的时间各占一半,球员即学生,学生即球员,两个身份同时拥有,日常要兼顾学业和训练。这支球队还加入了中国足球的职业联赛,在中甲、中乙赛场拼杀多年,至今仍旧是最为成功的体教结合足球运动人才培养的典范。

(四)校园足球采取"以点带面"的发展形式

相关部门在落实校园足球各项工作时首先确定了一批试点学校,前期有 44 个布局城市的 1 470 所小学、776 所初中定点学校(共计 2 246 所)作为开展校园足球的"试验田"。截至目前,校园足球的总体规模已扩张至 48 个全国布局城市、3 个试点县和 5 个省级校园足球单位,全国约有 3 000 余所中小学都在大力推广校园足球活动。从这一势头可以看出,目前我国校园足球"以点带面"的发展形式已初步形成。

（五）校园足球的工作内容和手段多种多样

校园足球拥有多元性的目标,这一特点也决定了其组织开展的内容、方式、方法、手段是多样的。具体来说,鉴于校园足球的目标并不是追求某种竞技目标,因此,其就更能将工作重心落在培养学生的足球运动兴趣和提升他们身心素质上。为此,在校园足球中出现了更多形式灵活、寓教于乐、欢快轻松的足球活动或足球游戏,如此能更好地激发学生的参与动机。足球运动也是阳光体育的推广模式之一,足球教学以及丰富多彩的课外足球活动和群体性竞赛活动也是开展校园足球的有效载体。

三、校园足球运动的特征

（一）校园足球的健身性

足球运动具有的极高健身价值是其受到学校体育关注的重要方面。因此,校园足球也就带有健身性的特点,且在校园中面对学生群体,这种健身性的价值会得到最大化地发挥。校园足球着重突出了足球运动的健身属性,以促进学生身体的全面健康水平的提高为目标,再加上学校作为体育资源相对丰富的单位,更能为学生足球活动的开展提供便利,如此就使得更多的学生可以容易地参与其中,在足球运动中获得良好的健身体验。

（二）校园足球的教育性

足球运动是一项有着寓教于乐功能的运动,其本身具有非常丰富的教育价值。足球运动能够培养参与其中的运动者团队协作的价值观念,这本是足球这项运动的团队属性决定的。从这点来看,足球运动的教育性主要体现在教育学生懂得自我利益与团队利益的平衡,培养学生的团队意识、与他人良好沟通与协作的意识。如此就要求参与其中的学生都要服从团队的整体利益,必要的时候也要为了团队挺身而出,甚至做出一些牺牲,只有这样球队才能在比赛中达到齐心协力的效果。校园足球的教育性还体现在另外一点,那就是足球技战术内容丰富,当学生学习这些新技能之时,也是对自身运动技能和学习能力的一种提升。

（三）校园足球的整体性

足球运动中的攻防两端都非常注重团队的整体性。只有全队球员协同一心,形成一个统一的整体,才能取得比赛的主动权。而对于足球外,日常教师的指导和学校对足球运动给予的各方面支持也是一种整体性的体现。

(四)校园足球的对抗性

足球运动拥有非常显著的对抗性特征,这一点在校园足球运动中也存在。尽管校园足球不是将竞技目标放在首位,但这并不代表就会完全消除足球运动中的对抗特点,而是应该正视这一运动特性,以引导学生正确的运动观和体育道德观为前提,鼓励学生在规则允许的范围内进行对抗,这是足球运动所要求的,也是校园足球需要的。实际中,一些学校的校园足球活动的开展非常忌惮学生受伤的问题,为此,学校想方设法减少足球运动中的对抗环节,这其实是有违运动规律的行为。为此,为了不背离校园足球对抗性的特点,应指导学生掌握正确的对抗动作和自我保护动作,认真学习规则,培养良好的体育道德。此外,必要的医疗保障也是不能缺少的。

(五)校园足球的多变性

足球运动作为一项技术上多彩多姿、战术上变幻莫测、胜负结局难以预测的运动项目深受众多群体的喜爱,对于学生这一青年人群体也不例外。因此,将足球运动引入校园一方面是满足了学生体育运动兴趣,另一方面也是想利用足球运动多变性的这一特点来锻炼学生的综合身心素质,以培养学生顽强的意志力、灵活的处事方法、与他人顺畅协作等能力。

四、校园足球发展的意义

(一)校园足球发展在国家层面上的意义

校园足球的发展有助于提升国家软实力及助力实现《"健康中国 2030"规划纲要》。国人体质的提升是展现我国国家软实力的重要一环,而校园足球的开展几乎让所有学生受益,在一定程度上促进了学生的身心健康水平,甚至有些学生还将足球运动作为长期参与的健身项目。目前,我国正致力于从体育大国向体育强国转变,体育作为国家综合实力的标志,其发展水平和发展质量也能体现一个国家的软实力。对《"健康中国 2030"规划纲要》来说,校园足球的开展也是落实纲要精神和达到其要求所必需的举措。要想把校园足球搞好,需要政府、学校、家庭和社会等多方面的努力,这是提升青少年学生对足球运动产生兴趣并产生强烈认同感和参与感的基础。从全民健身目标实现的角度上来看,也要重视校园足球的开展,提高青少年的体质水平对提高全民体质水平有着极强的带动和辐射作用,为此,应极力鼓励青少年们参与校园足球活动,在其中找寻自我、突破自我,最终实现健康快乐的成长。

(二)校园足球发展在竞技层面上的意义

足球被称为"世界第一运动",一场关键比赛的胜利总能让人有振奋人心之感,同时激发起人们的自豪感。然而就我国近年来足球运动发展水平来看,其与世界足球运动发达国家相比差距甚大,除了显示出了技战术水平偏低的问题外,还显示出缺乏青少年足球运动人才和社会对足球运动开展提供的条件缺乏等问题。校园足球的发展对解决我国缺乏能踢球、会踢球的青少年的数量有着很大帮助。开展校园足球有助于在校园、社会上形成热爱足球的氛围,让越来越多的青少年喜欢上足球并能得到从小接受基本功练习和技战术训练的机会,如此才能扩大对青少年足球苗子的选拔面。同时,校园足球能否顺利开展,对如篮球、排球等运动进校园也是一种实验和带动作用,由此进一步为我国体育的全面发展助力。

(三)校园足球发展在个体层面上的意义

对参与校园足球运动的青少年个体来说,校园足球能提升他们的身体素质和意志品质,完善其人格。现如今,我国学生的体质健康状况呈逐年下降的趋势,这与学生课业负担大、缺乏运动有关,因此,从搞好校园足球入手来解决体育课质量不高的问题是再理想不过的了。再加上现代教育所倡导的素质教育理念,更要求教育不能太过依赖书本,也不能只是学习书本,还应该鼓励青少年走进运动场,在运动中增强体质,感知知识。足球运动作为一项团队运动,其对学生团队协作能力的培养是显而易见的。而在运动中对规则的遵循和对裁判的服从,也是他们适应社会、建立良好人际关系的基础。这些无疑都给学生的个体发展带来了深远的意义。

第二章　全国校园足球运动的整体发展

　　校园足球运动的开展对我国足球事业的发展具有非常深远的意义。因此,详细了解其发展背景和原因、发展现状与问题以及可持续发展的方法就显得格外重要,这更关乎校园足球运动的成败。为此,本章就对我国的校园足球运动的整体发展情况进行分析。

第一节　校园足球运动开展的背景与原因

　　足球运动的发展关键在于青少年。不论是对我国还是发展足球运动的其他国家,关注青少年的足球运动技能培养始终是提升足球运动水平的不二选择,这是足球运动发展规律所决定的。作为中国足球发展的重要基地,校园是青少年学生认识足球、了解足球、学习足球和热爱足球的场所。鉴于此,就应该将校园足球纳入足球发展的重点工作中。

　　国家体育总局和教育部联合启动了全国青少年校园足球活动,并制定了《全国青少年校园足球活动实施方案》(以下简称《方案》)。该《方案》的精神是以学校为基础,政府通过自身的协调和整合作用,将教育和体育系统各自的优势和资源集中到学校,从而在学校中建立起一个相对完善的足球人才培养体系。2015 年,由国务院颁布的《中国足球改革总体方案》出台,该方案中进一步明确了校园足球对我国足球运动发展的重要战略意义,并对校园足球的开展提出了明确要求。这些政策性文件的出台,都为校园足球的开展提供了良好的契机和保障。

一、校园足球的开展背景

　　我国校园足球产生于特殊的校园体育环境之下。究其产生的背景,即我国 1994 年实施的足球职业化联赛,该联赛在 2004 年改制为"中国足球超级联赛"。然而,表面上显现出的足球发展繁荣景象的背后掩饰了如"假、黑、赌"等丑恶现象,这使得社会各界对足球领域意见颇多。实际上,足球运动表现出的如此状态导致的最严重的问题就是大大抑制了青少年对足球运动的参与热情,进而导致我国的足球运动环境进一步恶化,反映为关心足球的人越来越少,比赛现场观众骤降,学校和家长不支持孩子从事这项运动。这些表现都使得足球运动的根基遭到了破坏,中国足球未来更加黯淡。

近些年来,通过国家组织的学生体质测量的结果可以知道,我国学生的总体体质健康水平逐年下滑,且有下滑越发较快的势头。突出表现在学生身体素质水平下降,视力不良率持续增加、学生肥胖率持续上升等。这一系列的体质健康问题都需要在体育教育方面探索出一条新的扭转颓势的道路。

对于我国的足球运动发展来说,足球学校和学校足球这两种人才培养模式都有过尝试。其中,足球学校所培养的是那些有强烈意愿走专业足球道路的青少年,这类青少年从小就被集中起来进行专业封闭训练。但这种培养模式针对性太强,且生源覆盖面较窄、成才率低,诸多劣势使其难以适合现代足球人才的培养理念。而众多实践已经证明,校园足球才是践行"体教结合、以教为主"的正确道路,是我国未来青少年足球发展的方向。为此,众多教育体育领域的专家学者也积极呼吁学校认真研究校园足球的开展方式,为夯实我国足球运动的塔基贡献必要的力量。

2009 年,我国体育总局和教育部联合颁布了《关于开展全国青少年校园足球活动的通知》,与此同时还出台了《全国青少年校园足球活动实施方案》。这些文件的出台无疑对我国足球运动整体水平的提高起到了一定的作用。但在实际当中,能够响应和落实这些文件的更多还是一些一线城市的学校,这些学校普遍足球资源较为充沛,更能满足开展校园足球活动的需求,而对于那些二三线城市和偏远地区的学校,要想搞好这类活动并不现实,其主要是受到不同条件的限制。从这点来看,也预示了今后校园足球发展的工作重点应为进一步普及和深入,让更多学生都能从中受益。

2011 年暑期,中国足协在成都、香河、潍坊、秦皇岛等校园足球发展较好的地区组织了足球夏令营活动,该活动吸引了近 1 600 名学生参加。夏令营活动不仅将学生从室内带到了室外,还让学生从活动中对足球运动有了更多的了解和亲身体验。通过这种积极的宣传,有利于更好地将校园足球运动传播到更广泛的地区。

2014 年,我国逐渐普及小学、初中、高中和大学的校园足球四级联赛制度。随后国务院颁布的《关于加快发展体育产业促进体育消费的若干意见》也提出要重点发展校园足球。

2015 年 7 月,教育部联合中央六部门下发《关于加快发展中小学校园足球运动普及的实施意见》(以下简称《意见》)。该《意见》提出校园足球运动普及与提高阶段性改革等措施,并对校园足球开展做出要求为"立足国情,计划长远,全力培养全面发展的足球后备人才,提升中国足球整体水平"。

二、校园足球的开展原因

足球作为世界范围内开展最为普及的运动项目之一,拥有庞大的足球参与人口。在众多足球人口中,青少年学生是绝对不可忽视的群体,甚至是足球运动参与的主力军,这就为校园足球的开展奠定了基础。

开展校园足球活动的原因很多,除了人们普遍认识到的扩大我国足球人口、培养足球后备人才等,还有期待足球运动作为素质教育的一部分用以促进学生身心素质及社会适应力的共同发展。下面就对校园足球开展的原因进行分析。

(一)倡导新健康观指导下的学生身心发展方向

现如今,我国教育所推崇的是素质教育理念。与过往的应试教育相比,素质教育的优势更加显著,它是一种关注学生本体为宗旨的理念,注重学生的全面发展,以求从根本上改变原有的教育方式,切实提高教育的质量和水平,最终培养出符合现代社会需求的人才。在素质教育中,还要将新的健康观植入到学生的意识中,让学生了解自身以及正确的健康理念,这也是学校教育的内容,可通过校园足球活动来潜移默化地完成这项培养工作。

与其他形式的足球运动相比,校园足球的最大区别在于其所追求的对学生的培养并非是以专业运动员为目标,其目标只是让学生得到身心等多方面的发展,足球运动只是一种为了达到这一目标的手段。通过参与足球运动培养学生们对参加体育运动的兴趣和意识,并且掌握足球运动的基本方法,与此同时还能培养良好的意志品质和心理素质。这些都对树立学生正确的人生观、价值观产生积极影响。

尽管校园足球拥有着正确且良好的理念,但在实践当中仅凭学校或地方教育部门等一两个部门就想完成是不可能的,要想真正开展校园足球运动,需要国家级别的体育部门和教育部门的协同配合。此外,还需要学生以及家长树立起正确的健康观、运动观,并且还要从意识上摆脱我国足球运动中存在种种问题的消极影响,如此才能看到校园足球和中国足球未来的发展。

2014年,校园足球开始由教育部主导,具体做法为直接将足球运动纳入学校体育课程教学体系,让足球运动正式成为体育课的必学内容,由此也掀起了全国亿万学生参加校园足球活动的热潮。

足球运动中蕴含着优秀的文化内涵和精神要义,甚至可以说这项运动是人类精神文明的一种实体体现,从而深刻影响着人们的内心以及人们在外部的行为。足球运动员通常会以勇于拼搏、挑战自我的精神投入在运动当中,随着发展越发丰富的技战术和团队至上的足球理念都支撑着足球运动在外在形式的发展,以至于使足球运动超过所有运动项目成为世界最为普及和最受人们认可的文化现象。在校园中组织足球比赛或其他足球活动,有助于学生体会足球运动的精髓,接受足球这项运动要传达给他们的精神和理念。在比赛中,双方球员必须通过不断克服精神和体力上的困难,才能将比赛的主动权掌握在自己手里,这对学生的顽强、勇敢、自制力和进取心等意志品质都是巨大的锻炼,即便是在日后的工作和生活中,这种精神和意志力也还是需要的,可以说是对学生一生的发展都有所助益。

(二)全面提高学生体质的要求

《中共中央国务院关于加强青少年体育增强青少年体质的意见》中明确指出,增强青少年体质,促进青少年健康成长,关系着国家和民族的未来。校园足球是一项非常理想的全面提升学生身心健康水平的活动,将足球纳入体育教学内容之中,更是对这项运动对学生的意义的一种认可。

一个人,只有在健康的状态下才能更好地体会人生,包括从事某项工作或实现每一个生活愿景。特别是对于青少年学生来说,他们所处的年龄阶段正是需要打好身体基础,以此为此后更长的人生做好准备。但通过国家对学生体质健康测评的结果来看,学生体质情况每况愈下,且还有较大的下降趋势,不由得让社会各界人士为此担忧。

足球对运动者身体的锻炼是全方位的,即通过参加足球运动可以锻炼到身体绝大多数的部位,多数系统功能也能在运动中得到锻炼,就体育教学来说这就是非常理想的教学内容。如果能将校园足球坚持搞下去,一段时间后青少年的身体素质下滑趋势必将迎来逆转。为此,就要紧紧抓住机遇,充分发掘、发挥足球在青少年学生中的独特魅力和多种功能,并且应以足球运动为引领,带动校园整体体育文化的蓬勃发展,进而推动"阳光体育运动"更进一步发展,最终让学生从中获益。

(三)体验校园足球文化的乐趣

校园足球中所开展的活动除了有紧张激烈的足球比赛和长期组织的足球运动训练外,还有一些其他形式多样、氛围轻松的足球活动。随着校园足球运动的开展所积累的经验,一些更加适合所有学生参与的以足球为主题的活动不断被创造出来,这其中包含了新颖的比赛形式,还包含一些有趣的足球游戏,新活动的出现无疑大大丰富了学生的课余文化生活。相信如此丰富多彩的校园足球活动能够让更多的学生参与其中,在体会足球带来的快乐之际,还能深刻感受到团队的力量,使学生受到教育,受益终身。除了多样化的足球活动外,甚至在一些足球特长示范校中,许多活动的组织和构思都是由足球运动骨干学生和积极分子的策划下实现的。如此一来,校园足球既成就了这些学生,让他们的才华有展现的平台,他们也成就了校园足球的红火,双方是一种相互促进、相互支持的关系。

对校园足球文化的体验乐趣还可以体现在可以在学校的重大活动中安排一些与足球运动有关的表演环节,如足球啦啦队表演、花式足球等内容。与足球紧密相关的内容可使学校足球文化得到展现。这无论是对表演者还是观看者来说,都是一件非常过瘾和增添乐趣的事情,他们所感受到的欢乐、荣誉和自信,都是足球所赋予的。

(四)培养足球人才

我国的足球运动水平与世界一流国家相比还有很大的差距,虽历经几十年的发展以及做出过不少改革尝试,但就目前来看,我们仍旧与世界高水平足球国家相距甚远,而且大有距离越拉越大的势头。导致这种局面的原因并非一个,但校园足球的普及度较低就是其中一个,也是较为重要的一个原因。众所周知,发展青少年足球运动是从根本上提升足球运动水平的方式,这是足球运动发展规律揭示的原理。而学校是我国青少年最为集中的场所,也是培养未来我国社会主义建设者的摇篮。为此,要想提高我国的足球运动水平,就应大力开展校园足球,相应地为学生配备设施和提供各种支持,让学生有条件参与足球。但现实反馈得更多的是学校、家长两方出于各种原因的考虑不愿意孩子参加足球运动。种种错误认识和思想上的偏见导致踢球的学生越来越少,这些问题都极大地影响了中国足球的发展。

对上述问题的解决,需要构建起一个完善的青少年培养体系,如此才能从根本上解决我国的青少年足球人口不足的问题。当然,这需要一个长期的建设过程,长此以往,注定会培养出更多的青少年足球人才。需要注意的是,尽管校园足球有着培养足球后备人才的功能,但这并非唯一功能,校园足球给学生带来的益处绝对是多样化的,即便足球最后只是学生锻炼身心的手段,或是从中得到快乐,那么参与其中也是有价值的,是一笔可以享用一生的健康财富。在此之上,如果还能为我国足球运动贡献人才,就是更加有益的结果了。

对于目前的校园足球运动来说,主要的组织部门是教育部门。他们为校园足球培养后备人才功能所尝试的就是建立一套稳定的联赛机制,提高校园足球普及水平,提升校园足球保障水平,形成校园足球激励机制的工作思路。之所以选择比赛的形式,主要考虑到的是这是足球运动的主要形式,同时也能检验校园足球开展的水平。当然,比赛只是众多活动组织形式的一种,只有多措并举地开展活动,才能越发激发学生的参与动机和参与兴趣,才能让学生养成爱踢球、想踢球的意识和习惯。学校也应积极探索校园足球的发展渠道,只有当足球运动切实获得普及并成为学生们喜闻乐见的体育运动后,才能谈及足球人才的涌现,否则过早谈论人才培养的问题就是一种幻想。

第二节　校园足球运动发展的现状与问题

一、校园足球运动发展的总体现状

这里我们以中小学校园足球运动的发展为例,对其发展的总体现状进行分析。

(一)对开展校园足球运动的认识不足

统计数据显示,目前全国中学、小学的数量有 30 多万所。而通过调查数据可知,在校园足球活动相关计划被提出之后,真正落实相关活动的仅有几千所,可谓积极响应的比例极低。造成这种状况的原因很多,这里主要就学校、家长及学生对足球活动的认识不足这一原因来展开讨论。足球是一项对抗性较强的运动,在场上比赛的双方球员为了争夺时间和空间,要展开各方面的对抗,身体对抗也是其中一项。为此,学校、家长和学生对对抗感到担忧,各方都对因为对抗而增加运动损伤的概率这点感到恐惧,而一旦学生受伤需要休养,就可能会影响学习进度,这是万万不可接受的。此外,多方还对校园足球运动开展的目的有一定的分歧,分歧点在于这到底是一项为了培养后备足球人才的活动,还是以提高学生的身体健康水平为目的的活动。通过上述两点问题可以明显看出,目前我国校园足球运动的开展之所以进展缓慢,很大程度上与多方对活动意义和价值认识不足有关。就我国传统理念来说,从古代到现代的大多数时期都秉承重文轻武的观念,对"万般皆下品,唯有读书高"的价值观十分推崇,这种传统观念在现代依旧影响着世代中国人,这种观念引导着人们认为除了学习文化知识外,其他的活动,特别是身体活动都是浪费时间和玩玩闹闹,充其量就是一种放松的游戏。也正是在这种观念的影响下,学生和家长最为看重的就是学生的学习成绩以及升学率,为此,学校在一些重要的年级节点和学期中的重要节点甚至会占用体育课的时间来安排学科教学。在这样的理念下来谈校园足球活动的开展无异于是空中楼阁。

(二)资金投入不足

校园足球的开展需要一定的物质资源作为保障,为此,我国教育部门等许多机构为了推动校园足球运动的开展,都投入了大量的资金予以支持,就连每年的体育彩票公益金中也有一定比例是拨付给校园足球领域的。尽管各方已经在努力弥补校园足球开展资金不足的问题,但我国毕竟是一个人口大国,这些资金分发到各地,落实到学校当中后还是显得有些微不足道,远远不能满足校园足球运动发展的实际需要。

在众多校园足球资金投入的方面中,对足球场地的建设和改善所需的资金最多。在校园足球活动倡导落实之初,中国足协就向西部地区投入500万元用于打造10所校园足球试点学校。这些资金在这10个布点学校中建设了3块标准足球场与15块5人制足球场(共计18块足球场)。但与全国学校数量相比,能明显看到资金与校园足球开展需求的供需不平衡问题,单靠某一部门的投入显然是不能解决问题的。校园足球运动开展所需的资金离不开社会各界力量的支持,只有凝聚了各方力量,才能使校园足球活动得到持续开展。

(三)政策保障不足

近些年我国出台了众多与校园足球相关的文件,然而校园足球运动的开展依然面临着政策难以落实或政策规定不切实际等的制约。具体问题突出表现在校园足球教练员的角色地位、工资补助、准入要求、培训等,如此就会导致体教部门的关系不和谐的状况出现。

校园足球活动是一项由国家体育总局和教育部发起的旨在培养在校学生足球意识、足球技能、健身习惯的阳光体育活动。具体的落实方还是地方体育局和教育局,然而到了地方,体育局和教育局作为两个不相关的部门,缺乏联动机制和协同配合,难以将校园足球活动的开展落实到位,总是表现出一种"你干你的,我干我的"的现象。校园足球活动的开展需要这两个独立的主管机构团结协作,发挥合力的作用,并且在合作的同时还有分工,即对各自专业的领域有指导权,在这一过程中为了避免矛盾,非常需要建立起一个双方合作联动机制。倘若这一合作机制无法建立,则不能保障校园足球活动的顺利开展与持久发展。

(四)教育部门与体育部门之间的关系协调问题

校园足球活动的开展始终需要教育部门与体育部门之间的协调。但在实际当中,较少有两部门能顺畅协调的情况,更多的则是两部门之间的不作为或冲突。出现这种问题的原因为体育与教育本就属于两个系统,彼此之间没有交集。正是由于这种两部门相对独立的关系,引发了校园足球开展后双方的矛盾,抑或都消极对待这项工作。如此就会使校园足球运动的开展步履维艰,重重遇阻,其活动质量也就可想而知。另外,一些邀请了专业足球教师的学校还出现了足球教师和教练员职称分属不同序列的现象,这就极大地浪费了学校的师资,这种问题对校园足球活动的开展具有制约作用,同时对我国青少年足球的发展也有不利影响。

一些青少年足球运动员的竞赛水平有限,而且难以在比赛中发挥正常的训练水平。这不是一个简单的问题,也不是单一一个部门就能解决的。校园足球活动的长远发展需要依靠社会各方面力量的集体参与,尤其是要加强体育部门与教育部门的集体协作。

(五)校园足球的受关注度较低

足球运动较为特殊,决定一个国家足球水平的并不只有体育发展水平,还涉及社会各方的关注和支持力度。其实足球在我国的关注度是非常高的,但人们对作为重要根基的校园足球的关注度则非常低,尽管人们知道校园足球对一个国家足球运动未来发展走势的重要作用。我们的邻国日本在校园足球运动的发展方面可以说是一个绝佳的典范。日本民众的足球理念更加先进一些,他们不仅非常关注本国的联赛和国家队比赛,同时还非常关注青少年足球运动。这可以体现在他们一场地区高中足球比赛的决赛有上万名观众观看这点上,而且场面激烈,观众的投入程度一点不逊色成年人职业赛事。所以要使校园足球运动的开展得到保障,需要使青少年校园足球活动融入整个社会的系统发展中,社会各方也要真正认识到校园足球的重要性,并用实际行动证明。

二、校园足球运动开展的硬件设施现状

(一)全国校园足球运动开展的硬件设施现状

不论是职业足球还是校园足球,但凡是开展足球运动就一定会对场地和相关设施有要求。如果场地设施不达标,或是从根本上缺乏,球员就会在

运动中更多出现运动损伤,或是足球运动就难以举办。为了解决这一关键的足球运动物质保障问题,国家体育总局不断投入资金在硬件建设领域。尽管如此,对于学校基数较大的现实来说,投入带来的效果还是有限的。我国校园足球发展面临的硬件设施短缺问题依旧严峻。

在实际调查中发现,我国可用于开展校园足球活动的场地非常有限,更多的足球场地资源集中在高校中,只有一些条件较好的中小学中才有标准的或非标准的足球场地,更多的中小学则没有专门用于开展足球运动的场地,这些学校要想开展足球活动只能借用其他场地来顶替,且足球训练设施缺乏,或是疏于养护和更新。如此看来,改善校园足球场地与设施是一项当务之急的任务。

(二)地方校园足球运动开展的硬件设施现状

对地方校园足球运动开展的硬件设施现状的研究主要选择一些有代表性的城市或地区为例进行说明。

济南市校园足球办公室向本市所有校园足球布局学校发放了 30 套足球装备和 50 个足球。此外,在济南市一些校园足球试点学校还配置了若干不同标准的球门、足球墙以及足球网等设施。据走访调查,这些得到装备和建立了相关设施的学校对这些足球资源的落实感到满意,并且一致认为这些装备和设施对开展各类校园足球活动带来了巨大帮助。从这些学校对这点的反馈可以看出,济南市的校园足球活动开展在硬件设施方面已基本达标,这为校园足球活动的正常运行创造了良好的基本条件。

实际上,在校园足球硬件设施中,足球场地的建设是花费最大的一块。如今我国的土地资源在大多数城市中的价格都呈现出爆棚式上涨,学校中如果原本没有多余的用地,要想再建设一个足球场就需要为土地花费巨额资金,这是大多数学校无法承受的。这是校园足球运动场地出现短缺的直接原因,也是校园足球运动发展的制约因素之一。对于体育部门来说,在明明知道校园足球场地缺乏的情况下,还是会由于资金与土地资源有限的原因,不可能对足球场地不断进行新建。足球场地的标准占地面积大约是 7 140 平方米,5 人制或 7 人制的标准足球场大约需要 968 平方米的占地面积。面对这样大的场地面积,要获得却不投入大量资金显然是不可能的,即便真的投入了相应资金,在此之后还要涉及诸多行政审批和基础配套建设等问题。要想解决这些问题也需要消耗大量人力、物力、财力,如果只是体育部门一家来做,可想而知这难度有多大。

三、校园足球运动开展的师资力量现状

对校园足球师资力量现状的研究是以我国东部某省的中小学为例,并从师资的来源、年龄、学历、职称、理论等级和专业等级几个方面来展开的。

(一)师资的来源

校园足球活动在当前许多学校中都有着一定程度的开展,丰富的足球活动深得学生的喜爱。但同时也能发现在校园足球开展过程中师资紧缺的问题给校园足球的可持续发展带来的隐患。更多学校的校园足球活动的指导者是体育教师,这些教师缺乏足球运动的专项技能,只能在较为基础的层面对学生进行指导和组织活动。而学校在选择校园足球教师时也并未依据实情进行。上述种种问题都是中小学校园足球师资匮乏和质量不高的主要原因,长此以往必然对校园足球的发展不利。

目前,所调查的该省中小学足球师资的来源主要有以下三个。

1.体育院校和师范类体育专业

目前,该省校园足球活动的指导教师约有70%来自体育院校体育教育系和师范类体育专业的毕业生。这类师资在高校学习期间就参加过很多足球专项训练和理论学习活动,这是他们接受足球教育、积累足球运动经验的主要方式。高校安排的众多足球课程与活动的目的也是为了促进他们的足球综合技能水平的提升。这具体表现在以下两点上。

第一点,高校安排的足球专项教学或活动是有针对性地培养师资的足球理论知识及项目教育能力,这是从根本上提高师资足球运动素养和能力的方式。

第二点,高校向师资传授足球运动的专属教学方法、教学模式、教学评价等。这是期待他们毕业之后就能在最短的时间内胜任足球教师的工作。

然而,不少调查得出的结果显示,尽管该省的校园足球布点学校中有一部分确实对足球教师这一职位进行了单独设置,但详细调查发现,这些足球教师更多是挂了一个"名头",足球教师本身并不真的是足球专业出身,更多的还是由一般的体育教师兼任的,且兼任教师也几乎没有为此参加过足球专项培训,有些教师甚至在得知自己要出任这个职位后临时学习足球。这几类教师所掌握的足球知识与技能不足以支撑校园足球活动的开展。

2.足球俱乐部的教练员或运动员(退役)

为了找到高水平的足球师资,学校会考虑聘请那些专业足球队的退役球员来到学校任教,或担任顾问的职责,由他们来指导校园足球的开展和相关的规划工作。这类足球师资的专项技能普遍较高,而且有着丰富的训练和比赛经验,这对学生系统化学习足球运动可以起到很大的提升作用,特别是对那些想在足球运动上有所发展的学生更是能满足他们的学习需求。

现如今,青睐聘用退役运动员、教练员作为校园足球师资的中小学众多,不仅如此,一些高校也开始采用这种方式招募足球教师。如此一来,相比中小学,高校自然在所能提供的各方面条件上对足球教师更有吸引力,导致能够来到中小学任职的足球教师数量减少,数据显示这类教师的占比不足10%,且这仅有的10%也更多就职在那些有着良好足球传统或薪资待遇较高的学校。

3.高校足球队的运动员和相关体育专业的学生

现在许多学校的校园足球师资来自高校足球队的球员毕业生。与上面提到的高校体育专业师范生和体育院校学生相比,高校足球队的球员学生有着相对更丰富的训练和比赛经验,在实践方面有着较大的优势。如此,他们成为校园足球师资后自然更懂得如何从训练技巧上入手来指导学生,且能够灵活处理训练中出现的一些问题。在足球理论的掌握方面也不比体育教育专业的学生差,因此,这是一类性价比较高的师资,这一类型的足球教师也是众多中小学校园足球师资的来源。不过,鉴于他们在足球领域中缺乏相关资格证书,这就可能导致一些本来拥有不错足球技能的人不能顺利来到学校就职。

(二)师资的年龄

对于包括足球教师在内的体育学科教师来说,其教学经验在很大程度上与其所任教的年限有关。如此也就使得判断一支师资队伍的结构是否合理还要看队伍中师资的年龄结构如何。普遍认为的是,当师资队伍中教师的平均年龄越大,则该师资队伍的教学经验就更丰富。拥有丰富教学经验的教师队伍能更容易抓住学生的身心特征和性格特征,也更容易了解他们的学习兴趣所在,如此"对症下药"展开教学,教学效果会更加明显。不过,师资队伍的平均年龄当然不是越大越好,年龄过大的足球教师可能会存在一些缺陷,如他们所掌握的足球教学理念和技能已经脱离足球发展的主流,许多东西都已落后,而且年龄过大的教师可能也会在与中小学生的沟通中存在不畅的问题。这样一来,学生会感觉和教师有很大的距离感,这对教学质量和效率来说都是不利的。

足球师资队伍中还会有一部分教师是年纪比较轻的,这些教师多为体育专科院校毕业不久的大学生,这类教师在大学多主修运动教育专业,甚至有些学生的运动主项就是足球,即便不是足球专项学生,在日常也参加过足球课程,懂得足球教学的基本规律和方法。其中大多数学生还参加过足球裁判员培训,或是执法过一些低级别比赛。总的来说,这类学生的理论与实践技能尚可,并且由于年龄较轻,更容易接受一些足球运动发展而出现的新东西,也更容易和学生"打成一片"。但与老教师相比,他们在教学经验上有所欠缺,也由于教学积累还不多而不能准确把握众多学生的足球运动特点,导致他们在选择教学内容与方法时常出现不匹配的问题。

综上所述,只有合理调整校园足球师资队伍的年龄结构,才能在弥补不同年龄教师在教学上的短板的同时最大化发挥出各年龄段教师的教学优势,以此来促进足球教学与校园足球活动不断向前发展。

现如今,我国中小学阶段的校园足球的开展仍处于起步阶段,包括师资队伍建设在内的多方面仍旧在探索之中,完全建设完毕尚需时日。

(三)师资的学历

师资的学历能反映出教师在此前所受教育程度和专业能力的情况。尽管学历并不能完全展现出教师的实际教学能力,但也能反映出他们对新事物的接受力、理解力和学习力。因此,在选择校园足球师资时仍旧是较为看重的方面。一个拥有合理学历结构的足球师资队伍固然是理想的,它不仅能确保师资在教学活动和活动组织方面的能力,同时还能期待他们在足球相关的科研领域有所作为。

现阶段,校园足球布点城市越来越多,甚至一些非布点城市中的学校也在积极尝试开展校园足球活动。在这一背景下,尽管该省校园足球师资力量不断增长,但相比足球发达国家的校园足球师资质量还是差距较大。

调查显示,该省一些中小学的足球师资的学历多为专科和本科,多来自体育学院和师范类体育专业的毕业生。单从这点来看,学历等级不算出色,只能算是基本合格。尽管这部分师资的文化素质方面肯定是优于退役足球运动员的,但这些教师中大部分没有过专业系统足球训练的经历,然而那些拥有过硬实践能力的退役运动员的文化素质又不足以支撑起足球教学与科研能力。这对矛盾总是萦绕在校园足球活动之上,对其发展带来制约。

(四)师资的职称

校园足球师资力量水平可以通过师资的职称反映出来。具体来说,职称能反映出足球师资的理论知识水平和科研能力,还能反映出教师的理论转化为实践的能力。所以,拥有一个平均职称较高的校园足球师资队伍对全面提升校园足球运动的水平大有帮助。

现实的情况是,中小学足球教师的职称普遍偏低,造成这一结果有多方面的原因。详细数据显示,在中小学的足球师资中,取得高级职称的占10%;取得中级职称的占30%;取得初级职称的占40%;没有职称的占20%。由数据可以看出拥有初级职称的师资占比最多,拥有高级职称的师资占比最少。究其原因,主要为学校领导对校园足球活动的开展认识不够深刻,没有给予足球教师更多的关注,所以当有职称评选时不会将本就稀少的名额给予足球教师,但这并不代表足球教师的能力不够。由此一来,足球教师的职称总是难以晋升,始终保持在较低的水平。这个问题导致的最大后果就是打击了广大足球教师的工作积极性和追求卓越的精神,让他感觉在地位上不如其他学科教师,显然这非常不利于足球师资后备人才的涌现。

在做过一些调查后,发现该省中小学足球师资的职称评定工作本身也存在一些问题。在参与校园足球工作的初级足球教师中,竟然有19%的人没有任何职称,取得高级职称的教师只有9%,且这部分教师大多为已经从事了十余年教学工作的老教师,这对于一个论资排辈价值观严重的社会关系来说是很常见的,况且如果教师的教龄较短,也无从对其进行适当的评估。几乎每名从事教学工作的教师都非常关注自身的职称,这关系到他们的工资和福利水平。低职称或无职称的教师的工资基本只能满足个人日常生活所需,长此以往工作积极性和自信心会受到打击,甚至会产生自己的努力不被人们接受和尊重的感觉。为此,为了校园足球的可持续发展,学校应重视足球教师的职称评定,以此作为鼓励和挖掘优秀足球教师的手段。

(五)师资的理论等级

足球教师的理论教学能力可以从他们的理论等级中反映出来。尽管足球运动是一项实践性体育学科,但其本身也蕴含着大量的理论知识,了解这些知识有助于学生抓住足球运动的规律,深入了解其精髓,以此能更加开阔学生的足球思维,也能更深刻地了解技战术的含义。因此,理论等级较高的足球教师自然能从理论的角度向学生灌输正确的足球意识和理念,这对培养学生热爱足球,终身参与足球的意识大有帮助。

通过对该省中小学的足球教师进行调查后可知,多数中小学的校园足球教师都没有获得过职业级和 A 级别职称。这是由于能达到这些级别的教师本就非常稀少,且多数就职于条件更好的高等院校或足球重点学校,愿意"屈尊"来到中小学指导校园足球的就更少。没有获得足球教练员资格证书的是绝大多数。

(六)师资的专业等级

校园足球开展的主要场所是中小学,处在这一阶段的学生大多没有什么足球基础,很多都要从头教起。为此,教师就需要在基础技战术上多下功夫,细致讲解,示范到位,过程中还要注意语言的使用不要太过专业,而是要用简单直观的语言给孩子们讲授,这样他们才更容易理解其中的意思,才能使他们在相对活跃的氛围中学习足球。这就需要足球教师拥有足够的专业等级和指导能力。

对于足球教师来说,他们所具有的足球素养与能力很大程度上是通过其运动等级反映的。因此,在选择足球教师时要关注他们的运动等级。

调查显示,该省中小学足球师资的运动等级普遍较低,特别是体育院校或高校体育师范专业的毕业生,他们基本没有考取专门的足球运动等级证书,他们所掌握的足球知识与技能都是在学校中学习的。如此也就使得一些学生对学校组织的校园足球活动不太满意,甚至有一些学生认为在这些教师指导下的校园足球活动有不专业的地方,不符合自己对教师的期望。

可见中小学足球教师获得相应的运动等级是一件很重要的事情,它不仅代表着一名足球教师的学习能力,还代表着他们所展现出的指导能力。为此,学校应对足球师资技术能力的提升予以重视,鼓励和支持他们考取运动等级证书,帮助其具备足球专项教师应有的足球素养。

四、校园足球运动教学现状

足球运动具有十足的娱乐性和易开展的特点,其几乎不会受到季节变化的影响,且是学生主观上非常乐于参加的运动。基于此,就使得这项运动非常适合在学校中开展。然而,通过调查我国校园足球教学的现状,可以发现其中还存在诸多问题,具体表现如下。

(一)教学目标不合理

学校足球教学必然会设计一个教学目标,没有目标的教学是没有意义的。然而,分析发现现如今很多学校在订立足球教学目标时更多关注的是阶段性教育,即教学计划只是囊括了学生在校阶段所要学习的内容等事项,而忽视对学生在毕业之后的终身足球教育。显然,这与校园足球教学的目标差异不小。之所以会出现这样的问题,与足球教学目标中对相关的文字说明没有明确,对足球教学效果的说明也比较模糊,再加上足球教学目标的制定中指标性的描述也是不足的,判断足球教学任务完成的标准也没有明确制定出来。这样一来,足球教师与学生都不太清楚当教学任务完成之后,学生有什么样的表现才能算得上是完成了教学目标。

以足球运动的理论教学为例,许多学校对这部分教学内容的学习目标表述为使学生对足球基本理论知识、训练方法、竞赛规则等有全面掌握。但是,究竟怎样才算是全面掌握则没有具体表述。如此确定的教学目标更像是一种教学元素中必须要拥有的结构,像是为了保持结构完整而设定出的形式目标。而学生是否掌握了这些知识,掌握程度如何,没有明确的判断标准,也就无法对其进行合理测定。

(二)教学内容与对象不符

这一问题主要显现在如下三点上。

(1)足球作为一项实践性运动,其技术、战术动作众多,是教学的主要内容,也是活动顺利进行的基础。教授这部分内容的目标就是让学生全面且娴熟地掌握,以此提高他们的实践能力。但是,在过程中一定要仔细审核众多的足球技术,将适合学生学习的和不适合的内容相分离,这主要是出于学生身心特点适应性和安全性考虑的。现有的将所有技术都全面学习的做法是不合理的,这是与学习对象特点和需求不相符的。

(2)学校中开展的足球教学活动的学习顺序普遍为先技术、后战术。实际上这种安排正好反映出了技术是战术的根本特点。乍一看这其实还是比较合理的,它遵循的是先易后难的教学原则,且能让学生清楚地认识技术与战术的不同和两者之间的关系。不过,这样做的缺陷在于,这样的安排无法将技术和战术紧密结合起来,容易让学生认为技术是技术,战术是战术,思维上割裂了两者,表现在实际当中就是足球比赛的直观情景不能良好再现,影响总的教学效果。

(3)校园足球教学内容缺乏乐趣,不利于学生的兴趣养成。为了让学生系统掌握足球知识和运动技能,许多学校的足球教学中所安排的内容较为专业,忽视了校园足球的属性。太过专业的教学内容对于中小学生来讲显得枯燥乏味,不能吸引他们的注意力,也不利于他们终身体育意识的培养。还有一点需要注意的是,许多内容与时下主流已经脱离,显得陈旧,且教学方法也没有随之创新,如此更加削弱了学生对足球学习的兴趣,进而严重影响了学生参与足球运动的积极性。

(三)教学方法陈旧

通过调查发现,现今校园足球在教学方式上与过去相比没有太多创新的地方。较为陈旧的教学方法无疑影响了足球课堂的教学氛围,如此难以激发学生的参与热情,反过来也会大大降低教师的教学热情。

在过去很长时间里,校园中开展的足球教学或活动,教师都是活动的主导者,采用的也是教师为主导的教学方法。然而在遵循传统足球教学方法的情况下,教师也缺乏对教学方法的创新意识,只是照本宣科般的采用"一刀切"的方式,面对所有学生使用同一种教学方法,只求完成好教学任务即可。这样自然不会使足球教学方法得到创新,进而影响学生的学习热情和效果。

教学手段的改良对教学方法的创新起着助推作用。如今已有更多的教学手段可以运用在校园足球之上,特别是多种视频技术的运用让足球教学显得更加直观。教师和学生是非常乐意见到这些手段在教学或活动中应用的,但有时限于经费问题,并不能立刻购得,或分配给足球教学所用。而且对这些先进教学手段使用也存在着较大的局限性,其局限性主要体现在以下两点。

(1)学校中并没有足够安排开各种教学活动的多媒体教室。为此,这些教师首先安排英语、计算机等重要课程,足球教学和活动的使用只能往后排,直至最终不了了之。

(2)多媒体教学中总是会使用到教学课件,这是多媒体设备的配套软件。然而可供使用的更多是市场上流通的足球教学课件,这些课件的内容不多,总体质量不高,难以满足教学所需。为了弥补课件上的缺陷,就需要教师自制课件,这样能让教学更加贴近实际,但一些足球教师,特别是年龄大的老教师难以掌握计算机技术,更不要谈是制作课件了,这也是先进教学手段的难以在足球教学中得到运用的主要原因之一。

(四)课余训练不足

在当前的校园足球中,课堂足球教学和课下足球活动之间的关联性较低,甚至很多教师也认为真正学习足球技能的时间是在课堂之上,在课下的活动中学到的系统技能有限,课外活动的重要性没有被重视起来。由此就出现了校园足球中的课余训练不足的情况。

实际上,尽管体育教学是校园足球的主要组成部分,学生在课堂上学习的大量系统足球技能是非常重要的,但总的来看,他们的练习时间不足,现有的课堂时间不足以夯实他们所学的技术,这一缺憾必定需要在课后的足球活动时间中予以弥补,而这就赋予了课余训练以较大责任。对此,足球教师也应重新调整认识,将课余时间充分利用起来搞好足球活动,以让学生在活动中不断弥补练习时间较少的问题,并且在相对轻松的活动氛围中感受到快乐的足球。

五、校园足球运动训练现状

这里主要以高中的足球运动训练情况作为了解校园足球运动训练现状的入手点进行研究。

(一)训练时间不足

学校中的课余足球运动训练是校园足球活动中的一种重要形式。学校中开展的足球训练活动有别于职业球队的训练,它是在保证学生正常的学业学习的基础上组织的,且足球训练所占的时间不能超过学习时间,如此一来,校园足球训练的时间总是略显不足的,而这是校园足球的属性所决定的。据调查,现阶段高中足球训练实践中,没有明确每节训练课的训练时间和内容,有些高中的足球训练课与一般的文化课程时间同为 45 分钟,这些时间对于足球训练来说是捉襟见肘,可想训练效果也不会理想。

(二)训练次数多变

校园足球训练次数总显现出略有不足的态势,特别是高中生面临高考的压力,从个人和学校主客观方面来说都有意在减少足球训练的时间。如此来看,如何将文化课学习和校园足球训练两者的时间调配开,就成为现阶段促进校园足球整体能力提高需要解决的重要问题之一。

另外,这种校园足球训练次数不足的问题还会因天气问题进一步增加。例如,我国北方地区冬季寒冷,如此还经常在室外进行足球训练对学生的健康不利,只能通过减少训练次数来应对,如此不利于学生足球技战术水平的提高。

(三)训练系统不完善

就足球运动的培养规律来看,处于高中阶段的学生的足球技术能力已经初步形成,且自身也已具备了一定的技术特点。为此,训练的关键点就要放在如何引导学生对足球技术的运用上,以及将技术与战术相结合上。高中阶段的训练有着重要的承上启下的作用,在这个阶段的训练中应加入更多战术内容,由此使训练更加系统和完善。但现实中由于种种原因,在训练中融入战术的元素还稍显不足,或是只安排了一些较为基础的战术练习,远不能满足这一阶段学生的战术学习需求,如此也抑制了学生技战术能力的提升。为此,急需系统性的训练予以支持。

(四)体能训练没有引起重视

参加足球运动必须要有足够的体能作为支撑,为此,体能训练也是足球训练中不可缺少的环节。然而在校园足球训练中,足球教师更多将训练安排倾向于技战术层面,忽视体能方面的训练,这会使学生的足球综合运动能力大打折扣,即便是平时训练中展现出了较高的技战术能力,但在实战中由于缺乏体能的保障而不能发挥出日常训练的水平。因此,高中阶段要关注学生的体能训练,如何在足球训练中对高中生进行相关体能训练,如何提高学生的身体素质水平,这是足球教练员需要解决的主要问题。加强体能训练的强度,不仅能维持学生技战术在实战中的完成质量,还是一种全面提升学生体质水平的有效方法。

第三节　校园足球运动的可持续发展研究

一、足球文化对校园足球运动可持续发展的影响

(一)使学生对足球知识更加了解

足球运动是一项综合性较强的运动,对参与者的多方面能力有着较高的要求。为了更好地参加足球运动,并在其中表现出彩,学生就需要掌握技术、战术、心理、协作等多种知识和感知觉。这些内容对于学生正确认识足球活动掌握足球活动的精神内核具有重要作用,所有这些内容最终都融为足球文化。校园足球正是要在融入足球文化之后才有了灵魂,在将足球文化注入校园足球之后,才能获得一个氛围良好的校园足球环境,学生沉浸其中,必然可以在潜移默化中学习到更多、更全面的足球知识,更容易了解足球运动的规律与精髓。反映到实践中,学生也更会利用自身优势和团队配合的优势来实现比赛目标。此外,为了让学生对足球运动有进一步的认识,可以定期举办以足球为主题的文化活动,进而将足球活动上升为一种具备

精神和灵魂的竞技运动,以此来感染学生。

(二)使学校足球活动氛围更趋浓厚

学校足球文化能够在学生中形成一股凝聚力,它可以将学校文化与足球文化融合在一起,从而形成一种更加强大的精神力量,这对构筑起一个浓厚的校园足球氛围也是非常重要的。首先,一个学校的足球文化是否浓厚,决定了这项运动在学校中得到的关注度和重视度的高低,一个具有较高足球文化的学校,自然会在统筹学校足球活动上有所建树。学校足球也能够在此过程中获得足够多的资源得以持续发展。其次,较高学校足球文化有助于激发学生参与足球活动的热情和兴趣,这是提高足球人口的关键环节。因此,如果较高的足球文化能在学校中形成,势必会进一步驱动那些本就喜爱足球的学生的参与行为,对那些不是很了解足球,也不怎么参与足球活动的学生也是一种感染,使他们在足球文化中慢慢对足球产生兴趣,然后尝试参与,最终热爱上这项运动。

(三)大量培养足球人才

一个国家组织体育运动竞赛的水平也是其整体体育运动水平的衡量标志。改革开放之后,我国经济水平的快速发展也带动了体育运动水平的提升,我国运动健儿在世界大赛上屡获殊荣,越来越多的国际性赛事在我国举办。这些体育领域的进步都离不开后备人才的培养,而这也得益于我国建立起的一套适合我国国情的运动员训练方法和体系。足球运动作为体育项目之一,从选择运动员到培养运动员,也需要经历这一严格的步骤。鉴于足球运动的一些特殊性,要想提升足球运动水平,还需要建立起一套专门的人才储备和培养体系。我国作为一个人口达 10 亿级别的国家,本应拥有数以万计的足球人才,但实际上我国各方面足球专业人才寥寥,由此影响到我国足球运动的整体水平。校园足球运动的开展在贡献足球人口方面已经有所成效,一些足球人才脱颖而出,但在遴选优秀足球苗子时,一般都会从专业性较强的体校中选拔,几乎不会考虑普通学校中的学生。这是因为在普通学校当中,虽然也会开展足球活动相关的教育和训练,但是,由于足球文化尚未完全形成,使得足球运动在这些学校当中的开展情况并不如意。要想解决这一矛盾,还是需要将足球文化在学校中推广开来,以此促进相关配套制度和设施更加完善,使通过校园足球培养出来的足球后备人才质量更高,从而扩大足球运动后备人才的遴选范围,让真正有实力的青少年有获得提升的机会。

二、发展模式对校园足球运动可持续发展的影响

(一)校园足球发展模式应创新

(1)政府有关部门主导的校园足球发展模式是我国的校园足球的传统模式,有关部门在校园足球的资源调配和具体工作中都承担着多重角色,政府对校园足球事宜可谓是进行了一种一揽子管理的方式,在资金投入上也更多是单一一方的投入。尽管这种方式可以充分显示出有关部门在校园足球发展工作中的主导权和管理权,但从实际上看这种过于单一的模式会导致政府在发展过程中力不从心,从而使政府在校园足球发展中的供给效率难以进一步提高。[①]

(2)在当前校园足球开展过程中,会突出表现出一个参与度不足的问题。这里所说的参与度不仅是学生对足球活动的参与,还包括教师和家长对学生参加足球活动的支持和表率作用不足上。这会在很大程度上打击学生参加足球活动的积极性,或是让学生在参加活动的过程中总是背负上一种心理负担,认为自己会因此遭到教师和家长的责备。因此,创新校园足球发展模式就显得非常必要,新型的发展模式应包含更多有关方的意愿,从而为学生创建一个宽松的足球活动参与氛围。当然,要想实现这一创新还需要各方在其中做出不懈努力才行。

(二)校园足球发展模式应与实际相结合

1.缩小城乡之间校园足球发展存在的差距

城乡教育发展问题一直是党和政府非常关注的问题。《国家中长期教育改革和发展规划纲要(2010—2020年)》(以下简称《纲要》)中对城乡教育一体化进行了详细解读,并将此作为国家教育的发展战略。校园足球是落实素质教育理念的重要抓手,其在发展过程中不可避免地会受到城乡教育二元结构的影响。不过在当今全球化和现代化快速推进的背景下,彻底打破传统的城乡二元对立只是时间问题,推进城乡一体化发展是唯一共识。[②]具体的校园足球一体化模式结构见表2-1。

---

① 李卫东,张廷安,陆煜.全国青少年校园足球活动开展情况调查与分析[J].上海体育学院学报,2011,35(5):22—25.

② 李纪霞,何志林,董众鸣.全国青少年校园足球活动发展瓶颈及突破策略[J].上海体育学院学报,2012,36(3):83—86.

表 2-1 校园足球一体化模式结构表

校园足球一体化模式	
1. 运行模式一体化	教学一体化、训练一体化、竞赛一体化
2. 制度模式	组织一体化、监督一体化、评价一体化
3. 资源模式	人力资源一体化、资本资源一体化

2. 幼儿园、中小学、大学等不同阶段的校园足球发展应结合实际

(1)足球作为在世界上最有影响力的运动项目之一,在我国本应获得非常良好的发展势头和成果。但从目前我国足球各领域的发展现状来看,很难令人感到乐观,足球运动在我国的发展可以说也没有体现出本应有的优势。校园足球是足球运动水平发展的根基,然而我国学校的足球教育始终难以得到重视,踢球的学生日益减少,致使我国的足球人口也逐年下降,远远落后于足球发达国家。足球的进步非常依赖儿童、青少年的基础训练,要做好相关工作,就要立足长远,从娃娃抓起,力求让足球教育进校园,甚至是进入幼儿园之中。幼儿参与的足球活动更接近于一项游戏,如此就要充分发挥足球的游戏属性,以此激发幼儿对这项运动的兴趣,其接触足球的步骤应是一个"认识足球——从抚触开始;理解足球——从儿歌开始;玩转足球——从游戏开始;融入足球——从组队开始"的过程。[①]

幼儿足球活动的开展侧重点为培养幼儿对足球的兴趣,其中安排的一些比赛也是以丰富活动形式为目的的,而不会太在意比赛的结果。采用情境教学法,激发幼儿的学习热情。情境教学法在教学中的有效运用,不仅可以激发幼儿的学习热情,还可以使幼儿在一种有趣的情境中,尽情地玩转足球。为此,教师在足球教学中应当积极主动地创设教学情境,从而优化幼儿园足球教学模式。另外,幼儿足球教学要充分体现幼儿园教学的特殊性,符合幼儿园新课程的标准,这就避免了足球教育脱离幼儿教育本质的问题,从而更好地达到以足球运动的形式实现寓教于乐的效果。[②]

(2)在中小学中开展校园足球活动应着眼于学生的兴趣,这点对小学生的足球活动意愿更为重要。相比于小学生,中学生的独立意识随着年龄的

---

① 汪升,龚波,陶然成,等.我国校园足球与青训体系的有机衔接[J].武汉体育学院学报,2018,52(3):83—88.
② 颜中杰.我国中超职业足球俱乐部梯队运动员现状研究[J].体育科技,2011,32(2):34—39.

增加不断增长,他们在这一阶段中会逐渐被培养出不同的兴趣。包括足球运动在内的多种体育活动就是他们非常重要的兴趣点,中学生的体育兴趣的形成往往和自身能力、锻炼习惯和偶像崇拜有关。如果恰恰在此时通过校园足球活动的开展来激发中学生的学习兴趣,增加多媒体和视频教学、使用偶像教学模式帮助学生确定学习目标,无疑会给足球活动的开展带来事半功倍的效果。[①]

(3)在大学中开展的校园足球活动,其种类是最为多样的。首先,以足球为内容的必修课和选修课给予了学生正规学习足球技能的机会,并且能让同学们在课程中学到足球的精神,学到足球的文化,锻炼了身体,提升了个人道德和素养;其次,从形式来看有社团活动、班级联谊活动、学院之间的活动等为大学生的足球交流提供机会。大学生从中所获得的身心价值不仅对当前意义较大,甚至对其此后漫长的生活都能带来积极的帮助。

(三)校园足球可持续发展研究

校园足球可持续发展 SWOT 分析见下表(表 2-2)。

表 2-2　校园足球可持续发展 SWOT 分析表

	分析
S(优势)	1.足球的独特魅力 2.国家及政府的高度重视 3.校园足球被纳入足球的长期发展计划
W(劣势)	1.场地建设与资金不足 2.足球教师队伍实力水平较差 3.比赛制度不健全 4.足球人才培养模式落后
O(机会)	1.强有力的国家政策支持 2.中国足球长期发展的现实 3.足球后备人才培养模式的战略选择
T(威胁)	1.足球发展环境恶劣,诸多负面性因素的影响 2.校园足球运动保护机制不健全 3.学校内体育资源竞争激烈

---

① 孙克诚,董众鸣.我国足球后备人才多元化培养路策[J].上海体育学院学报,2011,35(3):76—79.

由上表可知影响校园足球可持续发展的 W(劣势)和 T(威胁)。因此，就应着重从这两方面入手来探寻解决方法，具体见下表(表 2-3)。

表 2-3　校园足球劣势与威胁的解决方法与目标

方法	目标
1.加强场地基础设施建设力度	促进本地区校园足球基础环境的改善，满足本地区校园足球基础设施的均衡发展，满足校园足球可持续发展的基本要求
2.优化校园足球师资力量	为教师提供多元化的发展途径，建立培训体系，优化校园足球师资力量，为校园足球的持续发展提供条件
3.提升体育教师的综合水平	体育教师的能力对提高学生的学习能力有很大的影响。积极培养双师型教师，调整体育教师知识结构是改革现行体育管理的重要途径
4.加强多媒体体育教学评估	使学生取得更大的进步，提高教学效率
5.建立系统性竞赛体系	竞赛体系的建立符合足球后备人才培养的要求，有利于在区域环境中形成良好的校园足球文化，促进校园足球的可持续发展
6.建立足球人才培养模式	中国校园足球的可持续发展也需要借鉴发达国家的经验。最后，形成适合我国校园足球发展的人才培养模式，即"内外一体化"的培养模式，真正为校园足球的可持续发展提供条件

三、全面质量管理理论的运用对校园足球可持续发展的影响

(一)树立足球后备人才培养服务观念

一般意义上理解的服务主要是商业、企业等领域中的概念词汇。此前在体育领域中的使用非常少，更显见于足球后备人才培养中。将服务的概念引入足球后备人才培养之中的目的在于能更好地审视其过程中内外部的影响因素，由此就可以有针对性地对优势因素进行巩固，同时对弱势因素予以消除，最终创造出一个适用于青少年足球培训的新格局。

首先，需要调整的是教师与学生之间的关系。过往对足球后备人才的培养过程中，实际上也包含着一些教师向学生提供某种服务的内涵，但这种

服务行为基本不能很明显地体现出来,很难以让人们察觉到这其中的服务行为。在全面质量管理的理念下,就要明确将服务的意识融入教师与学生的培养活动中,将教师看作是足球技能的提供者和服务者,将学生和学生家长看作是服务的接受方。要将这种服务与被服务的关系明确固定下来并有所展现,这样作为接受服务的一方就有权提出自己的消费要求,教师也有责任满足被服务方的要求,如此之下就构成了一种全新的足球后备人才培养格局。

其次,是要对青少年训练过程的内部关系进行一些调整。以企业为例,企业内部存在的所有工作环节之间基本都存在一个"下道工序就是用户"的思想,上道工序是下道工序的服务者,由此一级级一道道地完成服务工作,最终实现完美产品的诞生。将这一服务理念融入青少年足球后备人才的培养过程中的内部也是可行的。如此就可以将学生在前一阶段的训练看作是下一个阶段训练的基础,前一阶段的训练成果为下一阶段的训练做出"服务",这是一个环环相扣、一贯而终的过程,如此最终培养出的足球后备人才不仅基础扎实,而且还具备一定的个人特点。

(二)服务的质量要求

将服务的概念引入足球后备人才的培养之中不能仅浮于表面的理念上,而是要彻底将理念与实际行为相融合,注重服务的质量。足球后备人才本身即可被视为是一种"商品",那么他的质量如何完全依赖于打造的每一个过程的质量是否达标。严格服务质量实际上就是对培养的每一个环节提出较高要求,这也是对被服务者负责的表现。对足球后备人才培养质量的重视主要有两个方面,一方面是对教学训练过程的质量的重视,另一方面是对人才培养结果质量的重视。对过程质量的重视在于强调教师的执教能力与态度,对教学训练结果的重视在于学生的训练成果显著,专项运动技能如预期那样得到了提高。

尽管我们这里强调的是足球后备人才培养的质量问题,但这里的质量并不是一个绝对的概念,而是一个相对的概念,即便如此,还是应该给质量附上一个基本标准。对这个标准的衡量可以从教师与学生两方面来看。衡量教师提供服务的标准为他的执教是否符合青少年足球培训大纲的要求、是否适合目的或用途、是否没有缺陷、是否拥有正确的第一次和正确的每一次。衡量学生接受服务后的标准为是否对服务感到满意、是否超过自身期望、是否感到愉快。在此之下,教师就应该从质量的角度出发,考量对自身的要求和对学生的标准,以期做好足球后备人才的培养工作,让学生真正从训练中学有所获。

(三)关于足球后备力量培训的服务

将服务的概念引入足球后备人才培养的工作中的意图在于运用服务的理念更好地完善足球人才培养工作,这一培养过程毕竟与商业、企业等提供的服务不同,培训服务是包含自身特点的。首先要明确的是,对足球后备人才的培养不仅是培养学生的足球技能,更重要的是以此为依托,培养这些学生成为有文化、有理想、有道德、有纪律的适应社会需要的全面型人才,在此之下才是他们掌握的足球技能。这样的话,作为接受服务一方的学生就不能真的像一个被服务者那样凭借自己的喜好行事,一些可能不是很喜欢,但对自身发展有绝对帮助的训练内容是必须接受的,让学生感到满意的只能是在既定的范围内应提供的服务。总的来说,就是将商业、企业中的理论借用到足球后备人才培养活动中要做到适度和灵活,防止生搬硬套和对概念的目标理解有误,而是要有一个内化、吸收、重组的过程。

(四)对足球后备人才培养做系统思考

系统管理是全面质量管理中的一个重要思想。一个"商品"的质量如何,是由生产过程中的每一个环节所决定的。所以,在全面质量管理的要求下,就需要对所有与"商品"质量有关的环节进行系统性的管理。

将这一概念引入足球后备人才的培养中,也就要求它在系统管理之下进行人才的培养工作。为此,应对以下问题有一个准确的认识。

(1)针对青少年学生开展的足球运动培养应被看作是一个系统性工程。

(2)足球后备人才这一系统中包含有众多子系统。

(3)总系统中的子系统之间是相互联系和依赖的关系。

对于某系统框架来说,其经常会被置于一定的环境中,且呈现出"投入→过程→产出"的固有模式。对足球后备人才的培养应被视为一个系统工程,工程的开展总是需要一定的投入,这些投入让培养工作得以正常开展,学生从中有所收获。究其来看,整个培养过程是推广与选拔、教育与训练、评价与输送等,过程的产出品就是符合下一层级需求的足球人才。系统管理的方法特征就是前期会详细分析负责培养足球后备人才的单位与子系统的内部关系和彼此之间的依赖性,然后从系统整体的角度层层分析,再把具体要素置于子系统环境中加以考量,从而达到优化系统结构的目的。为此,系统考量应注意以下几点。

(1)克服思维的局限性和片面性。

(2)避免将系统内部问题推脱给外部问题,应多从系统内部找原因。

(3)克服将注意力投入个别事件当中。

（4）克服从经验学习的错觉。

（5）拓宽思维空间和开拓多重角度。

（6）掌握系统的结构层次。

要想在足球后备人才的培养工作中做出成绩，取得理想的成果，就应通过多维视角的系统思考来对工作加以定位。对青少年足球后备人才培养来说，这本就是一个系统。从横向角度看这个系统，包含着教练员、运动员、早期训练理论、训练设施场地条件、领导管理等多个子系统。从纵向角度看，包含着昨天的训练和今天的训练，今天的训练和明天的训练，明天的训练和以后的训练等。不论是从纵向还是横向的方面来看，这些内容中存在的元素都是一种相互联系与依赖的关系。只有采取系统地思考和管理，才能使我们更加深刻地理解子系统的功能性和相互依赖性，从而有效减少系统内部的冲突。除此之外，更多的理解和正确的关系认识，也有助于足球后备人才培养单位的自我更新与良好健康发展。

在系统思考的基础上，教师应制定出足球后备人才培养的计划。这个计划不能只是宏观层面上的总体计划，还应包含每个阶段或单元的详细计划，如多年、年度、月、周、日等训练计划。众多层级的计划汇总在一起构成了一个严密的系统，进而对现实的培养活动提供支持和开展依据。

总之，我们要把对足球后备人才的培养过程做一个系统地思考，然后寻找出这一系统中存在的问题与改进的方法。

（五）持续改进后备人才培养行为

全面质量管理是以顾客为中心的。在足球后备人才的培养中，青少年学生就被视为获得服务的"顾客"。如此一来，负责培养工作的单位就出现了内部和外部两重顾客之分，内部顾客是足球教师、教练员及其他管理者，而外部顾客则是接受培训的学生、学生家长、足球资源市场、政府和社会媒体等。全面质量管理理论强调的是首先协调好内部顾客的各种问题，然后促成一股合力，用以服务好外部顾客。这样一来，不管是以顾客为中心的理论，还是内部协调的需要，都使得教师和管理者不断改进培养行为，提高对足球后备人才的服务水平和培养质量。

全面质量管理中还有一个核心概念，那就是对质的持续改进和提高。之所以要对质量进行不断的改进和提高，就在于人们对服务的期许是不断提高的。面对这一客观事实，就要求服务提供机构不能仅满足于当下提供服务的能力，而必须想方设法加以改进。回归到对足球后备人才的培养上来看，就要求承担这项工作的单位将一些已经不能满足学生学习和发展需要的训练内容、方法、手段乃至陈旧的理念进行革新，以期使所提供的服务与时俱进,适应世界足球运动发展的主流,如此才能使学生和家长满意培养成果。在系统思考的基础上,持续改进足球后备人才培养的教学训练行为是提高培养质量的必由之路。

全面质量管理非常注重"以人为本"的理念,注重人对质量的反馈。对学校来说,只有尽力调动足球教师的工作积极性和创造性,才是从根本上提升人才培养质量的方法。人作为管理行为的主体,是与质量关系最密切的因素,想提高服务的质量,必须要通过提高人的工作质量来获得。这也从理论层面上确定了要想提高足球人才的培养质量,就要从对足球教师素养和专业水平的改进开始。

(六)戴明法则在青少年球员培养链条中的运用

戴明(Edwards De ming)被誉为"全面质量管理之父"。他的全面质量管理理论强调满意过程控制和管理者的 14 点过程以提高质量与生产率,这14 点过程也被称为"戴明法则"。戴明是从人本主义的角度考虑管理的,认为人们本意上都是想做好自己的工作的。将这一思想与足球后备人才培养实践相融合,就是反对教师总是埋怨学生懈怠学习,正确的做法应该是多以鼓励的方式去激励他们努力进步。

(1)对培养目标的建立应是长期的、可持续的。培养青少年足球后备苗子本就是一个长期的过程,这就注定了在短时期内难以见到成效。搞这项工作如果更多关注眼前的成绩,不考虑学生的未来总的发展方向和需求注定是不科学的。只有建立长期可持续发展的培养目标才是解决这一问题的方式。

(2)接受新哲学。一旦培养目标确立,作为培养活动两大主体的教师和学生都要接纳并为此付诸努力。

(3)不要对各种形式的检查产生过度的依赖。只有将训练质量落实在训练的过程中,从每天的训练课中要质量,才是最好的提升训练质量的方式。训练过程中会充斥一些考核、测验和比赛,这是检查训练水平和质量的方式之一。但要注意这不能成为判断一名学生足球能力的全部标准,特别是对青少年学生来说更加不能一概的以"好、坏"来作为点评的手段。

(4)避免以高额收费为选材基础的做法。现如今许多培养足球运动人才的单位都要求学生家长缴纳一定的培训费,有些甚至收费不菲。这样一来,许多难以支付这项费用的学生就失去了足球技能培养的机会,并且大大减少有意向参加足球训练的学生人数,使人才资源枯竭。

(5)持续而不断地提高。从事青少年运动训练的从业者都非常了解针对青少年开展的技能培养是一个长期的工作,且是一个多年的、渐进的、系统的、持续的培养过程。在长期的培养过程中,发展和持续提高是其主旋律,为此,每堂训练课都要高质量地完成,这是教师和学生双方不断寻找提高训练课系统水平的途径。学生也是在训练课中不断发掘运动兴趣,以使系统达到更高的成就水平。

(6)采纳和建立领导风范。开发青少年足球后备人才的潜能是全面质量管理的目标之一。为了培养学生的主体意识和对团队负责的精神,在训练中可以适当放权给学生,让他们带领其他学生开展一些训练内容。

(7)消除恐惧。所谓的恐惧实际上就是传统的打压式、管教式、灌输式的训练模式,这只会加剧教师与学生之间的不信任感,带来沟通障碍。培养活动中不能有让学生感到恐惧的元素,这种恐惧元素必须要将其剥离,只有这样,学生才能全身心投入训练活动中,才能有助于激发他们的创造性和足球才华的展现。这实际上是一个对学生心理的把控,即让他们感受到安全和被人信任,如此他们在训练中就会更加积极,参与感也更强。

(8)打破训练层级间的壁垒和障碍。在传统的青少年足球后备人才的培养中,不同层级的教师之间缺乏沟通。这对于学生总体的发展是不利的,因此必须打破这一障碍。众所周知,青少年足球人才的培养是一个系统工程,其中的所有环节都是上下衔接、环环相扣的,不同级别的教师应该共同面对,当遇到问题时应努力找到改进方法,群策群力提升训练质量。否则不同培养阶段各自为政,自然难以保障整体培养质量的提升。

(9)取消口号与形式主义。全面质量管理理论认为,口号对提高培养活动的效果几乎是零,并且还可能适得其反。现实中可以经常听到教师在训练活动中训教声不断,他们认为这是激励学生更加发奋的好方法,但通过对学生的访谈结果可以见到,学生对此更多的是反感,而只有务实地给学生说明其中的道理,才是激励他们的正确方式。

(10)取消定量和数字目标。较为直观的定量化标准和某些数字目标的确可以作为衡量水平的标准,但对于青少年足球后备人才的培养来说,过多依靠这类标准显然是不符合实际培养需求的。青少年足球技能的进步并不是按照一个延续的走向稳步前进的,而是总会表现出一种阶段性进步的特点,且每个学生的阶段性还不相同。为此,太过使用定量标准来评价学生的技能水平会打击很多学生的自信心,降低他们对足球这项运动的热情。再者,定量标准还会让学生之间产生隔离感,这对足球这项极度依赖团队配合的运动可谓是致命的祸端。因此,在足球培训中应尽量较少采用定量和数字目标的方式来衡量学生的能力。

(11)维护好使教师和管理者感到舒适的要素。在全面质量管理理念中,信任是非常重要的元素之一。如果在管理中缺乏信任,或是出现过多无意义的行为限制条件,不论是对教师的指导积极性还是学生的学习积极性都会造成不利影响,反馈出不佳的培训质量。最为理想的情况就是教师和学生都拥有相对自由的空间完成教学和学习活动,如此也会让培训的氛围更加活跃和轻松。例如,在青少年足球训练中要避免区分主力与替补的角色,这种情况就会带给学生消极的想法和自信心的减退。

(12)建立富有活力的训练和自我提高计划。足球教师在组织好足球教学和活动的同时,还要注重自身的再学习。因此,制订出一套完备的自我学习计划是非常必要的,如此得以让自身的服务意识和专项能力都获得提高。

(13)引导主体为质量而转变。在足球后备人才培养中的教师和学生这两大主体都要参与到为质量的转变之中。为质量做出的转变是一件着眼全局的事情,而这一大的转变都来自具体事情转变的不断积累,这就要求教师、学生和管理者个体都做出转变。

(七)足球后备人才培养质量观

直到现在,相关学者也尚未对足球后备人才培养的质量以及如何评判质量达成共识。通常我们认为足球后备人才培养的质量应该以学生对专项技能的掌握情况作为评判标准,直观的方式就是比赛成绩或临场表现。然而这里有一个目标必须得到明确,那就是不同层级或阶段的目标是教师自己设定的,还是学生在运动中所必须达到的目标。这两者还是有一定差别的。在实践中,个人与组织会出于某种目的与利益用预先决定的规格或标准来衡量球员的水平与质量。例如,为了给上级展现足球人才培养成果,而过早要求青少年接受专业化的训练,其目的就在于获得某场、某届比赛的胜利,即达到某项标准。但如此即便比赛取得了胜利,就能说明这些学生就是优秀的吗?显然是不能的,这种标准是片面的。影响和制约青少年球员成长的因素是复杂多变的,且青少年球员的发展过程并不平均,还有着高潮与低谷。如果过于关注最高标准,那么技能水平在早期就显现的学生无疑更有优势,此后被过多的关注,这当然对那些技能发展稍晚的学生来讲是不公平的。如果采用的是最低标准,这么一看,所有的训练都是很有质量的,这样一来标准的确立也就失去意义了。如此看来,一味将青少年运动员培养质量认为是教学训练的结果,显然是一个误区。我国目前是一个足球运动欠发达国家,在此大背景下如果还刨除资源和培养过程来谈对足球后备人才的培养无疑是不客观的。特别是将他们的比赛成绩视作主要衡量水平的标准,已经与现代足球运动后备人才培养的思路与做法相悖了。英国足协曾对协会内 9—13 岁参加足球培养的少年做出调查,结果显示 54% 的人对取得比赛的胜利感到压力,42% 的人认为更多压力来自教练员,36% 的人认为更多压力来自父母对自己的期许。实际上在现如今,更多参加足球培养的学生及其家长,对他们的培养活动更多的期待是给他们自身带来积极的变化,如助他们形成坚毅的性格和好的运动习惯,而不仅仅是在足球技能上的发展。

对于足球后备人才的培养质量来说,不同的人从不同的视角出发,就会产生不同的看法,这样也就出现了不同的标准认定方法。从全面质量管理的视角审视青少年运动员教学训练质量及其标准,与上述列举的单一符合规格的教学训练质量观及最高质量标准与最低质量标准都是有差别的。

学者朱兰曾在有关质量职能的概念的论述中指出,"适应性"最重要的,也是最难以把握的要素。这里说到"适用性"通常是在"质量"术语中的一类称呼,这是一种对商品和服务的普遍适用性的表述。朱兰认为"适用性"是产品使用过程中成功地满足顾客目标的程度,其是由产品的特性决定的。格鲁科克和费根鲍姆倾向于认为只有更加符合顾客的需求,产品或服务的适用性才是好的。格鲁科克认为,质量是指产品或服务所有特性和特征符合用户所有方面需求的程度,只有越符合顾客的需求,顾客才越能认可它的价格和价值,才会为其付出更多的金钱。费根鲍姆认可的是只有顾客才是产品或服务的质量的评判者,衡量质量的主要目的就在于确定和评价产品和服务接近于这一综合体的程度或水平。

ISO9000族标准把"质量"解释为"一组固有特性满足要求的程度"。"固有特性"是指"在某事物或某物中本来就有的,尤其指那些永久的特性";"要求"则包括"顾客和其他相关的明示的、习惯上是隐含的或必须履行的需求和期望"。日本的全面质量管理显然更加注重顾客的需求,并且仅仅是满足还不够,还期待让顾客从产品或服务中获得物超所值的感受。

从上述论断中就能确定全面质量管理的质量观的两个基本点。一个是质量由顾客决定,另一个是质量是产品或服务的一组特性满足顾客需求的程度,而不是产品或服务本身。真正的质量只是产品或服务的特性相对于用户的一种关系,是产品或服务在营销、设计、制造、维护中各种特性的综合体,借助这一综合体,才能让客户感到满意和更有需求。

由此将质量观与足球后备人才的培养相结合后可以知道,满足学生(顾客)的需求以及对足球后备人才培养的质量特性这两点才是真正确保培养活动获得较高质量的关键。

1.足球后备人才培养过程中的顾客及其需求

根据著名管理学学者朱兰的理念,可以认为顾客是深受产品或服务影响的人。这里的"人"并非只是个体,还包括群体或组织。朱兰的观点认为,任何个人、群体或部门在生产和提供服务的体系过程中都包含着三种角色。

一是顾客角色,即所有生产和服务活动最终面向的都是各种各样的顾客;二是生产者角色,即最终为顾客提供产品或服务的生产执行者;三是供给者,即将产品或服务最终传递到顾客一方的媒介。这样一来就可以看出,供求关系成了把握"顾客"概念的关键。顾客在供求关系中体现出来的是一种与供方相对的概念,是在供求关系中处于用户、消费者、接受者和受影响者地位的个人、群体和组织(图 2-1)。

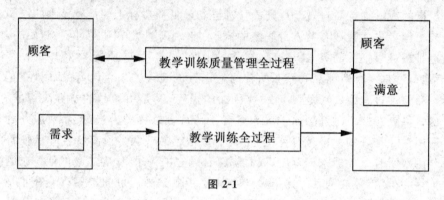

图 2-1

全面质量管理理论中的顾客有内外两种。外部顾客是人们所熟知的产品或服务的获得者,是组织及其成员向外部提供产品或服务时的用户、消费者和受影响者。内都顾客则是提供产品或服务组织内部受产品或服务影响的个人和群体。

对于内部顾客的定义,主要是从组织内部人员、部门之间的供求关系和生产链中前后顺序上来定义的。内部顾客具有相对性特点,即谁承担着"供给"的任务,谁就成为"供给者",相对的角色就成了"需求者",即"顾客"。然而这种供求关系并不是永远处于稳定状态的,它是会因为供求关系的转变而发生连带转变的,甚至各成员、各部门又承担着"供给者"的任务,同时又是"顾客"。在全面质量管理理论中,内部顾客的概念是对传统顾客概念的一种扩展,同时也是对内部供求关系的进一步确认。

全面质量管理顾客观的基本思想是,顾客是评判产品或服务质量的绝对权威者,顾客是否认为产品或服务拥有较好的质量全凭借他们对产品或服务的满意度。这样一来,产品或服务的生产者为了提高质量,就会非常重视收集顾客的意见和感受,并挖掘顾客的全新需求。综合来看全面质量管理中的诸多核心理念,顾客观永远是置于首位的。为此,要想在其他领域中引入全面管理的理论来解决实际问题,同样也要认可其中的顾客观。

有些学者非常支持将全面质量管理理论中的顾客观引入到包括足球后备人才培养在内的教育领域之中,并将教育组织的顾客也做出一个内外部的区分。这样一来,学生、家长、社会传媒等就成了外部顾客,而从事足球后备人才培养工作的人士、机构等就成了内部顾客。在内部顾客中,教师(教练员)、一线教学管理人员是中层管理人员的顾客,而中层管理人员又是高层管理人员的顾客。不过,从重要性上来讲,作为直接接触学生的教师和一线教学管理人员是服务的直接提供者,因此在众多内部顾客中,他们是最为重要的。

2.顾客的多元性解释

对顾客多元性问题的探讨,实际上解决的就是"为了谁的质量"的问题。为此,对足球后备人才培养中的顾客角色的分析就应从培养目标和训练目的的角度入手进行。英国教育哲学家怀特在其《再论教育目的》中对教育目的观进行了三类划分,即教育内在目的观、学生中心教育目的观和以社会为指向的教育目的观。我们针对足球后备人才开展的培养活动,注定也是存在于上述三种分类之中的情况。

有一种观点关注的是提高学生的足球竞技能力,它强调"青少年运动员从事足球运动,很好的掌握足球技能是球员自身唯一的价值体现"。但对足球运动和球员的培养规律来看,这种观点有失偏颇,即青少年早期展现出的个人专项技能水平并不能绝对决定其未来的综合能力发展走向。这是因为足球是一个系统的综合体,如果以教练员、足球学校、俱乐部为中心,以既得利益为目的,那么足球人才培养标准就由这些单位所制订。

学生中心教育目的观的观点认为学生应该要从学习活动中感到快乐和幸福,特别是对足球技能的养成这种课程或训练,它是一种实践性极强的学习内容,学生会更容易从中体会到快乐。鉴于这种主张,就应鼓励孩子别出心裁,拓展思维,按照自己的方式尝试发展。同时由于家长对孩子的个人成长非常关心,因此,增进学生的幸福感也需要家长做出努力。英国足球理论家里斯·豪威曾说过,我们足球的宗旨是用足球的力量来创造更好的未来。这样一来,满足孩子和整体足球事业的需要就成了开展足球人才培养的最主要价值观。那么,为了能让学生在足球技能养成的过程中获得快乐感,就需要组织者不能忽视不断提升自我的要求,以此为学生带来更高质量的技能传授,展现出最大的指导热情。所以从"为了谁"这个角度看,学生中心教育目的观倡导的是足球后备人才培养要面向球员和家长,让球员和家长满意。

以社会为指向的后备人才培养目的观所主张的是对人才的培养要追求社会道德、政治和经济等目的。对于足球后备人才的培养目标应为所培养出的学生的成果为符合教育方针和社会规范的要求,这是最起码的标准,然后才是他们所掌握的技能为社会事业的发展做出的贡献。然而,社会是个体汇集在一起的大集合,其中包含了个人、组织、阶级等各种形态。政府组织显然是社会稳定发展的首要责任人,是社会利益的直接维护者。所以,从"为了谁"这个角度来看,以社会为指向的体育运动目的观实际上倡导的是人才培养应该以政府、体育教育组织、足球管理部门为中心,满足他们的需求。

在实际的足球后备人才的培养活动中,是存在那些坚持绝对的培养工作内在目的观的人、坚持极端的以学生为中心的人才培养观的人以及坚持极端社会目的观的人。不过持这些观点的人也开始慢慢由于对足球后备人才培养的质量理念的探讨不断深入的情况下有所改变,改变的结果就是出现了更多的持综合论观点的人。即便如此,每个人所持有的综合论的观点也有些许不同。具体表现为,有的人侧重于专项技能的培养,有的人侧重于以学生为中心开展培训活动,有的人侧重于政府的社会指向。这里我们认为如果能将足球后备人才培养所涉及的所有目的观汇集于此,则能形成一个连续的谱系,这个谱系呈现出三角形的形态,三个顶点代表三种极端的运动训练目的观,而真正的足球人才培养活动的目的则应该处于三角形的中心点上。

足球后备人才培养的可持续发展理念是一种以综合提高学生整体素质为目的的发展观。它以学生利益、社会利益及扩大足球人口为主线,以运动训练的内在目的为指向形成一个循环序列的链条,从而打破传统的运动人才培养制度。各地各类组织足球后备人才培养的机构在实际的操作中以人才培养为目的都处在"运动训练目的三角形"中的某个区域范围内,而不是固定在某个点上(图 2-2)。

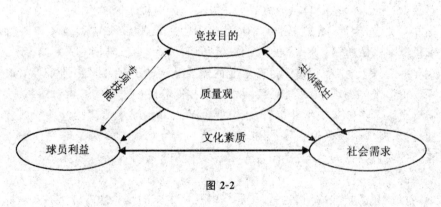

图 2-2

通过分析青少年足球培养目的,可以看出在整个培养过程中,学校、体校、俱乐部的顾客是多元的,包括球员、家长、社会、学校自身和教练员等。

3.足球后备人才培养过程中的外部顾客及其需求(图 2-3)

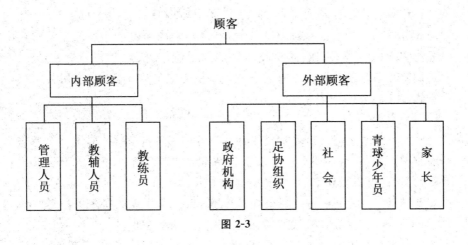

图 2-3

第一类,青少年球员。

青少年球员之于学校或足球学校来说可以被看作顾客,其具有外部顾客的属性,但同时也具备"内部人"的性质。学校和足球学校对学生球员展开技能培养工作,为其提供训练服务。学生球员的需求无疑就是以获得高质量的训练活动为出发点的,但从"学习"这个角度上来说,他们也有努力学会这些知识或技能的义务。也就是说,完成服务行为的不光是提供服务的一方,还包括被服务的一方也要努力接受这些训练内容。这样看来,提供服务的教师是执行者,又是对自己的直接责任人,是教学训练质量的"生产者"之一,是足球学校、球队俱乐部的"内部人",由他们主导对顾客的服务提供。学校或足球学校也正是通过教师对学生的"训教"以及学生的学习反馈这双向行为才得以完成教学训练任务的。

政府、社会各方以及足球协会等机构对学校和足球学校等足球后备人才培养单位的要求主要是通过划定一个人才产出的规格来体现的。从家长的角度来看,他们让孩子参与培训的出发点是能从中学习到一定的运动技能,且以此作为依托连带发展其他方面的能力,如良好的心理素质、人际沟通能力和社会适应能力等。如果学校或足球学校的培养不能让人们看到学生在这些方面的成长,则自然不会让各方感到满意,会被认为其所提供的服务行为没有达到要求,至少没有见到应有的效果。正是学生球员所拥有的"顾客"这一特殊角色,使得承担培训工作的单位务必要重视对顾客所做出的承诺。

参加足球运动培养的学生对培养活动的总体期待主要有以下几个。一是所获得的教学训练服务的态度,即提供训练服务的教师、教练、管理人员是否能抱有和蔼和随和的态度,是否对所有参训学生一视同仁;二是教学训练的环境是否让学生感到安全、愉快、温馨;三是在培训过程中是否能感受到被人尊重和自我自信心被激发;四是在遇到困难和瓶颈时是否能及时获得关注和帮助;五是培训服务提供机构的训练理念、方法、手段等是否先进;六是期待培训服务提供机构所提供的训练服务是有效的,让学生切实能从中学到东西。

第二类,家长。

家长是除学生之外最受学校或足球学校训练质量影响的群体。作为学生的监护人,他们经常被学校要求给予一定的工作配合。甚至由于孩子的问题,家长也可能受到责备,很多家长都为此而有过不少苦恼。当然,当他们看到孩子一点一滴的进步时也是最为感到欣慰的。家长是最关注足球学校、俱乐部教学训练的外部顾客之一,关注学生成长程度的度甚至远超学生本身。以中国传统家庭关系来看,学生的许多决定都是由家长做出的,如是否允许孩子加入足球运动培训,或是加入哪种培训等。因此,家长总是被视为是除学生以外学校或足球学校最为重要的外部顾客。

家长对学校和足球学校训练服务的期待与学生的期待有一些相同的地方,当然也有一些不同,其关注的主要点有以下几个。一是所获得的教学训练服务的态度,即提供训练服务的教师、教练、管理人员是否能抱有和蔼和随和的态度,是否对所有学生一视同仁;二是教学训练的环境是否让学生感到安全、愉快、温馨;三是在学生遇到困难和瓶颈时是否能及时获得关注和帮助;四是培训服务提供机构的训练理念、方法、手段等是否先进,成果是否有效;五是训练是否安全,一旦出现意外后是否有及时且正确的介入行为。通过这些可以看出,家长与学生相比对训练安全问题有特殊的关注,此外其他的关注点基本与学生相似。

第三类,政府、足球管理组织。

政府及足球管理组织大致有两方面的职责。一个职责是承担好政府交予的体育领域工作责任,为我国足球事业培养出更多合格人才;另一个职责是以足球运动为突破口,促进经济发展、文化繁荣和社会稳定以及落实国家体育总局的全民健身计划与"阳光体育计划"。如此一来,那些承担基础训练阶段的学校就会对政府产生直接和间接影响。直接的影响有,在现代市场经济的大背景下,足球的职业化和产业化发展也深入到了足球后备人才培养领域中,如此则促进了政府及足球运动主管部门的经济功能。为此,官方的足球主管部门就要对培养活动给予一定的投入,确保训练活动正常开展,投入主要为基础设施建设和日常办公经费,还有指导培训工作,提出工作建议,另外还有制定相关政策措施来保证政府投入和个人投入的有效性。如此看来,官方足球主管部门对学校和足球学校的人才培养质量的影响还是非常大的。反过来,官方足球主管部门就会对足球培训提供机构提出要求,主要为开展训练活动要安全有序,让学生和家长感到满意;确保良好的训练成果,让经费投入能得到回报;所培养出的人才切实能为我国的足球运动发展或社会其他方面的建设做出贡献。

第四类,社会。

社会与学校、足球学校的关系要比球员、家长、政府足球主管部门和足球学校、俱乐部的关系复杂得多。这主要是由于社会多种层面的表现形式。

(1)在社会的宏观层面上来看,社会对学校和足球学校的期待为通过足球运动的开展让学生获得多方面的价值,包括对国家学生体质的提升、足球竞技水平的增长以及提高社会精神文明水平等。另外,还有丰富学生的业余生活,提高他们的生活质量,增加我国的足球人口和足球爱好者。

(2)从个体层面来看,个体是构成社会的最基本单位,这里所谓的个体实际上包括个人和社会上的各种企事业单位。每一类个体都对学校和足球学校的训练有所期待,这些要求通常是纷繁的,甚至彼此矛盾的。另外,还不能忽视上一层级学校和足球学校对足球后备人才的要求。

通过对上述两个层面的"社会"的阐述可知,国家足球主管部门是实现足球运动宏观层面社会需求的组织机构,而个体层面的"社会"就显得有些复杂了,它包括以个人出现的个体以及以企事业单位为单位出现的个体。为此,学校和足球学校可以把由政府、球员和家长及社会等组成的元素都当作是独立的顾客来加以考虑。为此,其关注的社会顾客就包括个人乃至单位。

高一级学校或单位对学校和足球学校的工作成果期待总是有相似性的,如期待学生掌握过硬的足球运动技能,同时还要学习好足够的文化课知识;期待他们具备出色的团队协作能力,拥有牺牲精神和关键时刻站出来承担责任的勇气;学校和足球学校要能及时提供出优秀球员的信息等。

4.学校和足球学校内部顾客的需求

学校和足球学校中的足球教师和体育教学管理部门之间存在着供求关系。足球教师和管理人员在学校足球中既承担着顾客的角色又承担着供给者的角色。当他们作为顾客时希望从学校获得各方面的支持,特别是物质上的支持,并且期待获得一定的地位、尊重与认可。只有这样才能让他们的心理得到满足,才能展现出自身的想象力、创造力,对工作更加有积极性和责任心,如此让足球后备人才的培养工作更具效率。从教师和管理人员的角度上看,学校和足球学校也承担着两种角色。当学校和足球学校作为顾客时,他们可以从教师和管理人员那里获得想象力和创造力,工作的积极性和责任心等。而作为供给者时,又要提供给他们所需要的东西,也只有这样才能获得想要从他们身上获得的东西。

学校和足球学校的内部部门之间,教师与管理人员之间也存在着某种供求关系。从某种角度上看,学生之于教师和管理人员是顾客,但教师和管理人员也是中层管理人员的顾客;从另一种角度来看,高层管理者其实是中层管理者的顾客,中层管理者又是教师、教练员的顾客,教练员和管理人员又是球员的顾客,如此又呈现出了一种反向的顾客与供给者的关系。这样一来,学校和足球学校的内部就形成了一种各方互为顾客的关系。学生是足球培养活动的最终"产品",教师和管理人员作为一线"生产者"无疑是学校和足球学校中最重要的内部顾客,他们决定着学校"产品"是否是优质的。所以,现如今更应树立为广大一线教练员和教辅人员服务的意识。

5.顾客概念和方法用于足球学校、俱乐部教学训练的意义与作用

在全面质量管理理念之下,"顾客"不只是一个简单的概念,它代表的是一种工作的方式方法,具体是要求组织要依据供求关系来处理其中的各种事务,以及处理各种内外部的关系,工作均要以顾客的需求为出发点,目标也是让顾客感到满意。对于学校和足球学校来说,"顾客"这一概念也不只是一种概念层面上的替换,而是要在实际工作中将培养活动看作一种供求活动,在供求关系中把握教学训练工作以及处理各方面的事务和关系,以顾客的需要为出发点,顾客是决定教学训练质量的关键。

为了进一步了解全面质量管理理念中"顾客"概念在学校和足球学校足球后备人才培养方面所带来的效果如何,我们特别对这一问题向专家发放问卷进行调查。调查问卷的结果显示,有53.1%的专家赞同以"顾客"的身份看待对学生的足球运动培养工作。但一线教师和管理者对问卷的结果显示,有一半人较难接受"球员就是顾客"的观念,比起这个,他们更容易接受"家长和社会是顾客"的观念。但在实际当中,还是有超过50%的教师和管理者同意将学生看作是顾客来对待。由此就说明,目前我国大部分从事足球后备人才培养工作的教练员和管理人员还是基本能接受将学生看作顾客的概念和方法的。

首先,将学生看作是顾客,这种理念的形成有利于落实和巩固学生在培养活动中的主体地位,这对他们全面素质的培养和可持续发展都大有好处。然而在现实中,由于缺乏一定的保证机制,使得学生的"顾客"属性没有得到展现,决定教学训练好坏、质量高低等关键性问题还是由教师和学校相关管

理者掌控的,学生和家长基本没有发言权。如此一来,在缺乏制度保证和约束机制的情况下,学生的"顾客"角色和其属性能够展现出来,就是教师和学校的自主性行为了,这种带有随意性的概念认定,自然无法展现出概念所指导的实践的优势。实际上,当确定了将"顾客"观念和方法引入足球后备人才的培训中去之后,就要坚定落实,信任这一概念和方法的有效性,将评价主体进行转换,由球员、家长、社会和政府足球主管部门来评定培养中的一切行为和结果,从机制上去保证球员的主体地位。

其次,"顾客"概念给从事相关工作的工作者提供了一套新的工作思维和方法,即按照供求关系来把握和处理与其他人和单位的关系。外部顾客概念的意义得以让学校和足球学校知晓他们的顾客是谁,要对谁负责,更重要的是它还可以给学校和足球学校一种处理组织与外部各方关系的方法,即所服务的对象是顾客,目标就是顾客满意,达到这一目标才标志着足球培养工作的开展是成功的,是得到了广泛认可的。内部顾客概念的意义在于使人们更加清楚学校和足球学校的内部也存在有供求关系,这无疑拓宽了人们看待和处理内部人员之间、部门之间关系的视角,从而为切实提高培养效果助益。

(八)足球后备人才培养的全面质量管理理念

在全面质量管理理论的指导下,可以将足球后备人才的培养过程看作是一种提供服务的过程,抑或将其看作为一个产业链条。其中的学生、家长、各级组织机构等都被视为"顾客",并按照供求关系梳理培训提供机构内外部的关系,强调为顾客服务,并以顾客的满意度作为评判培训工作成绩的重要标准。

其一,作为顾客的学生及其家长等才是决定足球后备人才培养质量的决定性因素。为了满足"顾客"对培养质量的需求,服务提供机构就要想方设法安排尽可能有效提高学生运动水平和提升体质的方法,提供相应的场地设施条件等等。除了要满足顾客的显性要求外,还要尝试满足顾客的隐性需求,即那些顾客表面上没有提出,但显而易见会对培养质量构成影响的内容。当然,这些都要辩证地来看。举个例子,培训提供机构在培训中为了满足学生的情感需要,安排了更多足球游戏的环节,或是对学生技战术的训练没有严格要求,如此尽管学生感到愉快和满意,但在日后一段时间后,他们的足球运动技能难以上升到新的高度,那么届时他们就会恍然大悟地认为自己的需求实际上是没有得到满足的;再如,学生安排的培训活动的内容和模式非常系统和专业,但这样的训练可能会让学生感到疲劳和辛苦,由此会生出不满情绪,但实际上我们都知道这样的训练才能对他们的技能带来提升。

　　其二,足球后备人才培养质量特性是教学训练全面质量存在的基础。训练质量是决定学生足球运动技能最终能否达到满意水平的关键,它关乎的是一组特性满足顾客需求的程度,而不是在意训练本身。人们口中常说的某某学校或足球学校的训练质量较高,实际上说的就是该机构在足球人才培养过程中的一组特性,这些特性具体表现在教练员执教水平高,对学生有爱心、耐心和责任心,训练硬件条件好,训练氛围浓厚,管理方式先进等。

　　其三,训练的质量应该是全面性的。要想保证训练质量的全面性,就要经历一个"训练输入→训练过程→训练输出"的过程。这其中的每一个步骤的质量如何,都关乎最终结果的质量。比如说,如果某位家长觉得学校提供的足球培养质量不理想,那么他的不满意可能并不是针对训练课而来的,也可能是针对某位他不喜欢的学校管理人员,或是不满意场地条件,或训练时间的安排等;如果一个学生学校足球培养的质量不好,也许是不喜欢某位教师,或是对场地条件不满等,但绝不仅仅指对训练课本身不满,还包括获得教学训练结果的活动、过程、系统、个人以及这些单项的任何组合的质量。所以,为了切实提高足球培训机构的服务质量,就不能只把关注点放在教学训练课这一个方面,或是只关注这是否是某位教师的问题,而是应该从全方面入手来提升足球培训工作的质量。为此,将足球训练中的所有要素都纳入训练全过程的框架中是较为理想的解决方式。

　　这样来看,便可将足球训练的全面质量做一个全新的理解,即理解其为使训练输入、训练过程和训练结果的特性满足顾客的需求并达到其满意的程度。

第三章　江苏省校园足球运动的发展研究

江苏省历来是我国足球运动开展较为良好的省份,就校园足球运动来说也是开展较为顺利,成果较为显著的省份。为此,深入了解江苏省校园足球运动的发展情况有助于探寻校园足球运动的发展规律,从而为带动其他省份的校园足球发展带来启示。

第一节　江苏省校园足球发展的政策分析

如今对江苏省校园足球发展起着最大指导作用的文件为《江苏省青少年校园足球振兴行动计划纲要(2015—2020)》(以下简称《纲要》)。该《纲要》是以当前江苏省校园足球活动所展现出的青少年足球发展规模增长、青少年足球竞技水平显著提高和社会对青少年足球的关注度与日俱增等现状为依据制定出来的。下面就具体对这一政策性文件进行详细阐述。

一、江苏省校园足球发展的指导思想、原则和目标

(一)指导思想

以邓小平理论、"三个代表"重要思想、科学发展观和习近平新时代中国特色社会主义为指导,以激发运动兴趣、扩大足球人口为主线,以提高我省青少年校园足球运动竞技水平为重点,坚持久久为功,遵循足球发展和教育规律,树立功成不必在我的思想;坚持政府主导、部门配合、社会参与,建立健全青少年校园足球振兴行动工作机制,积极营造有利于青少年校园足球发展的政策环境与社会氛围;坚持立德树人、以体育人,切实增强青少年体质、促进青少年健康成长;坚持以改革创新为动力,以教体融合为支撑,推动我省青少年校园足球运动全面、稳定、健康、持续发展。

(二)基本原则

(1)政府主导,社会推动。坚持政府在青少年校园足球振兴行动中的主导地位和作用,增强青少年体育事务公共责任,强化青少年校园足球公益事

业属性。整合社会资源,引导全社会共同参与青少年校园足球事业。

(2)教体融合,以教为主。教育部门牵头,体育等部门充分发挥各自优势,加强统筹协调,实现资源共享,相互渗透融合,形成发展合力。

(3)以人为本,创新驱动。遵循青少年成长和教育规律,把握青少年校园足球运动发展规律和特点,走全面协调可持续的道路。以满足我省青少年不断增长的足球运动需求为出发点,转变发展思路,创新发展方式,丰富服务产品,提升服务水平。

(4)普及为先,提高为重。坚持足球从娃娃抓起,着力扩大青少年校园足球参与人群,以普及促发展,以发展促提高,进一步提升我省青少年校园足球后备力量。

(三)发展目标

至 2020 年,在我省基本建立一个多渠道、多层次、相对完整并可持续发展的青少年校园足球人口普及和后备人才培养的双重体系。

——实现我省青少年校园足球"百千万"普及工程,即创建超过 100 片供青少年校外活动使用的天然草坪标准足球场地、1000 所校园足球特色学校、10000 名注册校园足球运动员。

——形成以校园足球特色学校为基础、以校园足球后备人才示范学校为引领、以足球精英梯队为重点的青少年校园足球发展体系,争取江苏青少年足球运动水平在全国处于领先地位。

——形成常态化、规范化的青少年校园足球四级竞赛体系,广泛开展青少年校园足球主题活动。

——加强青少年校园足球人才建设工作。努力建设高水平青少年校园足球指导员与精英教练员队伍,积极开展各级各类培训活动,拓宽青少年校园足球人才引进渠道,扩大服务青少年校园足球从业者人数。

——扩大青少年校园足球体育产品和服务供给。充分发挥市场在资源配置中的决定性作用,培育多元市场主体,鼓励社会力量参与青少年校园足球场地经营、技能培训和赛事活动等,调动全社会积极性与创造力。

二、江苏省校园足球发展的主要措施

(一)加强政府公共体育服务供给

将广泛开展青少年校园足球运动纳入政府部门发展规划。各省辖市要结合体育公园等场所,因地制宜建设天然草坪的青少年校外足球活动中心,体育彩票公益金予以补助,在规定时间内免费向青少年学生有组织开放;完成"新四个一"工程的市(县、区)中心体育场地要在规定时间内免费向青少年学生有组织开放,扩大青少年足球校外活动网点数量和经常性参与校外足球活动人数。

鼓励社会力量助力青少年校园足球事业。引导社会力量积极创办青少年奥林匹克足球俱乐部等足球校外活动组织、青少年足球系列赛事、开展青少年足球系列活动。鼓励社会力量建设小型多样化的足球场馆设施,参与场馆的运营管理,政府以购买服务等方式予以支持。支持学校联合社会力量组织开展周末训练营。

(二)加快校园足球特色学校、足球后备人才示范学校布局

各省辖市按照"3所高中、9所初中和18所小学"比例、各县(市)按照"1所高中、3所初中和6所小学"比例创建校园足球特色学校。各省辖市要积极创建5至8所足球后备人才示范学校。全省创建20所高水平运动队建设高校和100所足球特色幼儿园。

学校布局注重比例科学、结构合理和有效衔接,充分考虑中小学划片、升学等因素,形成学段对接的青少年校园足球区域发展格局。

(三)加强校园足球教学改革

各级各类学校要把足球列入体育课必学内容。校园足球特色学校每周每班不少于一节足球课,不少于三次以足球为主要内容的课外活动,高中开设足球选修课,配备专兼职足球教师,教授足球校本课程,加强校园足球文化建设。全校不少于50%的学生经常性参与足球活动并掌握相应的足球基本知识和技能。

(四)加强青少年精英人才梯队建设

以江苏国信帕尔玛国际足球学校为示范,创建2至3所专业足球学校,作为我省男足精英梯队建设阵地。采取省市学校联合培养等多种方式,布局联合培养学校6至8所,借助地方力量与学校力量,开拓培养途径。充分使用省运会等竞赛杠杆和输送、奖励政策等,调动各市培养高水平后备人才的积极性。

重点扶持女子足球发展。校园足球特色学校中,经常性参与足球活动人数女生比例应高于30%。确保逐步扩大足球特色学校女足队伍规模。将省江宁足球训练基地作为江苏女足建设阵地,继承与发扬江苏女足成功经验与优秀传统,保持江苏女足在全国的领先地位。

（五）改革完善青少年校园足球竞赛体系

教育、体育部门共同研究制定省、市、县、校四级联赛制度和小学、初中、高中、大学四级竞赛体系。教育、体育部门分层次认真组织实施各级各类比赛。重点推动校园足球特色学校举办校内班级、年级比赛。积极探索校园足球比赛序列与省级青少年比赛序列的有效衔接。

（六）完善升学指导政策与激励机制

完善从小学、初中、高中相衔接的招生指导政策，激励青少年长期积极参加足球学习和训练。完善高校高水平足球队招生政策，扩大招生规模。将学生足球学习、训练、比赛及足球运动技能等级情况纳入学生综合素质评价档案，作为学生升学考试和评奖评优的依据。

（七）加快青少年校园足球师资力量建设

加快教师结构调整，采用"转、培、聘、兼"等多种方式，制订并落实配齐专职足球教师计划。调剂适量事业编制用于配备足球特色学校体育教师（足球专业），制定足球教师录用标准，适当放宽学历要求，注重师德与能力要求，优先录用足球专业体育人才到学校任教，吸纳优秀足球退役运动员和足球专业大中专毕业生支教或任教。省内高等学校要进一步完善体育教育专业人才培养方案，鼓励大学生积极从事足球专项。积极推行"送足球进学校"，出台"精英教练进校园""高水平教练下基层"的制度性措施。全省各级教练员挂钩定点学校，每年义务承担一定时数的青少年培训工作，纳入工作考核。成立青少年足球教练支教团按计划至各市宣讲，提供高质量的技术支持。重点加强校园足球教师和教练员的专业基础和专业技能培训，经培训考核合格后颁发培训证书并获得相关执教资格，体育教师的培训纳入中小学继续教育总课时。

加强培养青少年足球精英教练员力量。坚持"走出去"与"请进来"的方针，积极开展对外交流，学习先进的青少年足球管理模式和现代足球理念，逐步形成具有"江苏特色"的青训体系培养目标、组织结构，技术领域的主要原则和行为规范。

（八）加强理论研究，提升科研水平

根据青少年身心发展规律及足球专项技能形成规律，层级细化各年龄段的训练原则、内容和方法，制定并实施《江苏青少年足球教学训练大纲》，并配套训练指导丛书。采用课题化推进的方式，加大对青少年校园足球训练技能、运动康复和心理辅导等内容理论研究。

加强科研力度，及时了解国内外青少年足球发展趋势和前沿技术信息，加强对足球训练规律和制胜规律的研究，不断推动训练方法、手段、器材和理论的创新。充分发挥省内体育专业院校的优势，建立一支理论研究和科研应用相结合的团队，全面提高青少年足球运动的理论和科研水平。

（九）加强青少年校园足球宣传推广工作

广泛运用传统媒体与新兴网络媒体等媒介的力量，加大对青少年校园足球运动的宣传。开展丰富多彩的青少年校园足球主题宣传活动，扩大青少年校园足球参与人群，塑造我省青少年校园足球品牌形象。

（十）建立完善青少年校园足球活动安全保障体系

建立健全涵盖安全教育培训、活动过程管理、保险赔付的青少年校园足球风险管理制度。建立校园足球活动意外伤害的应急管理机制。加强足球场地、设施的维护管理，及时消除安全隐患。

三、江苏省校园足球发展的行动步骤

——2015 至 2016 年，出台《江苏省青少年校园足球振兴行动计划实施方案》，各市制定出台相关落实意见。建设超过 60 片供青少年校外活动使用的天然草坪标准足球场地并投入使用。《江苏省足球校本课程》制定完成并全面推广，布局并创建校园足球特色学校超过 600 所，注册校园足球运动员超过 4000 人；各省辖市布局并创建足球后备人才示范学校超过 3 所。青少年校园足球竞赛体系初步建立，青少年足球活动试点开展。江苏国信帕尔玛国际足球学校初具雏形，运行良好。省市校联合培养学校布局 3 至 4 所。

——2017 至 2018 年，省内 100 片供青少年校外活动使用的天然草坪标准足球场地全部投入使用。校园足球特色学校超过 700 所，注册校园足球运动员超过 8000 人，各省辖市足球后备人才示范学校布局超过 5 所。《江苏青少年足球教学训练大纲》制定完成并推广使用。进一步完善青少年校园足球竞赛体系，青少年足球四级联赛广泛开展。不断扩充青少年足球教师、指导员、教练员人数，加大裁判员等专业人才队伍的建设。创建 2 至 3 所专业足球学校，省市校联合培养学校增加至 6 所。

——2019 至 2020 年，全面完成江苏省青少年校园足球振兴行动计划目标。进行《纲要》的后评价工作。

四、江苏省校园足球发展的保障条件

(一)政策法规

贯彻落实有关青少年校园足球振兴行动计划的政策法规,明确政府各部门、社会组织和团体在青少年校园足球振兴行动计划中的责任、权利和义务,并根据形势发展需要,对现有的政策法规进行修订、补充和调整,为青少年校园足球振兴行动计划提供政策法规保障。在各级政府公共服务计划以及有关部门的工作规划中,要体现青少年校园足球振兴行动计划的目标、要求和保障措施。

(二)社会宣传

组织开展好社会宣传工作,推动《纲要》实施工作的广泛开展和全民参与,为推动我省青少年校园足球振兴行动的开展营造良好的社会氛围。

各级政府部门应重视对《纲要》的社会宣传工作,通过会议、文件、讲话、简报、活动等多种形式,宣传、推动《纲要》的贯彻实施。加强舆论引导,大力宣传《纲要》,为青少年校园足球创造良好的文化和舆论环境。

(三)经费投入

各地应当加大对青少年校园足球的投入,统筹相关经费渠道对校园足球改革发展给予倾斜。探索建立政府支持、市场参与、多方筹措支持校园足球发展的经费投入机制。各地要优化教育投入结构,积极创造条件,因地制宜逐步提高校园足球试点县(市、区)、特色学校经费保障水平,支持试点县(市、区)、特色学校开展足球教学、训练和比赛。

五、江苏省校园足球发展的组织实施

(一)加强组织领导

成立江苏省青少年校园足球工作领导小组,建立多部门合作的青少年校园足球发展工作协调机制。领导小组由省教育厅、省体育局主要负责同志担任组长,办公室设在省教育厅,承担领导小组的日常工作,并定期向领导小组汇报工作。各级政府将青少年校园足球振兴行动纳入当地社会发展的总体计划。建立和完善实施《纲要》的工作机制。

（二）明确职责分工

省直各有关部门、单位和社会组织等按照《纲要》的要求，将有关任务纳入相应工作规划和计划，充分履行相关工作职责，密切配合，形成合力，切实推进青少年校园足球振兴行动计划的实施。教育部门负责统筹规划、综合管理，牵头推进实施青少年校园足球普及工作，并将校园足球纳入教育督导指标体系，将高校开展足球活动情况列入高等学校办学水平评估指标体系。体育部门加强技术指导、行业支持和竞赛组织等服务。发展改革部门负责统筹场地设施规划与实施。财政部门负责经费支持。机构编制部门负责为体育教师（足球专业）配备提供编制服务保障。人社部门负责做好专业教师、管理人员公开招聘相关工作。民政部门负责扶持青少年体育的社会组织建设。新闻出版广电部门加大宣传支持力度，统筹营造社会舆论环境。共青团系统负责协助教育部门开展各类校园足球活动。

（三）督导评估

制定青少年校园足球振兴行动计划督导评估指标体系，建立专项督导评估制度，实行督导评估结果公告制度。定期开展我省青少年校园足球振兴行动状况调查，对《纲要》实施情况进行督导评估，并提出相应对策和建议。

第二节　江苏省校园足球运动的发展现状

一、江苏省高校体育教育专业足球发展现状

（一）苏北地区高校足球发展现状

该调研主要针对苏北地区 5 所高校体育教育专业的足球教学现状，通过对这 5 所学校实地考察与现场看课，并邀请 8 名领导、7 名教师和 140 名学生进行座谈与问卷调查，对苏北 5 校体育教育专业足球教学从足球场地器材、师资结构、人才培养目标、课程设置、教学文件、教学方法，学生原有足球基础以及对足球技、战术及理论知识的掌握，在足球教学与训练、组织竞赛与裁判、从事足球运动的科研能力、学习需求等方面进行了详细而深入的调查，共发放问卷 155 份，回收问卷 155 份，有效问卷 155 份，有效回收率 100%。

1. 苏北地区高校足球场地与器材现状

足球场地器材设施的建设直接影响到足球运动的开展,关系到体育教育专业的教学、竞赛、训练的正常进行。5 所高校除徐州幼师外,其他 4 所学校都有两片及两片以上足球场,而属于体育教育专业、或供体育教育专业使用的足球场有 3 所是天然草皮,但由于使用频繁和疏于管理,天然草皮场地不太适应正常的足球教学需要。

表 3-1 显示,37.86% 的学生认为学校足球场设施能够满足教学的需求;34.29% 的学生认为基本满足;不能满足的学生占 12.86%;感觉学校足球条件很差的占 15%。

表 3-1　学生对本校足球场地设施的满意度　　　　　　　　　N＝140

满意度	能满足	基本满足	不能满足	条件很差
人数	53	48	18	21
百分比	37.86%	34.29%	12.86%	15.00%

表 3-2 显示,42.86% 教师认为的学校足球场设施能够满足教学、训练、竞赛的要求,28.57% 的教师感到当前足球场设施基本满足教学、训练、竞赛的要求,28.57% 认为足球场地不能满足教学、训练、竞赛的正常进行。

表 3-2　足球教师对本校足球场地设施的满意度　　　　　　　N＝7

满意度	比较满意	一般	不满意
人数	3	2	2
百分比	42.86%	28.57%	28.57%

5 所高校除徐州幼师外,其他 4 所学校都有两片及两片以上足球场,而属于体育教育专业、或供体育教育专业使用的足球场有 3 所是天然草皮,由于使用频繁和疏于管理,天然草皮场地不太适应正常的足球教学需要。尤其是盐城师院,由于场地坑坑注注,教学中经常有学生扭伤脚踝。还有江苏师大,场地高低不平,教学训练中足球的滚动常常出现不规则的弹跳,严重影响教学效果。

调查中发现,除了足球、标志杆、标志盘等常见常用的器材外,专业性的足球辅助器材设备严重缺乏,如足球墙、人墙、绳梯、可移动球门等辅助设施没能配备。

2.苏北地区高校足球师资现状

人才是推动学校教学改革发展的中坚力量,学校之间教学质量的竞争,实质就是人才的竞争,决定人才质量高低的关键在于教师队伍的素质。体育教师作为高等院校师资队伍的重要组成部分,是开展体育教学、训练、竞赛的重要保障。因此我们对苏北5所学校足球教师情况做了调查,5所学校中足球专项毕业的教师共有19名。但近年来,由于公共体育足球课的减少和专业足球课时的缩减,好多足球老师已经改教乒乓球、羽毛球等项目了,真正从事足球教学,尤其是专业足球课教学的教师少之又少。5所学校的体育教育专业的足球课教学因为学时数较少、而教师标准工作量较大,各校体育教育专业的足球课几乎只有一人担任就够了。

在5所学校体育教育专业足球教学的任课老师中年龄最大的为江苏师大的牛老师55岁,次之的为连云港师专的王志成老师53岁,淮阴师院的徐建国老师50岁,盐城师院和徐州幼师的老师相对就年轻了许多,特别是盐城师院的两位老师都是刚参加工作的年轻教师。从整体上来看,有3/5的学校足球专任教师年龄偏大。从教师问卷中也可以发现,与年龄偏大相对应的一些因素决定了教师工作热情和学习进取的态度偏低。

3.苏北地区高校足球教学现状

(1)学生足球基础水平调查。由于各个学生进入大学前情况不尽相同,对自己从事的运动项目有着较大的认知和运动水平差异,学生在选择体育项目时,会根据自己的兴趣爱好和受到的环境影响因素考虑自己主要从事的运动项目。一般情况下,学生是否参与足球运动,受其态度的影响较大,而态度的往往取决于原有的技术水平。

在调查的140名学生中,高考选择足球专项的19人,占13.57%。在对教师的调查中发现通过教师的动员、说服、足球专修班最近三年能正常开班的仅占60%;在与学生的交谈中普遍反映中学参与篮球运动的人数多,而参与足球运动的人数很少。

通过教学,教师认为学生足球技术掌握好的占40%;技术掌握一般的占60%;学生自己感到技术掌握非常好的占14.5%;非常差的占1.5%,好的占32.8%;一般与不好的占51%,在对教师的调查中,所有被调查者都认为有必要制定体育教育专业学生足球技能标准。

随着足球改革的推进与普及,对担任中小学足球老师的要求也会越来越高,如果教师足球技术掌握不好、示范性动作不规范、不漂亮,甚至错误示范都会影响学生的学习热情。

（2）教师课前准备与课后总结情况调查。课前的准备与课后小结是教师从教的重要内容之一，上好一堂课的首要前提是教师课前备好课；上课水平的提高很大程度取决于课后总结，备课的好坏直接影响到教学的质量。充分和周密的备课不仅可以使教师在课中自如的传授足球技术、技能，还可以对课中可能发生的突发事件做出快速的应答反应。

表 3-3 显示：课前准备 1 个小时以内的占调查足球教师总人数的 71.4%；一个半小到两个小时的占 28.6%；通过以上数据可以看出，苏北地区 5 校足球教师课前准备时间相对而言比较短。从备课形式看，个人备课为主，集体备课为辅，每个学校都建立了督导看课、领导听课制度。我们在调查中认真观摩了各个学校的正堂足球现场教学课，观摩的结果显示，苏北地区足球教师在课程的设计、教材的理解、教法的使用与掌握、练习的安排、学生的熟悉等方面表现出较高的水平，少数教师在学生能力培养、探索性学习、研究性学习方法上还有待加强提高。

表 3-3　足球教师课前准备情况调查表　　　　　　　　N＝7

课前准备情况	60 分钟以内	61～90 分钟以内	91～120 分钟以内	两个小时以上
人数	5	0	2	0
比例%	71.4	0	28.6	0
备课形式	集体备课	个人备课	网络共享	其他
人数	2	7	2	0
比例%	28.6	100	0	0

在调查的 7 名足球老师中，每个人都会在课后进行小结与反思，一半以上的教师每次课都进行。

（3）教师教学方法运用情况调查。体育教学方法是联结教师教与学生学的桥梁，是教学活动的首要条件，运用好足球教学方法能激发学生的学习积极性，提高课堂教学质量。

表 3-4　苏北地区足球教师运用教学方法调查表（多选题）　　　　N＝7

教学方法	示范法	讲解法	比赛法	预防与纠正错误法	重复练习法	合作讨论法	游戏法	完整与分解法	循环练习法	小组教学法
人数	7	7	4	4	4	3	2	0	1	1
比例%	100	100	57	57	57	63	38	0	18	18

通过表 3-4 可以看出：目前 5 校足球教师采用的教法手段主要是示范法、讲解法；比赛法、预防与纠正错误法、重复练习法次之；合作讨论法、游戏法、完整与分解法等其他方法在足球教学中运用较少。示范法、讲解法是目前课堂教学中常用的教学方法，这些教学方法比较老套，学生缺乏新鲜感，优化教学方法，使单一的教学模式和教学方法向多元化的模式转变，显得十分有必要。老的教学模式已不能满足现代足球教学发展的需要，必须有多种多样的教学方法手段与之相适应。这就要求教师应根据教材内容、学生的实际情况积极创新并选择有利于学生发展的教学方法与手段。

4. 苏北地区高校足球教学学生需求调查

(1)学生希望通过足球教学获得能力培养。为贯彻"以学生发展为本"的教育理念，作为体育教育专业骨干课程之一的足球课程应该以了解作为主体——学生的需求，能力是教学内容中的一个组成部，通过问卷调查、座谈会了解到当前学生认为自己毕业以后将从事体育教师、社区体育指导员和教练员等职业，排在调查问卷首位是迫切希望通过足球专修教学，得到足球教学与训练的能力提升，占调查人数的 80%；这也非常符合足球普修与专修的课程教学目标；认为应获得技、战术能力提高的占 82.14%；组织竞赛与裁判能力提高占 60.71%；而足球科研能力的提高占 62.86%，这说明学生自我发展科研能力的欲望较强。具体情况看表 3-5。

表 3-5　学生希望通过足球教学获得能力培养调查表　　　　$N=140$

分类	技、战术	教学与训练、	竞赛组织与裁判	足球科研
人数	115	112	85	88
比例%	82.14	80	60.71	62.86

(2)学生认为当前教学方法与形式存在的问题。重视教学方法的改革与创新，注重采用多样化、现代化的教学手段，提倡教学相长，培养学生的自学能力与创新能力。我们对现行足球专修教学方法与形式作了调查了解，学生集中意见反映参与实践过少，教学形式较为单一。

5. 学生课余足球活动开展情况调查

通过座谈会与师生交流发现，学校课余足球活动开展不尽人意，参加学生人数少，场地少，观众少，比赛少，校际之间的交流平时几乎没有，女子足球人更少，希望上级部门采用行政干预，培养青少年足球兴趣，开展丰富多彩的校园足球比赛,鼓励大家积极参与,借此培养体育教育学生组织比赛、参与比赛的能力。

（二）苏中地区高校足球发展现状

该调研以江苏省苏中地区 6 所高校南京师范大学泰州学院、南通大学、扬州大学、泰州学院、南通师范高等专科学校、扬州职业大学体育教育专业,在 2014～2015 学年第二学期开设足球普修或专修课程教学现状为研究对象。分别对分管教学有关领导 12 人、足球普修或专修课任课教师 10 人、2012～2014 级体育教育专业本科生 54 人、专科 74 人学生进行调查。

1. 足球场地和器材的调查分析

足球场地器材设施的建设直接影响到足球运动的开展,关系到体育教育专业的教学、竞赛、训练的正常进行。6 所高校中的足球场地人工草坪 3 片、天然草皮 3 片,基本能够满足体育教育专业足球教学的进行,本科院校的场地条件明显好于专科院校。

表 3-6 显示:35.9%的学生认为学校足球场设施能够满足教学的需求;54.2%的学生认为基本满足;不能满足的学生占 8.4%（其中本科学生占 0.8%、专科学生占 7.6%）

表 3-6　专、本科学生对本校足球场地设施的满意度　　$N=N_1+N_2=131$

满意度	本科人数 N_1	所占比率%	专科人数 N_2	所占比率%	合计人数	所占比率%
能满足	17	29.8	30	40.5	47	35.9
基本满足	39	68.4	32	43.3	71	54.2
不能满足	1	1.8	10	13.5	11	8.4
条件很差			2	2.7	2	1.5
合计	57	100	74	100	131	100

表 3-7 显示:20%的教师认为学校足球场设施能够满足教学、训练、竞赛的要求,70%的教师感到当前足球场设施基本满足教学、训练、竞赛的要求,10%足球场地不能满足教学、训练、竞赛的正常进行。教师、学生对足球场地设施不满意度基本接近。

表 3-7　足球教师对本校足球场地设施的满意度　　　　　　N＝10

满意度	人数	所占比率%
比较满意	2	20
一般	7	70
不满意	1	10

调查中发现,随着足球人口的增加,校园足球的开展,个别院校公共体育足球选修课和体育教育专业足球课共用足球场地,现有足球场地将远远不能满足体育教育专业足球课程教学、训练需要,足球器材、设施中除足球、标志物与场地上的球门外,其他辅助练习设施缺乏,笼式足球、5人制足球场地;足球练习墙,移动球门等更是未见。目前,高校的运动场所管理有待加强,周末时间有大量的校外人员占用高校的场地资源,在校学生只能在足球场外踢球的现象比较普遍。这一点需要引起重视。

2.苏中地区高校足球师资的现状调查分析

在江苏苏中地区,对6所学校足球教师情况做了调查,6所学校中从事足球教学工作的共有21名教师,其中教授1名占4.8%、副教授12名占57.1%、讲师7名占33.3%、助教1名占4.8%。

"足球教师的年龄结构从侧面可以反映出足球教师的精神风貌、教学经验、业务能力、执教水平、发展潜力等",在年龄方面,苏中地区的高校足球教师集中于30～40岁之间,呈现年轻化的趋势。教师学历方面,本科院校对教师学历要求明显高于专科学校,除专科2名30～40岁中青年教师和50岁以上(本科1名、专科2名)中老年教师为本科学历外,其他人员均具有硕士学位,占调查足球教师总人数的50%,硕士学位集中在50岁以下教师中,说明中青年教师学历较高,足球教师队伍实力较强(见表3-8)。

表 3-8　体育教育专业足球教师年龄、教龄、职称和学位结构　　　　N＝10

年龄（岁）	教龄（年）	人数 N	职称				学位		
			教授	副教授	讲师	助教	博士	硕士	学士
30～40	5～10	4			3	1		2	2
	11～15	1			1			1	

续表

年龄 （岁）	教龄（年）	人数 N	职称				学位		
			教授	副教授	讲师	助教	博士	硕士	学士
41～50	16～20	1		1				1	
	21～25	1		1				1	
51岁以上	26～30以上	3		3					3
合计		10	0	5	4	1	0	5	5
比例%				50%	40%	10%		50%	50%

表 3-8 显示:体育教育专业足球师资职称结构上,拥有副教授职称占
50%;中级职称的占40%;初级职称的占10%;表明目前各校足球教师在足
球普修课、专修课实践经验和理论研究方面都有一定的积累优势,我们应充
分意识到这些教师群体所积蓄的能量,充分调动他们的积极性与参与性,挖
掘他们身上所具有的知识、经验、能力,以最大限度地获取他们对足球课程
教学改革的意见与建议,推动校园足球和足球课程改革。

3.苏中地区高校足球教学现状的调查分析

(1)学生足球基础水平调查。由于各个学生进入大学前情况不尽相同,
对自己从事的运动项目有着较大的认知和运动水平差异,学生在选择体育
项目时,会根据自己的兴趣爱好和受到的环境影响因素考虑自己主要从事
的运动项目。一般情况下,学生是否参与足球运动,受其态度的影响较大,
而态度的往往取决于原有的技术水平。

表 3-9 显示:在调查的131名足球普修学生中,高考选择足球专项的24
人占18.3%;选择其他专项107人占81.7%。在对教师的调查中发现通过
教师的动员、说服,足球专修班最近三年能正常开班的仅占60%;在与学生
的交谈中普遍反映中学参与篮球运动的人数多,而参与足球运动的人数很
少,中学阶段很多学校领导、老师怕学生在足球运动时发生伤害事故,一定
程度上学生的足球兴趣受到扼制和灭杀。

表 3-9　高考选择足球专项人数调查表　　　$N = N_1 + N_2 = 131$

项目	本科人数 N_1	比例%	专科人数 N_2	比例%	N	比例%
足球	9	15.8	15	20.3	24	18.3
其他	48	84.2	59	79.7	107	81.7
合计	57	100	74	100	131	100

表 3-10 显示,从未进行与偶尔进行足球运动的人数占 62%;未受过系统足球专业训练的占 20%;入学前经过专业系统训练的占 18%;(其中部分人是为了高考专项而进行的考前专项训练)反映出普修课前大部分学生基础水平较差,中学时期没有接触过足球运动,起点很低,群众性基础差,足球人口少,这是必须引起我们关注与重视的问题。

表 3-10　足球普修课前基础技术水平获得调查表　　$N = N_1 + N_2 = 131$

基础程度	本科人数 N_1	比例%	专科人数 N_2	比例%	N	比例%
入学前受过专业系统训练	10	17.5	14	19	24	18
未受过系统训练但经常进行足球运动	10	17.5	16	22	26	20
普修课前从未进行或偶尔进行过足球运动	37	65	44	59	81	62
合计	57	100	74	100	131	100

表 3-11 说明,学生经过普修的学习后坚持足球专项练习的人数占 22.9%,大多数学生在足球专修课前基本上很少进行足球技术练习,足球是一项用脚来控制球的运动,比用手控制球的运动难度要大,学生入学水平低,平时练习少,仅仅通过足球普修与专修课程要掌握繁多的足球技术与技巧是比较困难的。

表 3-11　足球专修课前选择足球专项练习情况　　$N = N_1 + N_2 = 131$

	本科人数 N_1	比例%	专科人数 N_2	比例%	N	比例%
从未练习	15	26.3	11	15	26	19.8
偶尔进行练习	35	61.4	40	54	75	57.3
经常坚持练习	7	12.3	23	31	30	22.9
	57		74		131	

通过教学,教师认为学生足球技术掌握好的占 40%;技术掌握一般的占 60%;学生自己感到技术掌握非常好的占 14.5%;非常差的占 1.5%,好的占 32.8%;一般与不好的占 51%(表 3-12),在对教师的调查中,所有被调

查者都认为有必要制定体育教育专业学生足球技能标准。

随着足球改革的推进与普及,对担任中小学足球老师的要求也会越来越高,如果教师足球技术掌握不好、示范性动作不规范、不漂亮,甚至错误示范都会影响学生的学习热情。

表 3-12　　学生掌握足球技术满意度调查统计表　　　$N_1 = 10$　$N_2 = 130$

调查对象	非常好	好	一般	不好	非常差	合计
教师(人)	0	4	6	0	0	10
所占比率(%)	0	40	60	0	0	100
学生(人)	19	43	51	16	2	131
所占比率(%)	14.5	32.8	38.9	12.2	1.5	100

(2)教师课前准备与课后总结情况调查。课前的准备与课后小结是教师从教的重要内容之一,上好一堂课的首要前提是教师课前备好课;上课水平的提高很大程度取决于课后总结,备课的好坏直接影响到教学的质量。充分和周密的备课不仅可以使教师在课中自如地传授足球技术、技能,还可以对课中可能发生的突发事件做出快速的应答反应。

表 3-13 显示:课前准备 1 个小时以内的占调查足球教师总人数的 40%;一个小时到一个半小时的占 40%;一个半小到两个小时的占 20%;通过以上数据可以看出,苏中地区足球教师课前准备比较充分。从备课形式看,个人备课为主,集体备课为辅,每个学校都建立了督导看课、领导听课制度。我们在调查中认真观摩了各个学校的正堂足球现场教学课,观摩的结果显示,苏中地区足球教师在课程的设计、教材的理解、教法的使用与掌握、练习的安排、学生的熟悉等方面表现出较高的水平,少数教师在学生能力培养、探索性学习、研究性学习方法上还有待加强提高。

表 3-13　　足球教师课前准备情况调查表　　　　　　　$N = 10$

课前准备情况	60分钟以内	61~90分钟以内	91~120分钟以内	两个小时以上
人数	4	4	2	0
比例%	40	40	20	0
备课形式	集体备课	个人备课	网络共享	其他
人数	2	8		
比例%	20	80		

在调查的 10 名足球老师中,每个人都会在课后进行小结与反思,70%的教师每次课都进行;10%的老师每周进行一次;20%的老师应该单元做一次总结。

(3)教师教学方法运用情况调查。体育教学方法是联结教师教与学生学的桥梁,是教学活动的首要条件,运用好足球教学方法能激发学生的学习积极性,提高课堂教学质量。

通过问卷调查(表 3-14)可以看出:目前苏中地区足球教师采用的教法手段主要是示范法、占调查人数的 80%;讲解法占 70%;比赛法、预防与纠正错误法、重复练习法、分别占 40%;合作讨论法占 30%;游戏法、完整与分解法等其他方法在足球教学中运用较少。示范法、讲解法是目前课堂教学中常用的教学方法,这些教学方法比较老套,学生缺乏新鲜感,优化教学方法,使单一的教学模式和教学方法向多元化的模式转变,显得十分必要。老的教学模式已不能满足现代足球教学发展的需要,必须有多种多样的教学方法手段与之相适应。这就要求教师应根据教材内容、学生的实际情况积极创新并选择有利于学生发展的教学方法与手段。

表 3-14　苏中区足球教师运用教学方法调查表(多选题)　　　N＝10

教学方法	示范法	讲解法	比赛法	预防与纠正错误法	重复练习法	合作讨论法	游戏法	完整与分解法	循环练习法	小组教学法
人数	8	7	4	4	4	3	2	1	1	1
比例%	80	70	40	40	40	30	20	10	10	10

随着多媒体技术和网络技术的快速发展,互联网多媒体已被广泛应用,多媒体技术也不断被引入到教学中,我们可以根据不同的教学内容,充分利用声、像、视频等多媒体手段创设不同的情境,调动学生的学习积极性,激发学习兴趣,更好地掌握足球知识与技能。

4.足球教学学生需求调查分析

(1)学生希望通过足球教学获得能力培养。为贯彻"以学生发展为本"的教育理念,作为体育教育专业骨干课程之一的足球课程应该了解作为主体——学生的需求,能力是教学内容中的一个组成部分,通过问卷调查、座谈会了解到当前学生认为自己毕业以后将从事体育教师、社区体育指导员和教练员等职业,排在调查问卷首位是迫切希望通过足球专修教学,得到足球教学与训练的能力提升,占调查人数的 83%;这也非常符合足球普修与专修的课程教学目标;认为应获得技、战术能力提高的占 72.5%;组织竞赛与裁判能力提高占 64.1%;而足球科研能力的提高占 25.2%,这与当前提倡大力发展学生科研能力有点相背离(表 3-15)。

表 3-15　学生希望通过足球教学获得能力培养调查表　　　　$N=131$

分类	技、战术	教学与训练、	竞赛组织与裁判	足球科研
人数	95	109	84	33
比例%	72.5	83	64.1	25.2

(2)学生认为当前教学方法与形式存在的问题。重视教学方法的改革与创新,注重采用多样化、现代化的教学手段,提倡教学相长,培养学生的自学能力与创新能力。我们对现行足球专修教学方法与形式作了调查了解,学生集中意见反映出参与实践过少,教学形式单一(表 3-16)。

表 3-16　足球专修现行教学方法与形式存在问题调查表　　　　$N=131$

表现	人数	比例%
学生参与实践过少	73	56
教学形式单一	39	30
教学方法老套、死板	25	19
以上都存在	13	10
不存在问题	26	20

(3)学生对多媒体教学需求的调查。在多媒体教学上普修学生表现出比较强烈的需求,认为有必要的占调查人数的 77%;没有必要的占 11.5%;无所谓的占 11.5%,专修教学中认为非常有帮助占调查人数的 42%;比较有帮助占 47%;认为帮助一般的占 11%。这一调查情况说明现代教学手段的运用会得到广大学生的喜欢,随着多媒体运用的普及、制作水平的运用与提高,充分利用现代教育技术教学优势,有利于更好提高体育教育专业足球课的教学质量。

5.学生课余足球活动开展情况调查

通过座谈会与师生交流发现,学校课余足球活动开展不尽人意,参加学生人数少,场地少,观众少,比赛少,校际之间的交流平时几乎没有,女子足球人更少,希望上级部门采用行政干预,培养青少年足球兴趣,开展丰富多彩的校园足球比赛,鼓励大家积极参与,借此培养体育教育学生组织比赛、参与比赛的能力。

(三)苏南地区高校足球发展现状

该调研以江苏省苏南区 5 所高校南京师范大学、南京体育学院、苏州大学、晓庄学院、苏州职业大学为研究对象。对足球场地、校领导对足球的认知、教师对教学的满意度、学生对教学的满意等方面展开调查。

1.苏南地区高校足球场地现状

从表 3-17 中可以看出,该地区的校园足球运动场地与器材方面,在不同的学校中的差别是较为显著的,其中,苏州大学与南京师范大学场地的发展情况是较为理想的,尽管其他几所院校的场地稍逊一些,但也都基本能满足教学需求。

表 3-17　各单位教学场地情况

	南京师范大学	南京体育学院	苏州大学	晓庄学院	苏州职业大学
标准足球场	2 人造草坪 1 天然草坪	2 天然草坪	1 天然草坪	2 人造草坪	2 人造草坪
7 人制足球场	1 人造草坪		1 人造草坪 2 人造草坪在建		
5 人制足球场			1 人造草坪		
3 人制足球场			2 人造草坪		

2.苏南地区高校领导对教学的满意度调查

总体来讲上述五校的领导对本校足球课程比较了解,对目前足球课程满意度较高(苏州职业大学体育教育专业办学困难,足球课程开展不正常),但对中小学足球教材内容了解程度不高。除了苏州大学以外其他高校领导很支持教师进行短期培训(见表 3-18、3-19)。

表 3-18 苏南地区高校领导对教学的满意度

院校	对足球课程的了解程度（场地、设施、教学文件）	每学期听足球课	对足球课程的满意度	对中小学足球教材内容的了解程度	教师进修的形式
南京师范大学	比较了解	2	满意	了解	短期培训
南京体育学院	比较了解	2	满意	不了解	短期培训
苏州大学	比较了解	1	满意	不了解	无
晓庄学院	比较了解	1	满意	基本了解	短期培训
苏州职业大学	比较了解	1	不满意	不了解	短期培训

表 3-19 苏南地区高校领导对教学的满意度

院校	对校园足球政策的了解程度及内容	对校园足球联盟开展活动的建议
南京师范大学	基本了解，"教育厅文件及中国足球改革发展总体方案"	加强交流（教师间和学生间）；加大师资培训力度
南京体育学院	基本了解，"中国足球改革发展总体方案"	制定细致的计划；结合培养方案进一步拓展足球文化的宣传；加强教学与训练工作
苏州大学	基本了解，"试点、布点，教材创编，四级联赛"	加强研究与开拓；形成江苏特色
晓庄学院	基本了解，"教育厅文件和教师培训的汇报"	加强校际交流和竞赛工作；加大师资培训力度
苏州职业大学	基本了解，"足球进校园，四级联赛"	加强校际交流；提高教师的专项教学能力

3. 苏南地区各高校教师对教学的满意度调查

通过教师问卷反馈（见表 3-20）我们可以看出，各校教师教学目标明确，备课认真，教学过程规范严谨，能主动和学生进行积极有效的沟通，能够运用各种教学手段进行教学，课后进行认真总结。总体来讲能较好地完成各项教学工作。

表 3-20　苏南地区各高校教师对教学的满意度

	南京师范大学	南京体育学院	苏州大学	晓庄学院	苏州职业大学
授课类型	普修、专修	普修、专修	普修、专修	普修、专修	普修
对本课程培养目标	了解	了解	了解	了解	了解
对领导支持的满意度	比较满意	一般	一般	一般	比较满意
对场地设施的满意度	不满意	比较满意	不满意	比较满意	比较满意
师资结构（年龄、职称、学历）	不合理	合理	合理	合理	比较合理
教学文件	齐全	齐全	齐全	齐全	齐全
执行教学文件	好	好	好	好	较好
专修开班	正常	正常	正常	正常	无
专修教学效果	好	好	好	一般	无
使用教材	规划教材	现代足球	规划教材	规划教材	规划教材
教学文件制定	参与	参与	参与	参与	参与
督导看课制	有	有	有	有	有
备课形式	个人	个人	集体	个人	个人
课堂师生交流	学生愿意	学生愿意	学生愿意	学生愿意	学生愿意
与学生的交流	较好	较好	较好	较好	较好
课后小结与反思	有	有	有	有	有
器材保障	有	有	有	有	有
采用的教学方法	实践、理论、观摩、视频	实践、理论、观摩、视频	实践、理论、观摩、视频	实践、理论、视频	传统方式、多媒体
活跃课堂气氛	多因素	多因素	多因素	多因素	多因素
足球普修学时	72	72	72	144	72
足球专修学时	324	324	180	72	无

续表

	南京师范大学	南京体育学院	苏州大学	晓庄学院	苏州职业大学
普修学时合适度	合适	合适	合适	合适	不合适
专修学时合适度	建议提高学时	建议提高学时	建议提高学时	合适	无
课堂教学设计主要考虑	教学目标；学生水平；能力	技术的掌握与运用；组织教学与训练的能力	基本技术；兴趣；团队合作	内容、手段、学生水平	运动技能；教学能力；组织竞赛能力
备课时间	60分钟	60分钟	60分钟	60分钟	60~90分钟
课堂时间充裕度	时间紧	合适	能从容安排	合适	时间紧
制定足球技能标准	有必要	有必要	有必要	有必要	有必要
中小学足球教材内容	了解	基本了解	不了解	基本了解	基本了解
其他学校教学情况	不了解	不了解	基本了解	不了解	基本了解
近三年进修	无培训机会	有	无培训机会	无培训机会	每年一次
成绩考核评定	教学小组	教学小组	教学小组	个人评定	个人评定
工作状态	满意	满意	满意	满意	一般
继续教育态度	渴望	渴望	渴望	一般	渴望
联盟交流	定期交流、实地考察	定期交流、实地考察	定期交流、实地考察	竞赛、定期交流	定期交流、实地考察
联盟工作	提供培训、科研支持	加强学习与交流、资源共享	加强交流、提供培训	加强交流、	加强交流、组织培训
学生学习满意度排序	AFGBCDE	ABGEFCD	FGBEACD	GABFCDE	FCEBADG

4.苏南地区各高校学生对教学的满意度调查

除苏州职业大学外其余4所学校均为体育教育本科专业,学生认为领导和教师对足球课程比较重视,对场地条件也基本满意;认为普修和专修课程等设置基本合理;希望能全面获得足球运动知识和技能,渴望校际间的交流(见表3-21)。

表 3-21　苏南地区各高校学生对教学的满意度

	南京师范大学	南京体育学院	苏州大学	晓庄学院	苏州职业大学
体育教育本专科	本	本	本	本	专
足球高考考生	0是、10否	2是、9否	1是、4否	2是、8否	1是、8否
足球课程	专修	专修	普修	普修	普修
领导重视	比较重视	比较重视	比较重视	比较重视	比较重视
教师重视	十分重视	十分重视	重视	十分重视	重视
教学设施	不能满足	能满足	能满足	能满足	能满足
普修学时	合理	合理	合理	合理	合理
普修考试评价体系	合理	合理	合理	合理	合理
普修内容建议	ABCD	ABCD	ABCD	ABCD	ABCD
专修学时	合理	基本合理	合理	合理	无
专修考试评价体系	合理	合理	合理	合理	无
专修内容建议	ABCDE	ABCDE	ABCD	ABCD	无
专修能力提高	ABCD	ABCD	ABCD	ABCD	无
足球知识来源	ACD	ABCD	AC	ACD	AC
对外球队交流	非常愿意	非常愿意	非常愿意	非常愿意	非常愿意

(四)江苏省各地区高校足球发展现状总结

1.苏北地区校园足球发展的优缺点对比

表 3-22　苏北地区体育教育专业足球教学各校概况

学校	优势	不足
江苏师范大学	1.领导重视。 2.教师经验丰富、教学认真。 3.学生积极肯练,学风优良。	1.场地器材略显不足,不能很好地满足体教专业足球教学的需要。 2.教师年龄偏大。
盐城师范学院	1.领导非常重视、器材充足。 2.教学文件完整、内容规范。 3.教师年轻热情、积极肯干。 4.学生积极肯练,学风优良。	体育教育专业足球教学使用的场地质量不佳,严重影响教学效果,并极易引发学生损伤。

学校	优势	不足
淮阴师范学院	1.领导尚能重视。 2.场地完备,器材充足。	1.教学效果一般。 2.教学队伍、师资配置不合理。
连云港师范专科学校	1.领导非常重视,器材充足。 2.教学文件完整、内容规范。 3.教师经验丰富、教学认真。 4.学生积极肯练,学风优良。	单个教学班学生人数偏多,影响了教学效果,同时也增加了教师的工作负荷。
徐州幼儿师范高等专科学校	1.领导重视。 2.教师经验丰富、教学认真。 3.学生积极肯练,学风优良。	1.培养方案足球教学比重偏少,学生学习足球时数严重不足。 2.教学班人数偏多,教学效果一般。

注:本科学校中盐城师范学院总体情况最好,专科学校中连云港师范专科学校最好。

2.苏中地区校园足球发展的优缺点分析

苏中地区各个学校中足球发展的具体情况是不同的,也分别表现出了不同的优势和不足之处,具体见表 3-23。

表 3-23　苏中区校园足球发展的优势与不足

学校	优势	不足
扬州大学	1.领导中的重视程度高,校园足球文化活动的开展顺利。 2.对师资队伍建设重视。 3.有六片足球场地,天然草皮、人工草皮、练习场地都有。 4.教学训练文件、教学大纲齐全,并能够与多媒体教学相结合,教学内容丰富、教学方法多样,受到学生的广泛好评。 5.根据学生的需求,在低年级学生中开展足球俱乐部,对于学生的足球兴趣和足球运动技能是提升有帮助。	1.往往忽视业余训练,长年训练的实施不够顺利。 2.与中小学联系、交流不够。 3.学校在资金上欠缺,制约了部分场地器材的维修和足球活动的开展。
南通大学	1.学校教学计划、大纲等文件齐全。教学正规,方法多样。 2.现有正规足球场地三片,符合教学、训练。 3.教师年轻化,教学、训练经验丰富,专业性较强。 4.业余训练与比赛较为正常,各项活动开展较好。	1.场地较为开阔,缺少围网,场地也明显不足。 2.研究性教学手段还欠缺。 3.开展足球活动的经费还很缺乏。

续表

学校	优势	不足
南京师范大学泰州学院	1. 足球教文件规范、齐全,足球教学时数多,有利于学生足球技能提高。 2. 有一片正规足球场地,四周有围网,符合足球教学、训练的要求。 3. 足球课上的生动活泼,学生课上的积极性也较高。 4. 每年都对高年级学生进行足球二级裁判的培训、考核。	1. 场地偏少、缺少教学用足球墙。 2. 缺少形式多样的足球教学比赛。 3. 业余训练也缺乏。
泰州师范与南通师范	1. 教学文件基本齐全,教师上课认真,教学经验也较丰富。 2. 各有一到二片足球教学、训练场地,主要运用于足球教学。 3. 每年进行一次足球二级裁判的培训、考核。	1. 足球教学训练场地偏少,缺少教学用的足球墙等器材。 2. 课余比赛形式单一。 3. 专业教师偏少、年龄偏大。 4. 教师缺少培训
扬州职业大学	1. 正规足球场地能够满足足球教学、训练要求。 2. 专业教师配比合理。 3. 教学文件齐全,结构合理,教师教学认真,有一定的教学能力和经验。 4. 定期对学生进行二级裁判的培训、考核,培养学生的足球兴趣和足球裁判能力。	1. 足球教学器材不足,还缺少足球围网。 2. 年轻教师参与足球专业培训还不够。 3. 足球教学的科研工作还需坚强。

3. 苏南地区校园足球发展具体情况

苏南地区各个学校中足球发展的具体情况是不同的,也分别表现出了不同的优势和不足之处,具体见表3-24。

表3-24　苏南地区校园足球发展的优势与不足

学校	优势	不足
南京师范大学	1. 领导非常支持校园足球活动。 2. 地理优势明显,有利于对学生的培养。 3. 普修和专修学时数量适宜。 4. 学生学习积极、主动性较高。	1. 场地条件不是太好。 2. 师资逐渐缺乏。

续表

学校	优势	不足
南京体育学院	1.师资年龄结构合理,人数也能满足教学所需。 2.地理优势明显,有利于对学生的培养。 3.普修和专修学时数量适宜。	不足:有两个校区,在课时安排和教师调动方面有些困难。
苏州大学	1.教学目标明确。 2.有D级教练员培训班为学生提供提高的机会。 3.普修和专修学时数量适宜。 4.学生学习积极、主动性较高。	1.场地条件不是太好。 2.师资有所缓解,但仍然处于缺乏状态。
晓庄学院	1.场地能满足教学需要。 2.师资队伍结构合理。 3.普修和专修学时数量适宜。	专修教学效果需提高。
苏州职业大学	1.场地能满足教学需要。 2.教学文件比较齐全。 3.普修学时数量适宜。	1.苏州职业大学体教专业办学困难,没有开设专修足球。 2.苏州职业大学属于体育教育专科,受某些政府部门限制,其学生就业时不能考编,严重影响了其学生就业和招生,办学难以为继。

二、江苏省中小学足球运动发展现状

(一)足球场地的情况

足球场地是组织足球教学和训练的重要场所,是教学和训练正常进行的物质基础和基本保障。据调查,有16所学校建有人工草皮足球场地,占到40%,如南京上元小学、盐城潘黄实验学校、苏州青江中学等;有9所学校建有自然草场,占到12.50%,如盐城市一小、南通市东方中学等;11所学校有不标准场地,占到20%,如南京第三十四中学等,仍有4所学校没有足球场地,占到10%。如盐城尚庄中学、盐城小学等。其中场地设施较差的学校主要集中在苏北地区。

（二）课程开设情况

据调查,32.50％的学校开设足球课程,45.00％的学校阶段性开设足球课程,12.50％的学校不开设足球课程。其中,学校对足球的不够重视是导致学校不开设足球课程的主要原因,主要表现在:怕学生受伤学校承担责任、场地器材不足等。调查中还发现,在阶段性开设足球课程的学校中,足球运动多数只是作为一些简单的游戏活动,或者仅仅是简单技术动作的教学,教学缺乏趣味性,而作为基础阶段的中小学教育,最重要的是培养学生对于足球运动的兴趣。在对中学阶段开设足球课程的学校调查中发现,对于足球理论课程的教学时数明显不足,学生缺乏对足球运动的理性认识。苏北以徐州地区为例,徐州地区虽然业余足球水平在江苏省名列前茅,但中小学足球运动开展却逐渐减少,在徐州市市区的 29 所中学以及 40 所小学中,开展业余足球训练的中学为 7 所,仅占全部中学比例的 24.14％,小学为 11 所,仅占全部小学比例的 27.5％。由此可见,徐州市市区中小学业余足球训练工作不容乐观。在南部地区的镇江,2008～2009 年全市市级以上的中小学生足球比赛几乎没有,中小学足球队教学与训练几乎处于停滞状态,市南徐少体校足球班也到了几乎无人报考的地步。[①]

（三）教师发展情况

1. 教师队伍结构与执教年限

（1）队伍结构。本文抽取江苏省 40 所中小学校的足球教师共 64 人,基本上能够反映江苏省城市中小学足球教师的整体现状。据调查,江苏省 30 岁以下的足球教师有 8 人,占调查总数的 15.69％。江苏省中小学足球教师主要集中在 30～45 岁的年龄段,有 34 人,占调查总数的 66.67％。他们是教师中的骨干力量,有着丰富的教学经验,能够起到承上启下的作用。46 岁以上教师共 9 人,他们在学校足球运动的普及、教学及训练的敦促上能够起到关键性作用。

（2）执教年限。据调查显示,执教年限在 16 年以上的足球教师有 9 人,占 17.65％,执教 10～15 年的教师有 13 人,占 25.49％,执教 6～10 年的教师有 18 人,占 35.29％,执教年限在 5 年以下的教师有 11 人,这一部分教师主要集中在 35 岁以下的年轻教师。从以上来看,执教年限在 6～15 年的

---

① 周生财.江苏省城市中小学足球运动开展现状分析与对策研究[D].苏州:苏州大学,2011.

教师最多,占到 60.78％,这表明所调查的 40 所中小学的足球教师整体上还是具有较为丰富的教学经验的。

2.教师学历

据调查,江苏省中小学中具有大专学历的足球教师为 23 人,占到 45.10％,本科学历的足球教师有 16 人,占到 31.37％,中专学历的教师有 9 人,占到 17.65％,而硕士学历的足球教师仅有 3 人,占 5.88％。由此可见,江苏省中小学足球教师学历主要集中在中大专和本科,而研究生学历的教师数量太少,教师的学历普遍不高。

3.教师工作满意度

据调查,江苏省中小学学校中,有 45.09％的中小学足球教师对目前所从事的工作感到不满意,原因主要集中在以下方面:教练员待遇低 (47.83％)、单位领导的重视程度不够(30.43％)以及教学设备匮乏 (21.74％)。教师对工作的满意度将直接影响到教学质量的提高,因此要引起重视。

第三节　江苏省校园足球运动的发展策略

一、校园足球运动发展战略的制定依据

(一)足球运动发展的本质规律

众多实践早已证明了足球运动的发展进步不只是依靠运动员技战术能力或身体素质的提高就能实现的,还需要有完备的人才培养系统和产业发展思路。但是,这些都是要在紧紧围绕足球运动发展规律的情况下才能实现。但凡脱离这一规律,足球运动的发展就必然重重遇阻,投入产出比失衡,发展成果也不会显著。因此,在制定校园足球运动发展战略时也要围绕足球运动的本质规律来开展各项工作。

从总体来看,足球作为世界上最具影响力的运动,众多国家都争相开展,民间也有大量运动者参与其中,这是足球运动得以持续发展的基石。从产业角度来看,足球作为职业化和商业化最高的运动项目之一,在体育经济中占有绝对的王者地位,之所以如此还在于其本身所具有的超高影响力和群众基础。所以说,足球运动本身所蕴含的内涵,以及产生的影响,是其他

项目不可比拟的。在足球运动的发展中,最依赖发展规律的是足球人才的培养和校园足球运动的发展两个方面,这两个领域的发展具有耗时长、投入高、收效低等特点。但鉴于要想发展足球运动就必须发展青少年足球的规律来看,还是有大力开展的必要,如果一味为了规避风险而消极开展青少年足球,最终也无法达到发展的预期效果。这样看来,研究和制定校园足球发展战略应该依据足球运动发展的本质规律。

(二)校园足球发展的内外部条件

学校是校园足球运动开展的直接组织单位,而学校内部和外部的条件也会对运动的开展过程和结果带来影响,甚至这些条件还会成为制定校园足球运动发展计划的依据之一。校园的内外部条件对足球在其中的开展的影响有些甚至是具有决定性的,最典型的条件就是球场和设施等物质层面的硬条件以及校园足球文化这种精神层面的软条件。下面具体对校园足球发展的内外部条件进行说明。

校园足球发展的内部条件主要是明确发展优势和不足。其优势在于一旦确定开展相关活动,那么相应的资金就会到位,同时在宣传方面也会比较到位,这是校园足球可以获得的得天独厚的优势。而不足则在于几乎很少有学校将足球活动放在较为重要的位置,活动尚不可能,更不要提教学层面了,在这样不受各方重视的情况下自然就使足球运动在校园中的开展缺乏保障,管理也欠缺完善。

校园足球的外部条件对校园足球的发展产生的作用要通过影响内部条件来实现。这是由于校园足球运动的发展并不是由某一个部门或机构就能实现的,它需要多部门、多领域的联合才能真正实现预期的发展成果。另外,从参与者的角度上来说,只有拥有良好的外部条件,如足球运动氛围、安全的环境,才能让学生更加放心、安心、舒心参与其中,而这是与校园足球发展的内部环境紧密相连的。因此,理想的校园足球发展战略的制定也要考虑外部环境的影响。对校园足球发展有利的外部条件主要为政府的政策支持、体教结合思想支持、社会的舆论支持以及各方的投资支持。为了能将这些有利的外部条件的功能完全发挥出来,还需要学校尽力克服一些如应试教育大环境、重文轻武的传统思想、足球发展大环境等的负面影响。《中国足球总体改革方案》的出台无疑为校园足球的发展吹来了一股东风,它让校园足球的地位达到了空前的高度。如果借助这一契机,将校园足球的内外部优势有效结合,可以想象在校园足球运动发展战略的制定中所遇到的问题一定会得到妥善的解决。

(三)青少年足球运动发展的要求

作为重要的足球运动后备力量,青少年学生是校园足球的参与主体。鉴于此,在研究校园足球发展的相关问题时就务必要把对学生这一主体的研究放在首要位置上,而这一问题的重中之重就是学生对校园足球的需求,这是校园足球发展战略制定的重要依据之一。

现今的教育改革在很多领域中都特别强调了"以学生为本"的学生主体理念,以期培养出更多有良好自由性、自主性、自控性的学生。这一理念无疑对学生自身对知识或技能学习的渴求精神要求更高,如此可以激发出更纯粹的学习动机,变"要我学"为"我要学",这才是学生面对学习行为本该有的态度。

人的全面发展是需要通过教育来获得的。足球教育作为体育教育中的一项内容,在现在所推崇的素质教育理念的倡导下无疑是非常适合在学校中开展的项目。在包括校园足球在内的各项教育中树立"人本理念",是教育行为获得预期目标的基本要求。

(四)来自校园足球典范国家的启示

就制定校园足球运动发展的战略来说,这无疑是一项难度颇高、较为复杂的系统性工程。我国在校园足球领域的发展起步较晚,质量较低,与足球发达国家的校园足球开展水平相距较大,要想快速拉近这种差距绝非易事。为此,在发展过程中,我们应保持谦虚的态度,并抱有一些"拿来主义"的精神,充分借鉴别国校园足球的发展经验,这也是促进我国校园足球水平快速提升的有效方法。

当然,这种所谓的"拿来"并不等同盲目模仿,也不能整建制地照搬体系。这种经验的学习应有一定的目的性以及选择合适的参考对象。纵观世界足球发达国家的实际情况,与我国一衣带水的邻邦日本是非常理想的学习对象。原因在于同为东方人种的日本的校园足球发展水平很高,且我国的足球发展历史与日本相当。在早期的发展中,我国足球甚至还略高于日本,但日本决心发展足球运动之后,历时20多年,如今已成为亚洲一流水平的足球国家且地位非常稳固,特别是日本女足夺得了世界杯,更是让世界对日本足球刮目相看。与之相比,我国足球水平被远远抛在了身后。日本足球的成功在于他们选择了适合本国国情的正确发展道路,并且一贯而终地坚持这一路线不动摇。其中就包括大力扶持校园足球的开展。

从日本校园足球的发展经验中可以得到几点启示。

（1）要紧密结合我国实情制定校园足球战略。

（2）校园足球战略要具有宏观性、长期性和相对稳定性。

（3）重视校园足球师资队伍的建立。

（4）战略中应体现出对足球后备人才全面发展的重视。

（5）校园足球战略的制定不能忽视对统一的学生足球运动培养体系的建立。

二、校园足球运动发展的战略思想

校园足球发展的战略思想首先要立足于校园足球未来的发展趋势，其次要与我国的体育教育改革和足球运动现状相关联，过程中还要避免"闷头创造"，虚心学习校园足球开展发达的国家的优秀经验。最终，我国制定的校园足球发展指导思想为"以建设体育强国为动力，以足球运动发展规律为基础，以增强学生体质、推广和普及足球运动为基本任务"，重点在于普及与提高足球运动在学生中的影响力，以让学生享受愉快的足球游戏和"回归运动"为基本理念，构建具有中国特色的青少年足球人才培养体系。

三、校园足球运动发展的战略目标

校园足球的战略目标就是实现其所能为学生、学校和社会带来的积极变化与优秀发展成果。校园足球战略目标的确定必须要具有科学性、长期性、相对稳定性、科学性和可行性等特征。

校园足球的开展涉及很多方面，而对战略目标的制定绝对是众多决策的核心。这里对校园足球战略目标的制定就应在立足实际发展情况的基础上，根据目标影射的不同分为宏观目标和具体目标。

（一）宏观目标

校园足球运动宏观目标的制定要考虑到许多对其发展可能构成影响的因素，如政治的、经济的、社会文化的因素等。此外，对国外优秀的校园足球开展经验也要注意吸收。由此就可以提出一个利用 15～20 年的时间建立起一个与我国国情相适应的、具有中国特色的校园足球培养体系，同时在过程中探索出相对完备的校园足球管理体制。在这一目标的引领下，力争使我国的足球人口得到显著增加，让校园成为我国足球后备人才的摇篮，进而为提升我国足球运动整体水平打下坚实的基础。

（二）具体目标

校园足球具体目标的确立，是一步步实现宏观目标的组成部分，如果具体目标设置有误，则会影响宏观目标的达成。校园足球发展的具体目标实际上是对宏观目标进行纵向、横向或时序等维度分解之后得到的，这就让具体目标和宏观目标在逻辑上关联紧密。对校园足球具体目标的确定具体应做到如下几点。

（1）仔细审视校园足球运动的宏观目标，依据宏观目标进行阶段性、单元性的目标拆分。然后确保被拆分出来的目标与原有的宏观目标有紧密关联，并且确保具体目标有可操作性。

（2）设定的具体目标应尽量不触及一些限制因素，这样会让具体目标的实现更加顺利。

（3）设定的具体目标应在秉承统筹协调的原则下在内容与时间上保持协调和相对平衡的状态。

在对上面校园足球的宏观和具体目标制定的内涵进行分析后，再将其与实践相结合，基本可以确定具体发展目标如下。

1.建立系统、规范、科学的校园足球管理体制

校园足球运动的发展本就是一项相对复杂的系统性工程，如此自然不能缺少一套完备的管理制度，而对这一管理制度进行建立就是其战略具体目标之一。校园足球管理体制的建立要紧密围绕足球运动的发展规律以及我国的社会主义市场经济体制，同时还不能脱离学校实情。而对于我国来说，这一过程还不能忽视政府有关职能部门的指导和资源投入作用。

2.形成合理高效的资源配置方式

不论是开展竞技足球运动，还是开展校园足球运动，这始终都是一项对体育资源有着较高要求的运动。尽管校园足球对体育资源的要求不像专业足球那样高，但实际所需的资金对于学校来说仍旧是一笔不小的投入。再加上我国人口基数大，校园足球的回报率低，更加剧了学校对校园足球资源投入捉襟见肘的局面。目前校园足球所需的场地、资金、教练员等资源的获得主要来自学校、教育和体育管理部门。学校一家是不可能满足校园足球运动开展所需的。所以从总体来看，我国可用于发展校园足球运动的资源较为匮乏，这种局面在未来很长一段时间内都不会得到彻底改变。如此一来，当前的问题就在于如何把现有的资源利用好，以获得令人满意的效果，或是超水平获得更好的效果,而对资源利用的高效性也是检验相关管理者管理水平的标准。

我国改革开放政策的伟大之处在于其逐渐将我国传统的计划经济体制转变为更加自由的市场经济体制,经济体制的转变最直观的表现就是活跃了市场氛围,为社会经济的发展带来了活力。不过,在一些特定的领域中,传统计划体制的做法还是具有一定意义的,就如校园足球运动的发展,要想获得预期的发展效果,不能缺少政府在其中发挥的宏观调控功能,只有这样才能将本就匮乏的资源最大化利用起来。此外,校园足球也能借助市场经济的力量挖掘社会资金参与相关建设,这不仅是将我国传统举国体制搞体育在新时代的转变和创新,同时也是校园足球在21世纪实现可持续发展的基础。

3.逐步扩大校园足球参与人口

学生作为校园足球重要的参与主体,没有学生的参与,校园足球的发展就只能停留在构想之中。因此,最大化地拓宽足球运动在校园的发展面,吸引更多学生参与到足球运动当中,就成为实现我国校园足球活动蓬勃发展的关键。校园足球本就是一项面向全体学生的活动,它意图让每个学生都能了解足球、参与足球,只有这样,我国的足球人口才能得到切实增加,才能将足球人才金字塔的基础打牢。因此,务必要在校园足球运动发展战略的具体目标制定中加入扩大校园足球人口这一目标。

要使这个目标得以实现,我国已经开始制定了与之相关的几项措施,具体来看主要是如下两种方法:一个是适度增加校园足球布局城市和定点学校数量;另一个是争取到2026年增加各级布局城市的数量到200个左右;设立其中30%的学校为校园足球定点学校;省级布局城市定点学校的高、初、小数量分别为10所、20所和40所,这一数字在全国范围内的数量应分别为20所、40所和80所,直辖市定点学校的高、初、小的数量要达到40所、80所和160所;参加各类校园足球活动的学生占学校学生总数的50%以上;注册参加各级校园足球联赛的学生总共为1030000人[①]。

4.构建"一条龙"式校园足球培养体系

校园足球众多功能中有一项是培养足球后备人才,这一功能与足球运动注重青少年培养的规律完全相符。据此,为完善我国足球后备人才培养的路径,就需要建立起一个以小、初、高和大学为依托的四级"一条龙"式校

---

① 李纪霞.全国青少年校园足球活动发展战略研究[D].上海:上海体育学院,2012.

园足球培养体系。其实在大多数学生看来,他们参加足球运动更直接的目标为娱乐和锻炼身体,只有极少数学生期待自己未来参与足球这个行当谋生。但凭借我国人口基数大的实情,哪怕只有极少量的想在足球领域有所建树的学生,那这个数量也是非常可观的。"一条龙"式的培养体系必然是拥有一个较大的优势的,这一优势就在于能够让学生在任何一个学习阶段中都能沉浸在足球运动中,身边总有足球在。这是培养足球后备人才的最理想路径。

前面提到的校园足球运动的发展理应是一项多部门协作的工作,甚至这项工作还被上升到了国家整体发展战略的高度上。这就要求对校园足球的发展工作不能忽视我国教育和体育事业的双重发展现状,最正确的发展方向就是体教结合,其目的就在于形成科学化的校园足球发展模式。

四、校园足球运动发展的战略措施

(一)加强校园足球发展的舆论宣传

在现代这样一个信息化社会中,舆论宣传是所有事物发展的支撑力,甚至说是原动力也不为过。校园足球运动的开展同样离不开舆论宣传的支持,其目的在于让社会中的更多群体知晓并了解开展校园足球的重要意义,从而引导大众思维,促使他们能亲身参与,或是鼓励自己的孩子参与到校园足球活动之中,为校园足球做好宣传。校园足球发展的宣传工作应重点从以下两点做起。

(1)突出宣传校园足球核心价值观的重要性,吸引社会各界人士的关注目光,力争获得全社会对校园足球活动开展的认可和支持,如此得以构建起一个相对和谐的校园足球发展氛围。之所以如此,是因为校园足球的参与主体正是来自社会家庭中的孩子。我国传统家庭观使得家长对孩子的思维是会产生一定影响和行为导向的。如此一来,通过宣传使学生、家长和学校体育管理部门等人士对此形成一个较大的认同感,才能从这个侧面鼓励和引导学生来到球场上踢球。

(2)认真总结校园足球发展的成功经验和失败教训,将有益的东西凝练出来,将失误的地方注意避免。其中对于一些有着典型榜样作用的做法要大力弘扬,从而有效引导和促进各布局城市校园足球的健康、有序开展,如日本就在这点上有非常理想的方法,他们拍摄了许多以足球为主题的动漫(《足球小将》)、电影等,反响热烈,对青少年热爱足球、参与足球的带动作用非常显著,这些荧幕作品甚至对我国青少年对足球运动的热衷,以及从小在心中种下一个足球梦也起到了重要影响。

在信息化时代下,宣传的方式更多,效率更高。为此,对校园足球运动的宣传与推广工作来说,除了要正常使用好传统的广播、电视、报刊等媒介外,还要特别注重互联网这一新媒介的应用,从而形成一个以网络媒体为现代宣传核心,电视、广播和报刊等为传统宣传核心的多样化宣传载体。相信通过各种媒介各展所长,校园足球的宣传推广工作一定会更加具有实效性和感染力。

(二)加大足球场地基础设施建设

足球运动的开展需要投入较多的体育资源,其中消耗资金最大的设施就是场地。目前,我国的足球场地资源稀少,而且分配不平衡。在社会对于经济增长过于执着的影响下,众多土地被开发成为商用,不会带来更多经济效益的足球场地是不会被考虑建设的,从这点上也能看出国人对足球运动发展前景的不自信。

校园足球所针对的对象是广大的青少年学生,重在培养学生的运动意识与习惯,提升学生体质,完善人格,增加我国的足球人口。从这一目的来看,就注定其不是一件在短期内能带来可观利润的活动。这样的话,想要吸引赞助是非常困难的,这绝对是制约校园足球场地和设施建设的重要原因。但工作依旧还要继续,解决的方式更多倾向为学校加大对其的投入,并探索高效利用现有资源的方法。

(三)优化校园足球师资力量

足球运动发达国家的校园足球运动的开展总是非常顺畅和理想的,之所以能够保持如此发展状况,除了这些国家能够长期贯彻这一发展方式外,还在于他们非常看重对足球师资队伍的打造,并打造出了一支能够适合各年龄段学生身心特点和学习特点的教师队伍。我国的校园足球师资队伍建设也应该汲取外国相关领域的经验,使可供校园足球使用的足球教师更加专业,适配性更强。足球教师(教练员)是校园足球活动的主体之一,他们担负着启迪和指导学生参加各项足球活动的任务。然而现实中的情况则是我国的足球师资队伍建设尚不完全,师资力量较弱,师资专业程度较低,更不要谈体系的完善了,这样师资队伍远不能满足校园足球活动的需要。要想解决这一问题,应着力从如下几点入手。

1.扩充校园足球师资数量

首先,拥有足够数量的足球师资是开展校园足球活动的当务之急。目前,能够承担校园足球活动教学、组织等活动的教师非常稀少,学校中参与这项工作的多为体育教师,这些教师多数不是足球专项出身,对足球运动的了解有限,也不能很好地组织训练活动。这一问题的解决需要一个相对完善的足球教师聘用机制,如此做好足球师资队伍的补充工作。其次,还要建立其足球教师职业水平认证标准,给足球教师定级,通过学习和考核予以升级或降级。最后,待遇上也要适当提高,以稳定足球师资队伍的心。在这样的多种方式相结合下,定能为校园足球的师资队伍注入更多新鲜的血液。

2.优化校园足球师资质量

足球在近几十年中的发展速度超过此前时间发展成果的总和。那么,伴随这一趋势,校园足球的发展也要加快步伐与足球运动的总体发展速度相适应。而要想实现这样的目标就需要更高的校园足球师资质量。具体的优化方式主要为调整足球师资的队伍结构、学历结构、年龄结构和职称结构等。为此,可通过如下措施实现。

(1)建立足球教师资格制度。建立起一套系统的足球教师资格制度是提升足球教师专项水平的有效方法之一。这套制度一经建立,就成了期望从事这项工作的人士的职业敲门砖,只有通过资格考试的足球教师,才有资格来到校园指导学生的足球活动。如此来看这的确是提高足球教师队伍整体水平的有效方法。足球教师通过学习和考核后得到的资格证不仅可以作为足球教师从事足球教学工作的"准入"凭证,还可以作为日后评定职称时的重要参考。

(2)高质量的继续教育培训。足球运动始终处于变化发展之中。这一理论就使得今天足球教师掌握的知识或技能,在明天就可能落后于发展潮流,如果教师的知识不获得更新,那么就会与现代足球的发展趋势相脱离,进而影响校园足球的开展水平。为此,对那些足球教师进行"再教育"就显得非常关键。具体的方法为要求足球教师每年定期参加岗位技能培训,积极引入科学的训练方法和最新的信息资源等方法,从而达到不断优化指导教师质量的目的。

(3)高质量的互动交流学习。我国的足球师资水平与足球发达国家相比差距较大,对于足球教师的培训如果只是闭门造车是难以达到预期效果的。为此,推行"请进来"和"走出去"战略是提升我国足球教师水平的重要方式。实际上,一些学校已经关注到这种培养方式的价值,纷纷尝试一些有益做法,如将那些重点培养的足球教师定期送往足球发达国家参加培训,或者邀请一些优秀校园足球指导员来到学校指导本校足球教师的工作。这些都是非常有益的尝试,对提升我国足球教师的综合水平是很有帮助的。

(四)培养学生的创新能力,提高训练的技能

(1)学生是校园足球活动的主体之一,他们的主动性和创新性如何对提高校园足球运动的质量来说有着较大的影响。以足球教学活动为例,如果学生只是单一的接受教师的知识灌输而不做自我思考,那么他们充其量只是模仿了运动技能,并不能了解到足球运动的精髓。而如果学生拥有广阔的创新思维,才能更加深刻地对足球运动中涉及的多种内容有准确的把握。这种创新能力不是学生原本就有的,而是通过有针对性的训练培养出来的。日常的学校教育就要注意培养学生的创新思维,这不仅对校园足球的质量提升有所助益,还对学生在其他文化课的学习有所带动。

(2)加强对学生足球意识的培养。足球意识的培养是非常困难的,它首先需要学生掌握足够的足球理论知识,并且练就过硬的技能,此后再加上自身对足球的思考和善于总结过往的经验,最终凝结成足球意识。无可置疑的是,拥有出色足球意识的学生在足球运动中必定能表现出更多的机敏、睿智和高效。对于这个意识的培养主要可以通过加强学生对足球训练与比赛中足球战术的思考,并结合自身实际,培养良好的足球综合技战术能力。

(3)注重足球组合技术的训练。在经常遇到复杂状况的足球运动中,技术的运用通常不是单独的,而是多种技术相结合使用的。由此也就决定了对足球技术的训练也是一个较为复杂的培养过程。足球教师在技能培养过程中除了要关注学生对单个技术的掌握情况外,还要从一些细节入手对多种技术的组合能力进行培养。这样既是一种对基本技术的巩固,还是培养学生创新和灵活运动技术的基础,并且这样还有利于学生对足球技战术有更深的理解。

(五)构建足球网络信息平台

现代信息技术的发展惠及众多领域,校园足球运动在信息技术的加持下也获得了更多的发展便利。如今的学生从小就生活在发达的信息技术环境中,他们在小学阶段就能掌握基本的信息能力,学校如果能抓住这一优势并充分发挥信息技术带来的便利,就可以将校园足球运动的开展提升到更高的水平上。最好的方式为构建校园足球网络信息平台,这可以对校园足球运动发展的相关资源予以共享,在方便学生学习的同时还能提高教师的综合教育技能。这一趋势在未来还有很大的上升空间。

第四章　校园足球师资概述及必备素质

　　校园足球的发展,除了相关的政策支持等外部环境以外,师资方面则是非常重要的内部影响因素,某种程度上来说,校园足球师资水平的高低,对校园足球的开展情况起到重要的决定性影响。因此,对校园足球师资概况进行分析和研究是非常重要且必要的。本章主要对教师与校园足球师资的基本理论、校园足球师资必备的素质与专业知识进行分析与介绍,由此,能对校园足球师资及其综合素养有一个全面的了解与认识,为后面进一步地深入探析奠定基础。

第一节　教师与校园足球师资概述

　　教师是教育教学活动的重要参与者与主导者,体育是教育教学活动的一个构成部分,而足球又是体育的重要内容之一,因此,教师、体育教学、体育教师、校园足球师资等方面之间都有着密切联系。下面就对这几个方面加以分析。

一、教师及其在学校体育中的地位

　　社会的发展离不开文明、文化的推动,而文化、文明的传播与传承,则通常是由教师来负责实现的。从教育的角度来说,教师对学生起到教书育人的作用,同时,还能对学生的智力进行开发和拓展,对学生的个性进行针对性的塑造。正是因为这些作用,使教师收获了"人类灵魂的工程师"的美称。

　　按照法律法规和行业规范,教师的主要职责是,在规定的时间节点内,按照学校设施条件和个人职称专业,完成一系列教学任务,主要包括:教学开始后,安排学生入座,根据教学内容发放相应的学习资料,根据事先准备的备课资料进行授课,对学生的作业进行批改,在学生学习过程中,给予必要的辅导,同时,还要起到积极的引导作用,使学生在掌握科学文化基本知识的基础上,学习的方向性保持正确,除此之外,教师还要做好教学中的组织工作,比如,对听课练习的组织,对相关考试的组织等,对学生的培养要有针对性,重点发展特长,对其薄弱部分进行改善,使其不再成为短板,使学生在德、智、体、美、劳各个方面都有较好发展。由此可以看出,为国家和社会培养各类高素质或实用人才是其最终目的。

体育作为学校教学的一部分,教师教书育人的作用也在其中有着充分体现。教师的这一艰巨的任务会对我国社会主义建设的兴衰成败产生直接影响。由此可见,体育教师的地位是举足轻重的。

(一)学校体育活动的组织与引导者

体育教师在体育教学中是非常重要的人力资源之一,体育教师将其职责与职能充分发挥出来,不仅包括体育课堂的理论教学、课外的体育活动辅导训练,还包括校内运动会或体育项目比赛、代表学校参加校外体育项目竞技比赛,在整个体育教学过程中都起到不可或缺的重要作用。

(二)学生体质健康的设计者与塑造者

学生体质健康水平,在很大程度上取决于教师本职工作的最终效果。而教师本职工作的效果,则取决于教师自身的综合素养和专业水平。因此,体育教师必须首先从自身出发,改善和提升整体素养,从而使其对全体学生的体育学习和健康成长,以及学生素质的全面发展、学校在社会上的形象与荣誉的引导作用充分发挥出来。从这些影响范围与表现来看,体育教师在学校中的地位是不容小觑的。

二、现代体育教师的特征体现

相较于学校中的其他学科教师,体育教师的显著特征也有一定的特殊性,从劳动和主导作用上可以得以体现,具体如下。

(一)体育教师的劳动特征

1.启智性与示范性的统一

(1)体育教师的启智性。体育教师首先是体育知识的传播者,因此,将理论知识传授给学生是其首要职责。而体育教师对体育理论知识的传播主要通过讲解传授的方法进行,但具体的方法和技巧需要体育教师用具体的体育锻炼来教学生,因为体育教师的个人示范可以激发学生对体育学习的兴趣和积极性,使学生能够积极参与体育学习,激发学生智慧,提高学生实践能力。

(2)体育教师的示范性。体育教学与其他学科不同,是具有一定的实践性的,因此,教师在传授学生技术技能方面,需要亲自示范,学生在体育课中一般都会模仿体育教师的动作行为。

体育教师的个人道德意志和行为在一定程度上对学生起到一定的示范作用,这就是我们常说的教师要以身作则。学生具有较强的模仿能力,在体育课堂教学中教师在学生面前是一个特定的形象,学生对教师的言行更为敏感,随时都会注意或有意无意地追随体育教师的行为。体育教师日常的言行举止或者穿着仪表等,都会不经意间影响到学生。

综上所述,体育教师的教学活动实际上是一种示范活动和智力活动的统一。

2.体力与脑力相统一

一直以来,人们认为学校体育只能锻炼学生的身体素质和运动能力,而忽视了体育教学对学生精神的积极影响。

学校体育教学对学生思想道德水平、意志品质等精神层面也会产生非常深远的影响。体育教学对学生身心的双重影响,从侧面反映了体育教师的教学不仅是体力劳动,更是脑力劳动,是体力和脑力相结合的一种特殊劳动。

素质教育在我国已经有了广泛的开展,之所以将素质教育作为人才培养的主要途径。与其明确的目标和对现代社会人才需求的准确把握有密切关系。素质教育,一般是在学校体育教育中得以实施的,体育教师因此也承担着挖掘并培养人才的特殊使命,这就要求体育教师同时具备充沛的体力与聪慧的头脑。

体育教师的主要职责是向学生普及体育文化知识,在体育馆进行体育教学,组织课外体育活动,指导学生晨练,指导学生备战体育比赛。可以看出,体育教师的众多工作内容中,很大一部分是涉及户外教学的,而这些户外教学工作的开展与实施,对体育教师的身体素质有很高要求。

但是,构成这些表面形式的实质却是很大的脑力消耗,以智力活动为主。在体育教学过程中,各种工作文件的制定,教学工作的组织,对学生的分析与处理,对教学方法、手段的选择以及灵活运用等,都是分析、判断、记忆、思考、想象等精神消费的结果,是人类智力与体力的完美结合。

3.对学生教育产生全面的影响

有关体育专家在学习经验和长期实践的基础上,认真研究体育教材的理论知识和体育实践项目的形成,对学生教育的影响较为全面,能够对学生身心的协调与全面发展起到积极的促进作用。

4.工作对象多,活动空间广

由于体育教师所面对的学生众多,涉及面广泛,对学生的影响表现广泛而深刻。体育教师在教学实践中,不仅要完成多个班级的体育授课,还要组织全校的两课、两操、课余体育活动以及全校性集会活动等。体育教师除了进行室外课之外,还会进行大量的体育教学、训练、竞赛等工作,多在户外进行,活动空间非常广阔,这对于体育教师的工作提出了更加严格的要求。

5.工作任务具有繁重性与复杂性

体育教师的工作任务内容繁多,主要包括:教体育的同时要重视学生德、智、体全面发展;有效增强学生的体质的同时要使学生全面掌握体育知识、技术、技能并培养学生的思想品质与道德作风。体育教师的工作特点,对体力和脑力都有一定的要求,因为这样才能保证理论与实践都能顺利进行。学校体育工作需要全校乃至社会多方面的协调与通力合作才可以圆满完成,而体育教师在这当中具有沟通、督促、协调等作用。这就要求体育教师要具备较强的事业心、责任感以及全面的业务知识技能,同时还要有较强的组织工作能力。

6.工作范围的社会性

体育教师的工作所面向的不仅仅是全体学生,社会也是其重要受众。体育工作是一项群众性的工作,集体竞赛活动非常多,学校常常利用课余时间和节假日开展校内外体育比赛。社会化是体育发展的方向,现代体育的开展范围并不仅仅局限于学校,而是在社会中广泛开展,其发展方向为全民性、终身性。不同年龄段的人的体育教育追求是不一样的,比如,少年儿童的身体发育与聪慧,中青年的精力充沛与健美,老年人的健康长寿,这已经成为风靡全球的潮流。体育教师为国民体育的发展做更多服务,这也将体育教师多功能的作用以及广泛的社会价值体现了出来。

对于体育教师的未来发展来说,多样型是其发展目标,而指导型体育教师则是其中的典型之一,这种类型的体育教师可以在体育教育教学中对学生进行积极有效的指导与帮助。首先,对学生"学会做人"加以指导。由此来使学生树立正确的人生观、世界观、价值观、健康第一观与终身体育观,成为一个具有公民意识的人,一个具有优良品行的人,一个具有良好身体素质的人,一个具有爱国主义思想与中国国格的人,一个真善美的人。其次,对学生"学会做事"加以指导。使学生在学习实践中不断增长才干,在劳动中不断创造价值,在与他人进行合作的过程中掌握生存与发展的本领。第三,对学生"学会学习"加以指导。通过教师的科学指导,能够将学生内在的求知欲望激发出来,使他们掌握正确的学习方法,提高自己的学习能力。让学生学会如何把握教材的重点与难点,抓住问题的关键,摸索新旧知识的联系,促进知识和技能的迁移。

(二)体育教师的主导特征

1.体育教师在贯彻体育教学指导思想方面的主导

体育教学的指导思想是随着时代的不断发展而变化的。体育教学的指导思想在体育教学过程之中以及体育教材中都有所体现。具体来说,体育教学的指导思想在体育教学过程的准备阶段和实施阶段中都有显著体现,体育教师是体育教学思想的实施者。这也就将体育教师在贯彻体育教学指导思想方面的主导性体现了出来。

2.体育教师在选择和加工体育教学内容方面的主导

在体育教学的开展过程中,需要做的工作有很多,其中,对体育教学内容进行选择和加工就是重要内容之一,这也是体育教师主导作用的重要表现形式。体育教学中包含了正式竞技项目的教学,这类项目的教学有一定的难度,除此之外,内容的广泛程度以及素材的丰富程度也大大增加。

这时候,教师所扮演的角色就是学生与体育知识技能的桥梁,对于此,教师要将其职责充分行使出来,即选择适合的体育素材,并对其进行加工,最终成为教学中所需要的教材。体育教师要在全面考虑的基础上选择和加工体育教学内容,这时,需要对相关的一些因素进行充分考量,主要包括学生的需要、学科要求以及社会要求,这三个方面结合起来,就成为教学内容选择的一个重要标准,或者说依据,这样所选择出的教学内容才能与学生的需求、学科特点以及社会发展相适应,才是有效的教学内容,学生精选出的教学内容要与学生的身心发展特征相符合、与学科特点及社会要求相符合,以使学生学到实实在在的体育知识与技能。

3.体育教师在选择和运用体育教学方法方面的主导

体育教师的主导作用,也可以从体育教学方法的选择和运用方面得以体现。目前,体育教材的种类有很多,其中所涉及的具体内容与教学方法手段等也各不相同,优劣不一,为了满足学生的学习需求,就需要教师以学生的特点和需要为依据,来选择相应的教材。此外,体育教学方法和手段的选择是否正确、合理,也会对最终所取得的体育教学效果产生影响。因此,现代体育教学的方法和手段要与学生的学习需要相适应。这就决定了体育教师应根据教学目标和教学情境的变化,熟练运用各种教学方法,创设不同的教学情境,促进学生更好地掌握体育知识和技能。

4.体育教师在帮助学生建立良好的学习方式方面的主导

学生的学习风格将对其学习效果产生重要影响。因此,学生是否科学合理地运用学习方法,是否适合自己的实际情况,对学校目标的实现具有重要意义。

从学生的角度上来说,要有能力掌握正确的学习方法,就必须建立在探究性学习和自主性学习的基础上,在这一过程中需要教师的一些帮助,教师的帮助有利于学生顺利、直接地形成良好的体育学习形式。因此,帮助学生树立良好的学习方式已成为体育教师的重要职责和任务,由此可见,体育教师是学生树立良好的学习方式的重要力量。

学生掌握了体育的基本知识后,应将琐碎的知识组成一个系统的知识结构。掌握系统的知识可以提高自己的认知能力,系统的知识在生活中也具有很强的实用性。对于学生来说,要建立与形成良好的体育学习方式,就需要借助体育教师的正确引导,这样,学生才能更加灵活地学习体育知识与技能,其自主学习与创新学习的能力也才能得以提高。

5.体育教师在创造优良体育教学环境方面的主导

体育教师在体育教学中的主导性还体现在对良好体育教学环境的创造上。与其他学科的教学环境相比,体育教学的教学环境是有点特殊的,其特点主要表现为:美观舒适、有激励性和安全感。

体育教师要有很强的组织能力和创设良好教学情境的能力,这样能为学生掌握体育知识和技能提供一定的帮助,同时能有效地引导学生掌握体育知识和技能,形成新的运动技能。体育教师要努力为学生创造一个愉快、轻松的学习环境,这是其主要职责。由此可见,体育教师是创造良好体育教学环境的主导者。

6.体育教师在评价学生体育学习方面的主导

体育教学的主导性在对学生体育学习进行评价方面也有显著的体现。体育教师要在日常的体育教学中对每一位学生的表现都进行密切关注,同时,还要对学生的课堂学习态度和学习成果进行评价,表现好的学生应该在适当的时候受到表扬,以激励他们继续努力,而表现一般或掌握技能较慢的学生也应该受到适度的鼓励,与此同时,要对他们出现的问题进行分析,使他们能从中知道表现不好的原因,为下次更好的表现创造条件。体育教师通过教学反馈评价学生的学习行为主要有两种方式,一种是终结性评价,另一种是形成性评价。体育教师应积极引导学生相互评价,同时也结合积极的激励政策,使学生能在自我评价时保证客观性与准确性,有效促进学生体育学习效果的提高。

三、教师在学校体育改革过程中的角色转变

(一)知识传授角色的变化

1. 统一的规格化教育逐渐转变为差异性教育

在以往的体育课中,大都是由体育教师将教案、内容、时间、活动量、密度、负荷等制定好,并在上课的时候严格地执行,一视同仁,学生也不会产生分歧。但这种规格化的教育存在着非常多的弊端,对学生性别差异、心理差异、能力差异、个体差异等都有所忽视。因此,在新课改中,要对这些观念和方法进行转变,使学生能够拥有更多的选择的权利,并用多种行之有效的方法,如合班、分组、分项、分能等,这些都要将学生的发展作为前提,使学生尽其所能、所想,使教学的质量和水平得到合理充实的提高。

2. 教师注重"教"逐渐转变为学生的注重"学"

在体育教学中,对于一些知识与技能,学生一看就会,一点就通,甚至能够做出非常规范的技术动作。在这种情况下,体育教师如果还根据之前制定的方案进行"教",学生的"学"就会较为乏味、枯燥,学生就会逐渐减弱甚至丧失对体育学习的兴趣,更不用说掌握知识与技能了。教师的"教",要以学生的"学"为依据来进行,学生学的程度会影响教师教的方式、内容以及进度,这样才能在取得的效果上保证理想化。这就要求在教学过程中,对体育教学中教师"教"与学生的"学"的比例进行合理的调整,同时与学生的学习动态和需求相结合,做到适时适当的"教",将学生的"学"放在重要位置,是教师角色转变的关键因素之一。

3. 注重学习结果逐渐转变为注重学习过程

在以往的评价过程中,教师在选用评价手段时,为了减少工作量,通常只用一种,并且只关注学生的学习成绩、是否已学、技术动作是否符合规范

等来衡量学生的优劣。这种教条式的评价,就像一个卡尺,合格的通过,不合格的淘汰弃用。

这种评价方式,由于忽视了过程而只重视最终的结果,在成功量的累积和过程的美好上也会有较大损失,那么,最终取得成功的概率就大大减小。所以,在新课程改革中,由对结果的重视逐渐转向对过程的重视,是有重要意义的。

4.批评学生"失败"逐渐转变为鼓励学生创新

新颖的想象和创意是学生的特点之一,学生往往独具匠心,从而创造出许多新颖的"游戏"和模式。这种新颖和创意在体育教学用到的器械上有显著体现,在体育课堂上,由于教师的各方面约束,对学生采取打压、批评等消极手段,导致学生的课堂学习并不顺畅,畏首畏尾,不敢将自己的想法和建议提出来,就导致课上教学效果并不理想,创新更是无从谈起;但是,在课间或者课后的体育运动锻炼中,学生却能做到花样翻新、惊险复杂、得心应手,这与课间和自由活动的开放性、自由性不无关系,再加上得到鼓励,没有了各种各样的约束,学生的创新意识和自豪感得以增强,从多方面、多个角度来对技术进行理解,更好地发挥创造能力,对学生进行适时适当的鼓励,能够更好地培养学生的进取心、自信心和创新意识。

5.高高在上逐渐转变为平等融洽

教师自古以来就在学生心目中处于非常崇高的地位,榜样的力量非常强大,学生对老师的崇拜是发自肺腑的。现代社会的教师,不能捧着学生的这种崇拜吃老本,在教学中采取居高临下的姿态更是不可取的,这些对于良好的课堂教学效果的取得都是不利的,同时也会让学生感到压抑,甚至总是伴随着紧张和恐惧心理。鉴于此,就要求改变教师这种高高在上的状态,逐渐转变成平等融洽的友爱式的师生和谐体育教学,这种方式能将学生的本性暴露出来,积极参与活动。

6.教学的模式化逐渐转变为教学的个性化

很多体育教师都是来自体育院校毕业的学生或者高校中体育专业的学生,他们都受过学校传统的教育模式,本身就具有一定的模式化特点,再加上在日常教学过程中,受到教学体制、教学大纲或所掌握知识的局限性,许多体育教师都千篇一律地采用几乎相同的教学设计所得出的几乎相同的教学内容、教学方法和教学手段来开展教学活动,长此以往,就导致学生在刚开始上课,就能知道这节课的内容,这对学生学习的兴趣是非常不利的。鉴于此,就倡导体育教师,首先要对自身的人格魅力进行培养,使自己有一定的个性化特征,并且将这种魅力和个性体现在教学过程中,对学生起到感化作用,同时,也为体育教学的效果创造条件。

(二)职能角色的变化

1.教师成为体育活动的参与者

在传统的教育过程中,教师只是单纯地向学生传授知识的主动者,而学生只能处于被动地位,两者是上下层级的关系。但是,现代体育教学中,参与者不仅仅是学生,教师也逐渐参与其中,因为学生在宽容、民主的课堂气氛中与教师同练同乐会感到非常兴奋,这也能使学生在学习方面逐渐具有一定的自主性,在动作的实践上也有足够的勇气,通过对教师动作示范的仔细观察,并模仿练习。这些都能对学生的智慧和潜能起到催化作用,让学生能够将自身的才华和能力充分展现出来,并将自己的想法向教师提出,情感也得以释放,并且希望教师也能从心理和实践上给予一定的帮助,如此一来,教师和学生之间的联系更加紧密,师生氛围也更加和谐。这种共同参与、协作式的教学,对于教师和学生都是非常有利的。对于教师来说,其能顺利完成教学任务;而对于学生来说,其学习效果也会大大提升。

2.教师成为学生发展的促进者、指导者

在体育教学中,学生由于自身的善变、不成熟等特点,其发展往往不能受自身的控制,这就需要体育教师对其进行积极的引导,与学生一起,结合实际情况,确定与学生相适应的学习目标,并帮助学生找到实现目标的最佳途径,同时,还要积极指导学生,使他们形成良好的学习习惯,在学习策略的掌握和丰富的教学情境的创设上都具有一定的能力,以此来将学生的学习动机激发出来,进一步提升学生的学习兴趣,积极地参与练习。教师要抛弃过去那种对学生的绝对"统治",对课堂的绝对统治,应该逐渐转变为体育教学活动中的服务者,从学生自身实际出发,使学生量力而行,尽力所为地确立目标,心满意足地收获成果。

3.教师成为教育教学的研究者、开拓者

随着体育教学改革的进行,对体育教学提出了更高的要求。从体育教师的角度上来说,其应该具备的传统意义上体育教师的基本素养、教学经验和教学实践等方面已经不能满足现代体育教学的需求了,应该在此基础上,勇于尝试,大胆创新,思路创新、想法创新,善于发现教学中存在的问题,积极针对这些问题提出解决策略,同时,还要在研究方面有所成就,这也是新时代体育教师的一个重要要求。要善于发现,积极捕捉教学过程中值得研究的问题,勤于收集素材,并记录身体发生的有着较大研究价值的事实,从而积累起鲜活的资料。要对教学理论进行强化学习,提高自身的教育理论修养,巩固自身的专业技术,提高自身的业务水平,并善于从中提炼结论,同时在教学过程中分析、检验、寻找具有规律性的结论,着力开展本课程建设,并在实践过程中,做到去粗取精,本着务实的态度成为体育教学的领跑者、开拓者。

除此之外,新的课程标准对体育教师也提出了相应的要求,即体育教师要从自身出发转变角色,以此来进一步提高自身的教育理念、专业知识和个人素质,在新课改、新课标、新教材面前不再茫然,尽快地适应、融入,改变落后的教学行为,并在参与的过程对自身的观念进行更新,增强课程改革的责任感和使命感,并以主人翁的心态投入课程改革之中。

四、校园足球师资的概念与现状分析

(一)校园足球师资的概念界定

校园足球师资,指的是对学生在学校中参与足球活动起到各方面作用的相关工作人员的总称。比如,对足球知识、基本技能进行教学和训练的教师和教练员,对学校足球的开展进行管理的管理人员,以及学校中负责宣传的工作人员等,都属于校园足球师资的范畴。

学校在校园足球方面的参与与表现,可以从其参与足球运动的积极性与主动性、获取的知识含量、训练水平以及相关的心理素质等体现出来,而这些因素的决定性因素也有很多,比如,学校师资队伍的结构与专业素质、学校培养人才的理念、模式以及方法等。由此可见,足球师资在校园足球活动的开展过程中所发挥的作用是巨大的,要加强对校园足球师资的培养和提升,以为校园足球整体的良好发展奠定坚实基础。

目前,校园足球活动开展过程中涉及的师资有很多种,这里重点对足球教师、足球教练员以及足球指导员进行介绍。

1.足球教师

所谓的校园足球教师,就是那些在校园中从事和胜任足球课教学工作,并组织学校内各种足球活动的体育教师,是知识的继承者和传播者,是学生身心发展过程中的教育者、领导者和组织者。足球体育教师的主要职责在于：让学生了解足球、热爱足球，在参与足球教学与训练的过程中，逐渐达到促进学生身体素质发展的目的，促进学生足球机能水平的不断提高。

足球教师在足球教学的具体实践活动中担任的角色是非常重要的，要能传授学生足球知识和基本技术、战术等技能，因此，这就要求足球教师自身要在这两个方面有较高的知识储备和能力水平，这样才能保证足球课堂教学与宣传活动的顺利进行，也才能保证足球训练活动的开展与足球比赛水平的提高。

关于足球教师的任务，经过剖析、探索和归纳，主要提取了以下几个方面。

第一，足球教师的首要任务，也是基本任务，就是将足球的相关知识和技能教授给学生，使学生能了解足球运动，并具备参与足球运动的基本技能。另外，学生对足球运动的参与，需要相关的意识和价值取向来进行引导，这也是体育教师的职责所在，帮助学生建立正确的足球运动意识和价值取向，将学生参与足球运动教学与训练的积极性、主动性激发出来，使其自觉主动地学习足球运动的知识，从而使学生树立对足球运动的"终身学习"理念，并使其养成良好的学习习惯。

第二，足球教师的责任在新课程标准的实现方面也有重要体现。体育教师所面对的学生，在年龄、性别以及个性特点方面都有所不同，教师在制定体育教学的考核标准时，不管是涉及哪一环节，都要按照这一依据进行，从而保证考核的合理性与科学性。在对学生的足球学习活动进行指导的过程中，要坚持"健康第一"的指导思想，将对学生意志品质的培养作为教学中的一个重点，达到使学生能够形成正确的体育观、人生以及价值观等的目的。

第三，足球教师首先也是一名普通的教师，因此，普通教师的日常工作也是体育教师必须要做好的，比如，学生日常管理事务、班级纪律、学生思想教育工作、学习氛围的创设以及足球教学活动的准备工作等。

第四，足球教师还要在科研方面有所成就，这是现代体育教师的一个新的要求。具体来说，足球教师的科研工作内容有：通过调查研究，发表一些与足球相关的期刊论文；制定并出版一些足球运动相关方面的教材或著作；参与研究校级、市级、省级、国家级的足球科研项目。

2.足球教练员

校园足球教练员是具有足球训练专长的，在校园从事和胜任足球校队训练工作的体育教师，其是对足球运动员的培养和训练者，是足球运动员的思想、身体、技术、战术和道德意志品质的全面负责人。

足球教练员首先在足球的知识储备上要充足,然后要熟练掌握足球的技术、战术等基本技能,并且对这些技能要有自己的见解,能够以自身特有的风格将这些技能传授给学生,让学生能更容易也乐意去接收这些知识和技能,保证学习效果。除此之外,足球教练员也要有创新的意识和能力,比如,足球训练模式与方法的创新,这些都会对学生产生多元化的影响,从思想意识、身体素质、技术水平以及品德素养等方面得以体现,使学生对足球运动的掌握程度在原有的水平上不断加深。

在足球教学实践中,足球教练员的主要职责是足球运动的训练与比赛,对校园足球队加以管理,使学生在足球的训练和比赛中,都能够保持身心健康,在这种良好的状态下提高自身的足球运动方面的综合能力和水平。经过较长时间的学习、训练,学生的实战能力和经验会大大提升,这就为其参加足球竞赛奠定了坚实的基础,也为理想比赛成绩的取得创造了有利条件,从而使球队的形象和学校的形象得以良好的树立,也为我国足球运动的发展培养高水平的后备人才,促进我国足球事业的繁荣与发展。由此可以看出,在校园足球师资队伍中,足球教练员作为众多力量中的一个方面,对校园足球人才的培养有着重要意义,不可或缺。

由上可知,足球教练员承担的责任也是多方面的,因此,这也要求其在学校所充当的角色是多元化的。

第一,足球教练员也在某种程度上充当足球教师的角色,主要职责与足球教师基本相同,这是校园足球师资的基本职责,所涉及的内容基本相同。

第二,足球教练员与足球教师在某些职责上是一致的,但是,两者之间还有显著的差异性,这是两者根本的区别。首先,要明确足球教练员自身所具有的特殊能力——选材能力、拓展能力、科学研究能力等。教练员要具备这些能力,首先要有较强的其他素质作为基础。比如,足球教练员首先必须是一名足球运动员,足球技能要达到一定水平,实战经验的丰富程度要高;还要具备较高的组织与管理训练及比赛活动的能力;要具有创新意识和能力,主要体现在足球教学模式方面;还要有积极创设训练氛围的能力,以此来提高学生参与足球训练的兴趣与积极性。

第三,在校园足球的训练实践过程中,学生会在学习过程中产生各种问题,在学习态度、学习兴趣、学习进度、学习接受程度等方面都会有所体现,为保证学生学习进展的实施以及学习成效的取得,要求足球教练员对学生必须有耐心。此外,学生在足球训练的过程中,心理状态的好坏也会对其训练效果产生影响,因此,要求足球教练员还要充当心理教师,帮助学生做好心态的调整工作。

总的来说,足球教练员在足球教学与训练实践中,要将其多方面的作用都充分发挥出来,为了实现这一目标,就需要其不断提高自身的足球素养,也要对自身的教学能力、组织与管理能力主动进行培养。与此同时,教练员也要将其职责尽可能地发挥出来,严格履行自己的职责与义务,为校园足球运动的开展做出应有的贡献。

3.校园足球指导员

校园足球指导员,是指具有校园足球指导员资格证书的那部分足球教师或教练员。校园足球指导员与足球教师或足球教练员之间是有一定区别的,即校园足球指导员是通过参加足球协会举办的校园足球指导员的相关培训,并且取得证书的。由此可见,校园足球指导员的专业水平要高于一般的校园足球教师和教练员,而且其还具有一定的培训资格,这是一般的足球教师与教练员所不具备的重要资质。

目前,我国校园足球师资方面仍然处于比较缺乏的状态,这也是学校设立足球指导员这一职责岗位的初衷,以此来解决这一现状,并进一步推动校园足球运动的发展。足球指导员的职责也涉及非常广,除了上述基本职责外,还要做好校园足球文化的宣传与推广工作。足球协会在资格上对校园足球指导员作了较高的要求,担任足球指导员的教师或教练员要取得 D 级以上的足球教练员证书,或者要求其参加过校园足球指导员培训(由中国足球协会举办),并且要获得初级以上的资格证书。在学校中,足球指导员也需要负责普通的足球教学与训练工作,然而其工作的重点与足球教师或教练员有所不同,开展与实施校园足球活动是其主要职责所在,因此,这就要求他们具有丰富的理论知识与高水平的足球技能。

相较于一般的体育教师来说,校园足球指导员的职责和任务还是有一定的特殊性的。

第一,校园足球指导员的主要任务是:在课间和课余时间,对学生的足球训练进行科学组织与指导,同时,在训练过程中,发现足球方面的人才,并做好相应的挖掘和培养工作。除此之外,推广和宣传校园足球运动与文化,做好校际足球联赛的举办,也是校园足球指导员不可推卸的责任。

第二,校园足球指导员的主要职责是:要做好校园足球比赛的活动的组织与编排动,还要依据学生和学校的实际情况,来科学安排足球训练,对校园足球活动的开展进行计划与组织,并且代表学校参加校际比赛,在比赛中促交流、促发展。

（二）校园足球师资的现状

一直以来，足球在我国的发展状况不甚理想，学校中关于足球的课程开设也差强人意，更不用说专职足球教师了。对于我国的足球教学来说，从事教学活动的足球教师基本都是我国教育事业体制内的正式体育教师，在足球专业方面较为欠缺，通常只是因为爱好这一运动项目而从事足球方面的教学活动。而关于校园足球教练，其对专业性的要求更高，主要体现在足球运动经历、专业技术培训、对业务的专注和钻研精神等方面，因此，对于学校来说，也是非常缺乏的重要师资。

根据我国现阶段足球事业的发展来看，我国校园足球的发展对于足球教师和足球教练这些重要的足球师资都是非常需要的，尤其是足球教师。可以说，校园足球的开展，足球教师的启蒙和带动作用不可忽视。关于此，教育部体卫艺司司长王登峰曾说过："现在最要紧的不是教练而是教师。小朋友们不需要教他们踢得多好，需要的是有人带着他们多接触足球，才开始进行教学时不需要太多的组队比赛经历，只要让他们有机会玩球，多接触球，慢慢地建立起足球氛围，其次是他们在这过程中掌握一些简单的足球技术。"这一观点受到一些青少年足球专家的称赞与认同。这也将足球教师在培养学生足球运动兴趣、建立终身体育思想、落实校园足球政策、措施、工作计划、教学大纲、组织足球课、校园足球文化建设等方面的优势充分体现了出来。

前几年，校园足球在国家领导的关心下，对前期发展的经验进行了总结，并与国外足球发展的规律相结合，校园足球活动由教育部统一领导和统筹做战略设计后，大家开始逐渐认可并接受了足球教师这一称谓。后来调查研究发现，现在在教育领域和体育领域里，大家普遍存在着足球师资与足球教师之间是等同的关系的思想，这一点是非常片面的，忽略了其他方面的师资力量的存在价值。这也在一定程度上将我国校园足球的发展状况反映了出来。

第二节　校园足球师资必备的基本素质

素质是人在先天禀赋的基础上通过教育以及社会实践活动而发展形成的人的主体性品质，即品德、智力、体力、审美等多方面品质与表现能力的系统整合。

因此，我们所必备的素质应指的是体育教师在后天通过环境影响以及教育训练所得到的稳定的、长期发挥作用的基本品质结构,包括体育教师的思想、身体与道德品质等多方面的内容。

当前,我们所培养的学生都是 21 世纪的人才,是我国新世纪社会主义的建设者与接班人。为了使学生在面对新世纪的挑战中更加具有竞争性,教师则首先应该具备优秀的素质。

一、意识素质

(一)挑战与竞争意识

当前的教育状况,使得教师面临着多方面的挑战,具体归纳如下。

首先,科学技术革命所带来的挑战。21 世纪的主要特点是,先进科学技术的发展速度飞快,将人才作为竞争的最重要因素,并且对所需的人才进行了明确,即类型、规格与层次不一的专业人才。我国与足球的世界先进强国相比,还有着非常大的差距,要缩小这一差距,就需要我国在教育上做好相应的改革,使其能对足球的发展产生积极的推动作用,对于此,教师素质的提高则是成功的关键。

其次,物质文明建设和精神文明建设所带来的挑战。其中,物质文明建设对人的素质有着更高的要求,精神文明建设也要求人的素质的提高。国民素质的提高,需要"从娃娃抓起",这就需要教师要从自身出发,不断完善自身素质结构,综合提升整体素质。

最后,我国经济持续发展和经济体制改革所带来的挑战。这一转变能够顺利实现,能否增强我国的综合国力,直接受到我国人才培养的速度、数量以及质量的影响,而承担这项重任的是教师。

从上述内容中可以看出,这实际上就是对我国教育的挑战,而迎接这一挑战的主要是校园足球师资。因此,这就要求校园足球师资树立挑战意识和竞争意识,增强紧迫感、责任感以及使命感,不断提高自身各方面的素质,从而迎接这三个挑战。

对于校园足球师资来说,除了面临着这些挑战与竞争之外,他们还面临着学校之间足球教学与训练水平、自身整体素质与能力等方面的挑战与竞争。因此,对于校园足球师资来说,具有良好的挑战与竞争意识是非常重要的,这是最基本的素质之一。

(二)创新意识

对于 21 世纪的校园足球师资来说,旧有的教学观念已经无法与现阶段的教学需求相适应了,因此,补充新的教学观念是非常重要且必要的。校园足球师资,尤其是足球教师,首先必须要充分理解所采用的教材,并对其中的重点和难点进行充分把握。将其中新的校园足球教育的知识信息摘取出来并加以消化,将足球教材中摘取的知识点编辑成为教学的课件,或者制作成幻灯片、投影片、学习指导书、参考书、影视资料或电子课件等多种形式,为学生提供多样化的学习方式。还要利用先进的科学技术和手段,比如,运用计算机及网络技术发布自己的研究成果、学习导读、知识介绍并开展多种形式的讨论、交谈以及咨询等活动,使校园足球运动教育与训练活动的开展更加活跃。在校园足球运动教学与训练的实践过程中,足球教师和教练员会提供各种锻炼处方、技术学习指导方法、强度与量的安排方法、锻炼注意事项等信息,以此来使学生的选择范围得到拓展,这也能够有效锻炼学生在这方面的判断、选择与权衡能力,并进行自主评价,校园足球师资的工作就是不断地创造学习方法以及锻炼的手段,提供各种锻炼所需的信息,供学生学习之用。因此,面对新世纪的挑战,校园足球教师与教练员需要作为足球教学理论与实践信息的设计者、创造者以及创造者等角色而存在。

此外,校园足球师资在体育教学活动中要改变之前的绝对领导地位,摈弃这种传统教学方式。要将导师的作用充分发挥出来,不能成为学生的依赖,这种导师职责的显著程度,会随着学生年龄的增大而有所加大。对足球教学与训练的实施,是在不断创造的教学所需的各种知识的基础上进行的,在指导过程中,校园足球师资要做到指导而不放任,将其必要的监控与调控的作用发挥出来,从而指导、督促学生进行锻炼与学习。

二、思想和政治素质

(一)教育思想与教育观念

对于校园足球师资来说,他们需要具备的素质有很多,教育思想以及教育观念就是其中的重要组成部分。思想与观念是人类高层次心理需要的反映,它会产生一种强大的内驱力从而激励自己全身心地投入到教育教学中去。

现代社会理想的校园足球师资,首先,应该具备素质教育的思想与观念这一基础性前提,比如,终身体育、健康第一等全新的教学观、学生观、人才观和教育质量观。还要将发展学生的足球运动能力作为主要目的,对学生生动、活泼和主动地发展起到促进作用。

(二)政治素质

对于校园足球师资来说,政治素质是非常重要且必要的。校园足球师资每天除了要对学生进行足球方面的教学和训练,还要教育学生求知和做人,他们所具备的政治素质会直接影响到所培养学生的思想政治素质。

在 21 世纪,校园足球师资更要树立坚定的共产主义信念,具备科学的体育观与世界观,坚持四项基本原则,认真贯彻与执行党的路线、方针以及政策,树立实现共产主义的崇高理想。在校园足球的教学与训练工作中,校园足球师资要兢兢业业,一丝不苟,热爱教育事业并无私地奉献;将爱国的思想和精神传承下去,并做好这方面的宣传工作;对于真理,应持有积极传播并誓死捍卫的态度,要不断研究并吸收体育学科的优秀成果,将自身的创新意识和能力充分发挥出来,对学生学习和认识足球运动的发展规律进行正确的引导与帮助。

(三)良好的道德品质

校园足球师资的道德品质也会对学生产生潜移默化的影响,因此,这就要求校园足球师资,首先在思想意识方面,要具备坚定正确的政治思想与强烈的事业心、责任感,同时,个人修养与品质也不能忽视,尤其是在市场经济体制条件下,对于那些腐朽思想的侵蚀,要坚决抵制,有决心,有信心,还要能清醒地认识到自己所肩负的"传道、授业、解惑"的重任。

三、身体素质

良好的身体素质是校园足球师资进行足球教学与训练的基本需要,同时也是其进行足球教学、提高运动技术水平、适应社会体育工作的必要条件。因此,校园足球教师与教练员必须注重身体素质的提高。校园足球的教学与训练有一个明显的特点,就是要给学生做示范,这就要求校园足球教师与教练员必须具备良好的身体素质以及技能基础,充足的体力与娴熟的技巧,为学生增加信心与力量,加强直观感知以及对校园足球教师与教练员的认同感。

(一)速度素质

研究发现,从事足球运动对速度素质的要求要高于从事其他球类运动对速度素质的要求,因此,校园足球师资也必须具备良好的速度素质。对于从事足球运动的人来说,真正良好的体能素质既表现为速度快,又表现为耐力好。

一般来说,校园足球师资需要具备的速度素质并不是单一的,具有一定的复杂性特点,较为显著的有两点:一点是反应速度,对球进行处理的速度,奔跑、急停与冲刺的速度;另一点是对足球比赛作出判断与决策的速度。

从生物力学和生理学的视角来看,从事足球运动的教师和教练员一定要重视自身速度素质的提升,因为只有这样,才能更好地在校园足球教学与训练过程中起到更好的示范作用,取得更好的教学与训练效果。

(二)力量素质

力量素质是从事所有的体育运动项目都必须具备的重要素质,对于校园足球教师和教练员来说,更是如此。其中,绝对力量和最大力量是测量与评价校园足球教师与教练员力量素质的重要指标。除此之外,爆发力在足球运动中也是非常重要的。爆发力指的是在最短时间内以最快加速度对一定阻力进行克服的能力。

(三)耐力素质

耐力素质,是指人体长时间进行肌肉活动的能力。耐力素质能够将肌肉耐力、心肺耐力和全身耐力的综合状况反映出来,它与肌肉组织的功能、心肺系统的功能以及身体其他基础系统功能的提高之间有着非常密切的关系。对于校园足球师资来说,具有良好的耐力素质是非常有必要的。

(四)灵敏素质

灵敏素质是一种能够灵活改变运动方向的能力。在改变运动方向时,要注意控制好身体平衡,保证力量要适度,速度要快。校园足球师资要提高自身的足球技术动作、掌控好节奏、提高移动的速度,这对于自身灵敏素质的改善是有所助益的。

四、心理素质

对于校园足球教师与教练员来说,良好的心理素质是更好完成足球教学与训练任务的重要保证,主要包括正直、公正、谦逊、团结、热情、和蔼、善良、宽容、自制、乐观、进取等多方面的素质。

教师与教练员的个性对学生心理的影响是非常明显的,建立良好的师生关系与教学训练气氛才可以使学生在学习与训练中相互协作,这是学生获得好成绩的重要因素。校园足球教师和教练员只有在教育中充分发挥自身的主导作用,学生的身心才可以向着社会要求的方向更好发展,而这种主导作用的发挥与否,很大程度上由教师与教练员的个性品质决定。

(一)动机

动机,就是由特定需要引起的,满足各种需要的特殊心理状态和意愿。人类所有行为的起因都是某些内部动机的结果,这一点已经得到心理学界的普遍认可。除此之外,动机还对个人行为的选择、投入的程度和行动的持续时间起到决定性作用。

通常,可以以来源的不同为依据,将动机分为内在动机和外在动机。其中,内在动机主要表现为兴趣、愿望、精神和情感等方面。外在动机主要表现是为获得精神和物质奖励而努力奋斗。对于校园足球教师与教练员来说,他们进行校园足球的教学与训练的动机既有内在的,又有外在的。

(二)态度

态度,是一个人对某一事物或事件的对待情况的反映,其会在很大程度上决定着一个人对自己的行为的认真程度。对态度的衡量标准是模糊的,不能通过某些量化指标来进行评判,因此,可以将它理解为一种较为复杂的心理过程。

态度的构成因素有很多并能使个体对所处的环境做选择性的反应,态度能够决定个体对某项心理目标做出积极性(赞同)和消极性(反对)的反应。通常情况下,态度的特点也较为显著,主要表现为:具有心理目标、方向性、强弱性、后天习得性、一贯性和一致性等。

对于校园足球教师与教练员来说,他们的态度在日常的教学与训练中都会体现出来,这些都会对学生产生影响,因此,校园足球教师与教练员必须具备良好的心理素质,从而引导学生也建立良好的学习与训练态度,为校园足球运动的更好开展创造良好条件。

(三)注意力

注意力,就是人的心理活动对一定客体对象的指向与集中。注意力集中有两种类型,一种是瞬时集中,一种是持久集中。校园足球教师与教练员需要对学生进行长时间的教学与训练,尤其是在组织比赛时,对他们注意力集中的要求更高,因此,要求他们必须要做好注意力的集中训练,从而尽可能多地增加其高度集中注意力的时间,或使其在某些时段内高度集中注意力。

(四)自信心

自信心,就是个体针对某一事件的处理,对自己这方面能力的充分肯定。自信心的树立与很多因素相关,可以将这些因素大致分为内在因素和外在因素两个方面。其中,内在因素需要以一定的能力为基础。外在因素如他人对自身行为的肯定与赞赏。

校园足球教师与教练员也要有自信心,拥有自信心的校园足球教师与教练员总是可以给自己设定一个合理的且与自己能力相符的目标,他们非常清楚自身的能力,通常能在这个极限里获得最大的成功,而并不企望达到不现实的目标。这对于他们更好地从事校园足球的教学与训练工作有积极的影响。

(五)意志力

意志力是一个人主观能动性的集中体现。校园足球教师与教练员必须具备这一重要心理素质,只有他们首先具备这一重要素质,才能在日常的足球教学与训练过程中,对学生进行意志力的培养。具体来说,应让学生有意识地围绕一定的目标参与训练,训练中面临困难和障碍时,不要气馁和退缩,要积极面对,可以通过校园足球教师、教练员或者指导员的科学指导,使学生能够认真思考,努力克服,坚持不懈地历练出充足的意志力。这样,就算以后参加强度更高、对抗性更强的足球比赛,也能毫不怯场,能有效坚持下来,获得最终的胜利。由此可见,意志力训练是心理训练中非常重要的内容之一,应该在校园足球的教学与训练中加以重视。

五、能力素质

校园足球师资的能力素质是非常重要的素质,这些会对其专业技能水平的高低起到决定性的影响。具体来说,可以将校园足球师资的能力素质归纳为以下几个方面。

(一)教育能力

教育能力是教师必须具备的首要能力素质,因为对学生进行教育是其义不容辞的职责。一直以来,我国的教育对教师要教书育人、为人师表非常重视,体育教师在这方面有着更加特殊的情感体验,学生的思想作风更容易真实地表现出来。教师如果能够把握各种有利时机,将教材内容的多种教育价值挖掘出来,使教学方法、手段的不同教育价值得以开发,利用学生在学习过程中的变化采取进一步的措施,及时对学生进行思想道德教育,所收到的教学效果会非常理想。因此,这种教育能力也就成为体育教师综合能力的一个重要方面。

(二)教学能力

教学能力是校园足球师资要具备的最基本的能力素质,同时也是体育教师综合能力的一个重要方面。教学能力在校园足球的开展过程中有着广泛的体现,比如,具体的教学水平上,以及教学计划与决策、教学管理、教学评估等很多方面,大致可以归纳为:对课程标准、教学指导纲要、学校体育工作条例等文件的理解和贯彻能力;制定科学的教学管理措施和办法,并能够有效实施的能力;客观分析并评价教学效果的能力;制定与校园足球开展与发展情况相适应的各种教学文件的能力;对要用到的教材进行科学的选择,在此基础上进行加工、开发的相关能力;针对实际情况,在教学策略方面的创新设计能力;能够科学严谨地进行教学组织方面的能力;能够将学生学习与锻炼的自觉积极性有效调动起来的能力;及时反馈教学信息并根据信息反馈采取针对性措施的能力等。

(三)训练能力

对于校园足球师资来说,只进行教学是不够的,还应该在一些项目的运动训练方面有很好的造诣,从而更好地完成学校的课余训练以及对外交往比赛的任务。

(四)运动能力

由于校园足球是一项实践性非常强的活动,对于校园足球师资来说,运动能力是他们从事本职工作的最基本能力,具体而言,这种能力是一种对于学生群体的专业教学,规范化和通用化相结合,可以与教学相结合,培养手段具体的机械能力,可以从规范熟练的动作示范,把握动作技术的环节,及时发现并合理纠错等方面得以体现。要强调的是,要想培养和提升这种能力,只靠不断地钻研运动技术理论是远远不够的,还要学习新技术新动作,并且根据不同的教学、训练对象在实践中积累。

(五)组织能力

校园足球师资只具备较强的教学、训练等方面的能力也是不全面的,还需要具备较好的组织能力。具体来说,这种能力包括的内容有很多:能正确运用队列队形组织开展"两操一课"活动的能力;能够胜任各种临场裁判的工作,组织并开展"达标"活动以及中、小型运动会的能力。

(六)科研和创新能力

教学过程,实际上也是一个科学研究的过程。校园足球师资作为校园足球活动的实施者,其不仅要行使教学的职责,还要具有强烈的时代感,不受固有观点和模式的束缚,积极探索,勇于发现,努力开拓新领域。科学研究,能够使校园足球师资的业务以及理论水平有所提升,与此同时,校园足球师资还要不断与现代社会发展相适应,比如,要接受新的知识信息,了解掌握新的动态,站在学科发展的前沿,这些都是在其扎实的基础知识和非常强的业务能力的基础上才能实现的,同时,这对于校园足球教学新颖性、丰富性与时代气息更加显著也有积极影响。

当前,科学研究能力已经成为一种衡量校园足球师资优秀与否的重要标准,校园足球师资的素质只有在教育科研以及教改实验中才可以实现真正的提高。

(七)社交行为表现能力

校园足球师资要与社会的发展同步,因此,与时俱进,树立的新形象必须具有显著的时代特征,逐渐扩大交流的范围,通过与不同人群的交流沟通,能够让越来越多的人了解校园足球,这也在一定程度上将校园足球师资工作的真实意义体现了出来,除此之外,开创学校体育工作的外部条件以及环境,展现校园足球师资各个方面的才能,也是校园足球师资社交行为表现能力的体现。同时,校园足球工作本身也是一项最具广泛群众基础的工作,学校教育工作的开展不仅是校园足球师资的责任,与相关的其他部门之间也有密切的联系,不仅要面向全体学生,也要面向社会。

六、继续教育与再学习的素质

随着科学技术的快速发展,人类知识量猛增,各种信息的传播速度让人目不暇接。未来的教育与课堂形式将发生很大变化,"不学习就会落后"已成为一种普遍认识。面对当前社会发展的挑战,校园足球教师与教练员没有满足的理由。校园足球教师与教练员只有勤于钻研足球方面的前沿知识,才能在教学与训练的活动中从容解决各种实际问题,只有不断地学习与提高自身的素质,才能更好地对学生进行素质教育。

第三节　校园足球师资必备的专业知识

一、足球基础理论知识

(一)足球运动发展知识

足球,英文 football,有"世界第一运动"的美称,是全球体育界最具影响力的体育运动。

1. 古代足球

足球最早起源于中国东周时期的齐国,当时把足球命名为"蹴鞠",汉代蹴鞠是训练士兵的手段,制定了较为完备的体制。经过汉代的初步流行,唐宋时期蹴鞠活动达到高潮,甚至出现了按照场上位置分工的踢法。从东周时期到明朝,蹴鞠经历了发展到高潮的过程,清朝时期走向衰落。

2. 现代足球

现代足球是从英格兰发源而来的。

19 世纪初,英格兰开始有了足球赛。

1848 年,足球运动的第一个文字形式的规则《剑桥规则》诞生了。

1862 年,在英格兰诺丁汉郡成立了世界上第一个足球俱乐部。1863年,在英格兰又成立了第一个足球协会(英足总),并统一了足球规则,这一天也被称为现代足球的诞生日。

1904 年 5 月 21 日,国际足联在巴黎成立。

1904 年,法国、荷兰、比利时、丹麦、瑞典、瑞士、西班牙七个国家的足球协会在法国成立了国际足球联合会。

1930 年起,每 4 年举办一次世界杯,比赛对职业运动员的限制被取消。

经过一百多年的发展,足球运动成为当今世界非常有影响力的体育运动。

(二)校园足球文化知识

校园足球文化是校园文化的重要组成部分,具体来说,就是指在校园足球长期发展过程中,广大师生形成有关足球理念、思想、行为习惯及特点的氛围。

校园足球文化,是两种文化体系交互而形成的,一种是校园文化,一种是足球文化,可以将其理解为有着深刻内涵和独立形态的亚文化形态。

校园文化与足球文化之间的联系是非常密切的,二者互相影响、互相渗透、互相融合、互相促进,任何一方的发展都会对另一方产生影响,或大或小。因而,充分挖掘校园足球文化的内涵,认清校园足球的发展方向,能够对我国校园文化和校园足球文化的发展起到积极的推动作用。

二、足球专项知识

(一)足球竞赛知识

足球竞赛知识主要有足球竞赛规则知识以及相关的足球赛事知识。本节主要就足球竞赛的基本规则进行阐述。

1. 比赛人数和时间

(1)比赛人数。一场比赛应有两队参加,每队上场队员不得多于 11 名,其中必须有 1 名守门员。如果任何一队少于 7 人则比赛不能开始。在由国际足联、洲际联合会或会员协会主办的正式比赛中,每场比赛最多可以使用 3 名替补队员。

(2)比赛时间。比赛分为两个时间相等的半场,每半场 45 分钟。两个半场之间有中场休息,中场休息不得超过 15 分钟。

2. 犯规与不正当行为

(1)直接任意球。
如果队员草率地、鲁莽地或使用过分的力量违反下列 6 种犯规中的任何一种,将判给对方踢直接任意球:
① 踢或企图踢对方队员。
② 绊摔或企图绊摔对方队员。
③ 跳向对方队员。
④ 冲撞对方队员。
⑤ 打或企图打对方队员。
⑥ 推对方队员。
如果队员违反下列 4 种犯规中的任何一种,也判给对方踢直接任意球:为了得到对球的控制而抢断对方队员时,于触球前触及对方队员;拉扯对方

队员;向对方队员吐唾沫;故意手球(不包括守门员在本方罚球区内)。

(2)点球。

比赛进行中无论球在什么位置,如果队员在本方罚球区内违反了犯规中的任何一种应被判罚点球。

(3)间接任意球。

如果守门员在本方罚球区内违反下列犯规中的任何一种,将判给对方踢间接任意球:

① 在发出球之后未经其他队员触及,再次用手触球。

② 用手触及同队队员直接掷入的界外球。

③ 用手持球时间超过 6 秒。

裁判员认为,如果队员有下列情况时,也将判给对方踢间接任意球:动作具有危险性;阻挡对方队员;阻挡对方守门员从其手中发球;因违反规则而停止比赛被警告或罚令出场。

(4)黄牌。

如果队员违反下列 7 种犯规中的任何一种,将被警告并出示黄牌:

① 犯有非体育道德行为。

② 以语言或行动表示异议。

③ 持续违反规则。

④ 延误比赛重新开始。

⑤ 当以角球或任意球重新开始比赛时,不退出规定的距离。

⑥ 未得到裁判员许可进入或重新进入比赛场地。

⑦ 未得到裁判员许可故意离开比赛场地。

(5)红牌。

如果队员违反下列 7 种犯规中的任何一种,将被出示红牌并罚令出场:

① 严重犯规。

② 暴力行为。

③ 向对方或其他任何人吐唾沫。

④ 用故意手球破坏对方的进球或明显的进球得分机会(不包括守门员在本方罚球区内)。

⑤ 用可判为任意球或点球犯规破坏对方向本方球门移动着的明显的进球得分机会。

⑥ 使用无礼的、侮辱的或辱骂性的语言。

⑦ 在同一场比赛中得到第二次黄牌警告。

3.越位

(1)关于越位位置。

处于越位位置:队员较球和最后第二名对方队员更接近于对方球门线。

不处于越位位置:队员在本半场内;队员齐平于最后第二名对方队员;队员齐平于最后两名对方队员。

(2)关于越位。

越位:处于越位位置的队员,在同队队员踢或触及球的一瞬间,裁判员认为其就下列情况而言"卷入"了现实比赛中时才被判为越位犯规:干扰比赛;干扰对方队员;利用越位位置获得利益。

不越位:如果队员直接从下列情况下接到球,则没有越位犯规:球门球;掷界外球;角球。对于任何越位犯规,裁判员应判给对方在犯规发生地点踢间接任意球。

(二)足球教学知识

1.校园足球教学的任务

(1)全面提高学生的身体素质。要参加体育运动锻炼,良好的身体素质是必要的基础。对于学生来说,足球运动的运动强度和运动负荷都是比较高的,要想取得足球教学与训练的良好成效,并且保证自身的安全,良好的身体素质是首要条件。同时,经常进行足球的训练,也能使学生的身体素质和运动能力得到有效提升。

(2)培养学生欣赏和参与足球运动的能力。通过校园足球教学,要对学生参与足球运动的兴趣进行有效激发,使学生能熟练掌握足球运动的基本知识、提高学生足球运动能力、提高学生欣赏足球赛事的能力、增强学生的足球素养和意识,慢慢将"看热闹"变成"看门道"。同时,在这一过程中也能使学生的智力和知识结构得到有效建立,眼界更加开阔,思路也进一步拓宽。

(3)促进学生德、智、美素质的全面发展。

① 德育任务。校园足球运动,本身是作为课程的一种而存在的,这就赋予了其极强的教育性特点,这种教育性尤其是在学生思想品德方面的教育上得到体现。

② 智育任务。智力是衡量一个人学习能力的一个重要标准,人们往往将其片面地理解为聪明程度,实际上,其包含了很多方面的能力,比如,注意力、观察力、记忆力、想象力、思维力以及分析判断能力等。在校园中通过对

学生进行足球教学活动,可以使学生智力水平获得增长,主要表现为:训练学生的记忆力;开发学生的想象力;培养学生的观察力;提高学生的思维力。

③ 美育任务。在校园足球的教学过程中,除了做好知识、技能方面的教学外,学生对美的感受能力、欣赏能力、评判能力以及表现能力也尤为重要,不能忽视。

2.校园足球教学的要求

(1)增强身体素质与促进全面发展一起抓。校园足球教学,作为学校体育教学的一个方面,也要将增强每个学生的体质作为最根本、最基础的任务,与此同时,也不能忽视了其他方面的发展,将学生的身体素质与心理素质、智力水平、美育能力等各方面都结合起来,进行全面性的发展。

(2)要对教师的主导性与学生的能动性同样加以重视。在校园足球教学中,足球教师各项工作的开展,都是在充分考虑学生这一主体的身心特点的基础上进行的,在教师的教与学生的学的不断融合过程中,师生关系会更加和谐、融洽,为教学活动的更好开展创造理想的氛围,这对于教师与学生主观能动性的充分发挥是有所裨益的。教学应以体育教师为主导,充分调动学生参与的热情和练习的兴趣。具体来说,应该树立正确的教学观;以教师为主导;充分调动学生的能动作用。

(3)将循序渐进与系统性统一起来。对于新鲜事物的学习一般都会本着循序渐进的原则进行。像技战术较为复杂的足球运动的教学就更应如此,足球运动的教学实质上也是一个渐进的、系统的过程。主要表现为:教学内容由易到难;练习手段和组织方式由简到繁;对抗程度由弱到强;运动负荷由小到大;教学与训练要有系统性。

(4)将感觉、思维与实践统一起来。足球运动作为一项运动强度比较大的集体性运动项目,能使参与其中的人在身体素质、心理素质上都能得到有效锻炼和提升,同时,还能有效培养参与者良好的集体主义精神,做到团结一致、齐心协力,使团队的力量最大化。在运动进行时,学生集感觉、思维与实践于一身,灵活机动地处理运动中遇到的各种情况和问题,快速进行分析并做出正确的判断。因此,这就要求校园足球师资在校园教学过程中,要利用多种形式的直观教学手段;针对性地运用直观感觉手段;正确处理感觉、思维与实践的关系。

(5)注重综合性与实战性相结合。足球教学的综合性,就是在足球教学中把技术、战术、体能、心理和智力等各方面有机地结合起来,进行综合性训练,并力求教学训练更贴合实战情景。为了使学生能够在比赛时发挥出应有的技战术水平,就需要根据比赛的客观规律与要求制定日常教学内容和教学方法,比如,技术与技术合理搭配;技战术与身体素质相结合;技战术与意识相结合;技战术与对抗能力相结合;在模拟实战中练习技战术。

3.校园足球教学的方法

(1)讲解法。讲解法,顾名思义,就是借助语言来对学生进行相关知识的传授的方法,教师在这一方法中,主要作用是"讲",学生则主要负责"听",以此来感知并接收教师传达的教学内容。在校园足球教学实践中,教师运用讲解法时,为了保证教学效果,需要做到讲解的明确、正确、生动、有启发性、时机恰当。

(2)示范法。示范法,顾名思义,就是通过示范来达到传授效果,通常在技术的传授方面有广泛应用。这种示范法并不单单指教师给学生做的示范,也指教师通过让学生做典型的示范,来起到警示作用,比如,哪位学生动作做得不到位或者不正确,就可以以此示范来提醒其他学生这是错误的范例。在足球技术教学过程中,教师通过运用正确、优美、轻快的动作向学生进行展示,可以进一步调动学生学习的兴趣。另外,讲解法通常与示范法结合起来进行运用,这样能够使学生更加清晰地认识和理解足球技术动作,从而建立完整的动作概念。教师在足球教学中运用示范法时,需要注意:示范目的要明确;示范要正确、熟练;示范要便于学生观察;示范、讲解与启发学生思维相结合。

(3)指导发现教学法。指导发现教学法,强调的一个是指导,一个是发现,其中,指导指的是教师有意识的指导,发现则是学生对其中规律的发现。由此可见,这一教学法是需要教师和学生共同参与、相互配合才能加以应用,也才能取得理想的教学效果。这种教学法对于足球战术的学习、足球攻防关系的认识和足球技术要点等是非常适用的。

(4)游戏教学法。游戏教学法,就是教师在足球教学中,以游戏的形式来让学生进行足球方面的各种练习,以此来将学生对足球运动的兴趣、主动性和创造性充分发挥出来,从而更好地完成预定教学任务的一种教学方法。

(三)足球训练知识

1.校园足球训练的基本规律

校园足球训练的特殊性与其自身的基本规律是有着密切联系的,具体来说,校园足球训练的基本规律有以下几点。

(1)运动竞技能力的规律。足球比赛中运动成绩的好坏,受到很多因素的影响,其中,能够起到决定性影响的是球队本身以及对手竞技水平的发挥。足球运动员竞技能力的构成要素有很多,其中,较为主要的有四个方面,即技术、战术、身体素质和心理素质。要强调的是,这四者之间的相互作用是辩证的,彼此之间是相互影响、相互融合的关系。

(2)校园足球训练的实战性规律。校园足球训练主要是为了让学生能够熟练掌握足球的技战术,并且在实战比赛中将所掌握的技战术科学地运用出来,取得理想的比赛成绩。另外,通过实战练习,能够起到以赛代练的作用,能进一步提升学生的实战能力。在足球训练中,要遵循的规律主要有:技战术能力的培养要全面而系统;技战术发展要适合实战性;职业素质与技战术发展相统一。

2.校园足球训练的基本依据

(1)竞技能力发展的敏感期。竞技能力,首先是由先天遗传来决定其基本水平的,然后,可以借助后天的科学、系统的训练,在先天的基础上进一步发展和提升,从而使竞技能力的水平尽可能提升。在这两个因素共同作用下,青少年时期的生长发育速度是最快的,这一时期就是竞技能力发展的敏感期,体能、技能和战术意识发展的敏感期,都属于这一范畴。因此,在校园足球教学与训练过程中,足球师资要充分借助这一规律,针对性地培养和发展学生的相应素质和能力,使其相关的素质和能力得到最大程度的挖掘和提升。

(2)校园足球训练的阶段划分。对于处于青少年时期的学生来说,要想取得成功,没有捷径,必须经历长期、艰苦的训练,这是唯一的途径。通常,可以将训练分为四个阶段,即基础训练阶段、专项提高阶段、最佳竞技阶段以及竞技保持阶段。这四个阶段中包含的训练任务和训练内容是各不相同的,对运动训练的负荷安排提出的要求也有所差别。

因此,这就要求在足球运动多年训练过程中,在安排训练任务、训练内容和训练负荷时,一定要对各个训练阶段的特点这一依据加以考量。

三、教育学和教育心理学知识

在校园足球教学训练过程中,要对学生的心理特点有全面的了解和掌握,同时,还要掌握向学生传授知识、技能的方法与技巧,这是校园足球师资必备的知识和能力。

面对不断深入的体育教育改革,校园足球师资要更好地掌握教育的科学知识,熟练运用教育学、教学论、学校体育学、教育心理学、运动心理学、运动训练等学科的原理与方法,通过适当的教育方法和教学技巧将自己的知识、技能传授给学生,从而促进学生身心的全面、和谐发展。下面就对其中的几种知识加以介绍。

(一)教育学知识

教育学是一门社会科学,其研究对象是人类的教育活动及其规律。这一学科广泛存在于人类生活中。通常可以在教育现象、教育问题的研究过程中来将教育的一般规律揭示出来。

现代生产和科学技术的发展,教育实践的广泛性、丰富性,更进一步推动了教育学的发展。教育学的研究对象还有教育、社会、人之间和教育内部各因素之间内在的本质的联系和关系,教育内部的学校教育、社会教育、家庭教育之间的关系,小学教育、中学教育、大学教育之间的关系,教育、教学活动中智育与德、体、美、劳之间的关系,学生学习活动中学习动机、学习态度、学习方法与学习成绩之间的关系等等都存在着规律性联系。这一过程中充分体现出了客观性、必然性、稳定性、重复性等显著特点。教育学将探讨、揭示种种教育的规律,阐明各种教育问题,建立教育学理论体系作为主要任务。校园足球教学本身就是教育的一种行为,因此,教育学知识是足球师资必须具备的重要学科知识。

(二)教育心理学知识

教育心理学是社会心理学的一个组成部分,其研究的内容主要是在教育情境下人类的学习、教育干预的效果、教学心理,以及学校组织。

把心理学的理论或研究所得应用在教育上,是教育心理学的重点。教育心理学的应用范围是非常广泛的,比如,设计课程、改良教学方法、推动学习动机以及帮助学生面对成长过程。

通过与其他学科的学习,对理解教育心理学也有一定的帮助。首先,教育心理学的基础为心理学,这两门学科之间的关系就像医学与生物学或工程学与物理学之间的关系。教育心理学又可以发展出研究教育问题的众多特殊领域,包括教学设计、教育技术学、课程发展、组织学习、特殊教育和课堂管理。

四、横向学科知识

随着人类社会的不断发展与进步,学生的知识面越来越宽,对知识的需求量越来越大,这就要求校园足球师资不断丰富自己的知识结构,进一步拓展自己的知识面,只有这样,才能使学生的学习需求得到较好满足。除了掌握教学中所必需的知识外,还应该掌握相关学科的知识,不断开阔自己的视野,发展自己的教学思维。

(一)体育美学知识

体育美学是体育学的一个分支,同时也是美学的一个分支,其所探讨的内容是人在体育领域内如何进行审美活动。体育美学既是未来体育科学知识的组成部分,也是把传统美学应用于社会实际的新领域。就体育实践而言,体育美学属于理论形态的人文学科;对美学来说,体育美学属于应用性很强的分支门类。

体育美学的研究对象涉及的范围比较广泛,主要包括:从客观方面研究体育活动中实际存在的美,正确认识审美对象;从主观方面研究体育活动中以美感为核心的审美意识;研究如何利用审美意识进行再创造,即把审美意识反作用于体育实践的问题;把体育与艺术及未来的发展理想等问题作为主要内容来讨论,探讨如何使体育在人类的审美活动中发挥更大的作用。

在体育美学中,审美对象主要包括三个方面,即身体美、运动美和由健康导向指引的人文美。这是校园足球师资需要具备的重要学科知识。

(二)体育管理学知识

体育管理学,就是通过管理学理论和方法的运用,来对体育组织的协调进行研究,以达到预定体育目标的学科。管理体系主要由管理者、被管理对象和管理手段三方面构成,其研究对象主要包括管理者和作为被管理者的人和财、物、时间、信息,以及管理形式和方法等。

体育管理学的研究内容非常广泛,主要包括:体育管理的基本原理;体育管理的发展历史;体育管理体制;体育管理的职能;体育管理的过程和方法;各类体育的管理形式和方法等。这一学科的知识也是校园足球师资必备的专业知识。

第五章　校园足球师资胜任力研究

校园足球的开展与发展,在很大程度上取决于校园足球师资的情况,因此,这就要求他们不仅要具备一定的素质和知识,还要在此基础上,具有较强的胜任力。本章主要对校园足球师资胜任力的相关概念、校园足球师资胜任力模型、校园足球师资胜任力及培训等方面内容进行分析和研究,由此,来使人们对校园足球师资胜任力有一个初步的了解和认识,这对于校园足球的进一步广泛开展与发展是有积极意义的。

第一节　校园足球师资胜任力相关概念

一、胜任力

胜任力的提出与研究最早是在教育领域,后来才应用到了体育领域,胜任力在当时被抽象地理解为人的素质。对以前有关胜任力的外国文献的回顾发现,competence 和 competency 这两个术语应用于胜任力的研究。对此也有学者提出了不同的观点和见解:有的学者认为这两个术语依据差异性的具体情况,最终含义也会有所不同,有些学者提出了其他一些观点,例如,有人认为这两个术语将来会逐渐融合,有人认为这两个术语会逐渐合并,无须区分。因为与外国研究相比,中国在胜任力研究方面起步较晚,再考虑到语言问题,我们关于胜任力的理解也没有统一,通常会将其理解为资质、素质、能力、胜任力、胜任特征、胜任素质等概念。

胜任力的概念最早由麦克莱兰德(McClelland)于 1973 年提出。迄今为止,关于胜任力的定义尚无统一的意见。纵观世界,国内外有关于胜任力的理解和观点非常多。其中,具有代表性的观点如表5-1所示。

对以上国内外能力概念的不同观点进行分析,可以得出一些共同点,这些共同点如下:它是可以量化和度量的复合物;工作活动是基础;与表现有一定的关系;与工作环境有一定的联系;不是方法或过程,而是工作活动的结果;位置不同,差异程度也不同;具有可变性,可以通过学习逐步改善。

表 5-1　国内外具有代表性的胜任力定义

时间	学者	定义
1973	McClelland	那些在工作和生活中发生的事情,与这些表现出来的优秀的结果有着直接联系的特征、智能或能力。
1982	Boyatzis	他是一个人具有的特质、技能、社会角色或者是他自己的某些知识,它是这个人内在的且具有稳定性。
2008	Ennis	某些特定的职位成功的完成工作所表现出来的知识、技能、行为等。
2009	Koeppen	一个人在特定的情况或特定的领域下为了完成任务或者表现出某种状态,所必须拥有的认知能力。
国内		
2002	王重鸣	产生高绩效的优秀工作者所具有的知识、技能、能力、个性等。
2003	彭剑锋	它是所在具有高绩效的工作者以不同方式表现出来的个人的知识、技能、个性和内驱力的集合,而且这个集合促使着他们产生优秀绩效。
2011	萧鸣政	胜任力是指那些能够将高绩效和一般绩效区分出来的个体的潜在的或外显特征,这些特征可以被测量和开发,它是在某些特定岗位中高绩效工作者所必备的。

二、胜任力模型

(一)胜任力模型的概念

胜任力模型是人们以前研究能力的一些表达方式。

根据胜任力的概念,再加上对胜任力模型的理解,胜任力模型的概念可以定义为:员工在特定职位上需要具备的所有能力的集合,这是胜任力形式的组成。

进一步分析胜任力模型的概念,我们可以知道胜任力模型由两部分组成:一是外观,外在品质,这些品质易于衡量和评估,可以通过各种学习方法加以改变和改进。同时,这些品质也具有不可预测的特征,例如知识和技能;另一部分是隐藏的和深层次的素质。这种素质的主要特征是后天很难评估,后天经过努力获得这部分能力的概率很小,可以在很大程度上决定人们的表现和行为,例如价值观,态度,社会角色;自我形象个性,品质;内在动

· 140 ·

力；社会动机。

关于胜任力的组成有各种描述。其中，目前有两种模式被广泛传播并为人们所接受。一种是表克莱兰德（McClelland）的冰山模型，另一种是斯宾塞（Spencer）的洋葱模型。这两个是非常典型的代表。

1.冰山模型

McClelland 提出的冰山模型是用冰山来描述能力的。这是一种形象的概念表达方法，这种漂浮在水面上的冰山由两部分组成：一部分暴露在水面上，这一部分主要是指具有明显和可观察的特征的技能和知识；一部分隐藏在水下，这部分主要包括动机、特质、自我概念和价值观，这些方面是隐含的，具有不可预测的特征。冰山模型可以分为 6 个层次，其中水下部分可以分为四个层次，水上部分可以分为两个层次。

2.洋葱模型

洋葱模型是基于冰山模型经过不断改造而提出。斯宾塞（Spencer）和其他学者在麦克莱兰德（McClelland）冰山模型中参考了 6 个层次的胜任力划分。但是，这两种类型的冰山模型并没有因为经过改造而更改，但是原来的两个部分经过调整扩展为三个部分。其中，一部分是洋葱的表面，主要包含知识和技能；另一个是洋葱的中间部分，它包含社会角色和自我概念；另一个是洋葱的中心部分，主要包含特质和动机。对这三个方面的进一步分析表明，外在性越强，胜任力的发展就越容易，反之则难度就会更大一些。

（二）胜任力模型构建与验证

在了解了胜任力模型之后，就需要对其构建与验证进行分析，这是最基本的，也是非常重要的。

1.构建胜任力模型的方法

能力模型的建立过程实际上是对胜任力行为的一系列描述，然后对这些行为描述进行总结和整合。胜任力模型的建立与某些必要的方法是分不开的，否则就无法实现。通常，用于建立胜任力模型的方法主要包括行为事件访谈法、问卷调查法、评估中心法、专家小组法，等等。

2.胜任力模型验证方法

胜任力模型创建起来之后，还需要对这些模型做科学的验证，三种常用的验证方法如下所示：

（1）对"交叉效度"的验证。检查初步建立的胜任力模型中选取的内容，对第二个样本进行行为访谈，并处理访谈内容，以分析在模型中获得的结果是否可能与第一个样本的结果不同。

（2）对"构念效度"的验证。制定评估工具，测试已建立的胜任力模型中的项目，测试这些项目中第二个样本的关键组件，并检查胜任力模型中的高性能样本和一般绩效样本的结果是否显示明显的差异。

（3）对"预测效度"的验证。行为事件访谈法用于测试第二个有效性标准样本，并检查已建立的胜任力模型中各个项目的符合状况。评估标准为：满足要求的为高性能样品，或一般性能对样品进行培训，然后跟踪这些样品，并检查其在实际工作中的性能。

三、校园足球师资胜任力

（一）校园足球师资胜任力的概念

校园足球师资的胜任力是在校园从事足球教学和培训并有资格在学校组织各种足球活动的个人的潜在特征，以区分优秀的足球师资和普通的足球师资。技能、认知、个人知识、个性、价值观和其他潜在或明确的个人特征都属于这一范畴。

（二）校园足球师资胜任力模型

校园足球师资在校园从事足球教学和培训，并具有资格。可以将杰出的足球师资与普通的足球师资区分开的个人的潜在特征的总和，就是所谓的校园足球师资胜任力模型。

（三）校园足球教师高绩效标准

通过分析校园足球师资工作性质，在此基础上，将高绩效的校园足球教师的标准确定了下来，具体有以下几个方面。

（1）取得省级以上特级教师，骨干教师，优秀（模范）教师，教学专家，教学大师和教育优秀工作者的校园足球教师。

（2）曾获得教学卓越奖的学校足球教师。

（3）领导的团队赢得了校园足球地级以上比赛前3名的教师，或省级比赛的前6名。

（4）获得国家校园足球教师骨干训练证书的教师。

（5）具有C级及以上教练证书的校园足球教师。

第二节 校园足球师资胜任力模型研究

一、校园足球师资胜任力理论模型的确定

(一)校园足球师资胜任力模型内涵及理论假设

1.校园足球师资胜任力模型内涵

所谓的胜任力模型是工作所需的胜任力的最佳组合,并且与高性能紧密相关。它可以反映个人的深层次特征。因此,校园足球教师的胜任力可以理解为:可以产生高性能的校园足球教师的个人行为特征集。校园足球教师胜任力模型是与校园足球的发展和工作要求相匹配的校园足球教师胜任力的最佳组合。它反映了校园足球教师最深层的个性。

关于校园足球师资胜任力模型的内涵,可以从以下几个方面入手加以理解。

(1)校园足球师资,特别是指从事校园足球教学,课外训练、课外比赛、课外活动等活动的从业人员,教师、教练、讲师及有关管理人员都属于这一师资范畴。

(2)基于冰山模型能力理论,校园足球教师胜任力的深层特征是指个体的潜能和稳定特征,动机、个性特征、特质和社会角色属于这一类,其与校园足球可持续发展的要求是一致的。

(3)校园足球教师的胜任力特征对成绩有一定的预测作用,可以将高绩效与一般绩效二者区分开来,这对校园足球教师的考核、招募、培训具有方法学意义。

(4)校园足球教师所必需的行为特征是特定的,有针对性的,并且能够预测行为方法,通过这些行为方法,可以预测校园足球教师的表现。

2.校园足球师资胜任力模型的理论假设

通过分析校园足球教师胜任力模型的内涵,可以将校园足球教师胜任力模型的理论假设概括为三个方面:区分校园足球师资高绩效人才与一般绩效人才的能力;匹配校园足球老师的职位;校园足球师资独有的稳定以及潜在的个体特征。

（二）校园足球师资胜任力模型研究步骤

对校园足球师资胜任力模型进行研究，是需要按照一定的步骤进行的，具体如下。

（1）通过对校园足球教练进行实地考察，并与有关校园足球研究的专家学者进行磋商，在分析校园足球职位的基础上，确定了校园足球师资的高性能标准，符合以下标准之一的，可以视为高性能的校园足球师资：①曾获得省级及以上主要教师、优秀（模范）教师、教学卓越奖的校园足球师资；②曾带领队伍获得了校园足球奖的师资，要求县级以上前 3 名或省级以上前 6 名；③获得国家校园足球教师骨干训练证书的师资。

（2）在校园足球领域相关高级专家的小组讨论的基础上，在对校园足球教师职位进行分析的基础上，参考 McBer 通用胜任力词典，将校园足球教师能力模型的假设建立起来，具体来说，其可以分为 4 个维度、14 项胜任力。其中，成就动机包括成就导向、主动性、监控能力、信息收集几方面胜任力；个性特征包括自我调控、灵活性、影响力、人际理解力、服务组织几个方面的胜任力；认知能力包括分析能力和归纳能力；培养学生则反映了校园足球教师在制定长期培训计划的基础上对校园足球需求的分析，并积极地对培训对象采取积极的期望和积极的反馈，提供意愿和有影响力的帮助。

（3）问卷调查。以校园足球师资胜任力模型假设为依据，做出了对校园足球师资高绩效者与一般绩效者之间的差距的调查，调查采用问卷的形式进行，调查的标准分为：5 代表非常典型、4 比较典型，3 代表不确定，2 代表不太典型，1 代表不典型。

（4）对参加校园足球的管理者、教师、学生和运动员进行全面的问卷调查，收集和分析数据，验证校园足球教师的胜任力模型。

（三）校园足球师资胜任力模型的确立

通过科学的调查、分析与统计，可以将校园足球师资胜任力模型大致归纳为 12 项，主要包括：主动性、监控能力、成就导向、信息收集、自我调节、灵活性、人际关系理解、服务组织、分析能力、归纳能力、长期培训计划、人才培训的意愿和影响力等，以此为依据来区分高绩效人才和一般绩效人才。

二、校园足球师资胜任力模型的结构

(一)"校园足球教师"胜任力的模型假设

基于以上研究,假设校园足球教师胜任力的发展路线图如图 5-1 所示。e1~e12 是 12 个观察变量的残差项。成就动机、个性特征、认知能力和培养学生是潜在变量。同时,可以如下设置模型参数:每个残差项的方差为 1,每个潜在变量的任何观测变量的方差为 1。

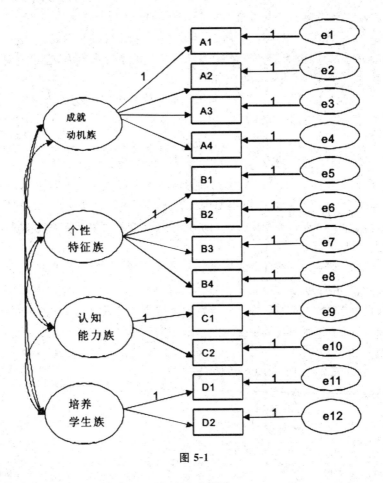

图 5-1

(二)校园足球教师胜任力模型结构解析

校园足球教师胜任力模型是由成就动机、个性特征、认知能力和培养学生四个维度 12 项胜任力组成的多维度结构,各维度之间是具有一定的相关性的,并且是正相关,其中培养学生与其他各族之间的相关性是非常高的。

首先,"以学生为本"的新课程理念为指导,"培养学生"在教学法、运动训练、足球教学和训练等方面充分体现校园足球教师的扎实专业知识。突出学生的主体地位和发展需要,科学地教育学生,可以制定长期、系统的足球训练计划,并在足球教学和训练中具有很高的专业评估和指导学习能力。

其次,成就动机可以在以成就为导向的指导下,反映出校园足球教师应对问题的主动性,获取最新知识和信息,以及开展校园足球活动的执行力,它是校园足球教师获得高性能的引擎和行动保证。

再次,个性特征可以反映校园足球教师情绪的自我控制能力、应对突发事件的灵活性、服务组织的奉献精神以及人际关系的理解力,它也是对校园足球教师其他胜任力的"精神"支撑。

最后,认知能力族可以反映校园足球对教师校园足球训练与比赛的分析能力、后备人才的识别能力和训练与比赛的归纳总结能力,为校园足球教师在其他能力中发挥作用提供智力支持。

具体来说,可以将校园足球教师胜任力的结构分为以下几个方面。

(1)培养学生。科学育人"以学生为本"的科学教育在校园足球教师胜任力模型中处于核心地位,可以集中体现出其他的胜任力。

(2)成就动机。强烈的成就动机是校园足球教师获得高绩效的行动保障和内在动力。

(3)个性特征。校园足球教师的自我控制和灵活的个性特征,可以在精神上支持其他胜任力的发挥。

(4)认知能力。专业的分析能力和归纳创新的总结能力可以在智力上支持校园足球老师的其他胜任力角色的发挥。

三、校园足球师资胜任力要素分析

(一)校园足球教师胜任力要素的收集

1.收集校园足球教师胜任力要素的步骤

胜任力要素的收集对于建立胜任力模型非常重要,胜任力要素收集的科学性、合理性以及客观性对后续研究工作的严谨性起到重要的决定性作用。

一般来说,获取校园足球教师胜任力要素的步骤主要有以下几个方面。

第一,在前面文献综述所获取的资料背景下,筛选出相关文献,从而对关于校园足球教师胜任力的研究进行收集,并且保证收集的全面性,然后,对获得的文献数据进行内容分析,并初步提取胜任力要素。

第二,通过专家小组来确定青年校园足球教师的高绩效标准,并使用该标准选择一名高绩效教师样本。然后,采用行为事件访谈法对一些高绩效教师进行访谈,并对访谈结果进行整理和处理,提取青年学校足球教师能力的要素。

第三,总结以上两种方法提取的胜任力要素,然后将总结的结果反馈给专家组。经过专家组评估,确定中国青少年校园足球教师的胜任力要素,这样能使确定的校园足球师资胜任力要素更加科学、合理。

2.收集校园足球师资胜任力要素的具体方法

(1)基于文献分析提取青少年校园足球教师胜任力要素。通过对相关文献的调查发现,国内关于"青少年校园足球教师胜任力"的研究很少,没有适合青少年校园足球教师胜任力的模型。究其原因,主要是因为我国全面开展校园足球活动的时间距今较短,相关学者和专家尚未从这一角度进行研究。通过以往的分析和研究,可以发现青少年校园足球教师具有"体育教师"和"足球教练"的双重特征,但通过文献搜索"足球教练的能力",发现相关的理论和研究少之又少。

通过文献分析法来进行校园足球师资胜任力要素的收集,一定要注意保证参考文献的准确性、有效性和全面性。具体来说,就需要根据胜任力要素的选择标准,首先排除综述和经验类的文献,其次排除研究对象不是中小学体育教师、足球教练、足球老师、教练的文献,最后阅读该摘要,挖出与收集胜任力无关的文献,以将其进一步排除。

通过对相关文献内容的提取,可以将出现频率较高的青少年校园足球教师胜任力要素归纳为以下这些方面(频率从高到低):教学能力、专业价值观和态度、成就取向、专业技能、人际沟通和理解、思想道德素质、组织能力、专业知识、灵活性、终身学习、领导能力培训、自我控制、团队意识、使用工具的能力、管理能力、信息获取能力、科学研究意识、比赛指挥能力、身体素质、特殊经验、概念性思维、分析性思维、以身作则、关注学生。

(2)基于行为事件访谈的青少年校园足球教师胜任力提取。通过与高绩效校园足球教师的访谈,了解校园足球教师在足球课和组织学校各种足球活动中的潜在或个人知识、技能、价值观、个性、认知或者明显的个人特征等。

根据提取的结果发现,胜任力要素的出现频率依次是:奉献、专业技能、教学能力、专业知识、奉献、创新、责任感、成就取向、人际沟通和理解、团队训练能力、情绪控制、主动、以身作则、经验、比赛指导、良好的心理素质、终身学习、公平正义。

(二)校园足球教师胜任力要素汇总

通过不同方法收集到的校园足球师资胜任力要素是有所差别的,上述两种方法的收集结果中,有一些要素是相同的,有一些是不同的。不管是用哪一种方法进行收集,所得到的校园足球师资胜任力要素都是不全面的,因此,为了使两者能有效互补,需要将这两种方法收集来的校园足球师资胜任力要素结合起来进行分析。

通过对这两种方法收集到的胜任力要素的对比,可以发现这两种结果中,相同项目有专业技能、教学能力、专业知识、责任感、成就取向、人际沟通和理解、领导能力、主动性、终身学习、自信、影响力、组织管理能力、身体素质、团队能力、意识、竞争力、获取信息的能力、培训学生;不同的有奉献、创新、情感控制、以身作则、经验、竞争指导、良好的心理素质、公平正义、分析能力、反思能力、归纳能力。

可以看出,这两种方法收集的大多数胜任力要素是相对一致的,但是由于行为事件访谈法获得的一些胜任力要素的表达,其表达较为片面,这里就将两种方法获取的要素综合起来,共获得 36 个胜任力要素,包括:教学能力、特殊经验、成就取向、人际沟通和理解、思想道德素质、组织协调能力、专业知识、灵活性、终身学习、团队训练能力、自我控制、团队意识、专业技能、工具掌握能力、信息获取能力、比赛指挥能力、身体素质、职业价值观和态度、概念性思维、分析性思维、讲道、侧重于学生、基础知识、主动性、自信、管理能力、努力工作、责任感、科学研究意识、培训学生、影响力、建立关系、洞察力、决策能力、竞争力、外语。

但是,经过相关专家学者的进一步讨论与分析,最终,得出了这样的结论:专业经验应属于专业知识。由于理论世界将经验视为经验知识,因此专业经验应归类为专业知识。一些专家认为,责任感和吃苦耐劳应归因于专业价值观和态度。决策能力应归入概念性思维,关注学生应归入培养学生,校园足球教师的胜任力不应包括外语,言传身教应被列为影响力。由此,最后将上述 36 个校园足球师资胜任力要素归结为 28 个,下面就对这些要素加以简要解析。

1.教学能力

具体来说,这意味着校园足球教师可以参与并胜任校园足球课的教学,并为学校的各种足球活动提供指导。

2.职业价值观与态度

具体而言,它指的是校园足球教师专业的知识和态度,在自己的工作中具有很高的理想目标并将其付诸实践。

3.成就导向

具体是指设定目标、挑战自我并追求卓越,努力把校园足球教师工作做好。

4.专业技能

具体而言,它指的是在工作中具有较高理想目标并付诸实践的校园足球教师的专业知识和态度。具体是指校园足球教师展示其在教学过程中的行为,掌握强大的足球技能和其他运动技能的能力,以及将这些技术应用于体育活动的能力。

5.人际沟通与理解

具体是指在人际交往过程中能够倾听或欣赏他人的各种想法、思想和感受,可以使用适当的方法与不同的人进行交流,清楚地陈述自己的观点,并完全表达出自己的想法,与学生、家长和同事进行有效的信息交流。

6.思想道德素质

具体来说,这意味着要拥有良好的道德文化、健康的意识形态情感、正确的政治方向和远大的理想抱负。

7.组织协调能力

具体而言,它指的是有效控制、激励和协调学校中小组活动的能力,以便小组中的个体可以相互融合以实现相应的目的或能力。

8.专业知识

掌握足球项目和体育教师等工作相关的知识,教育学知识、心理学知识、体育学知识等都属于这一范畴。

9. 弹性

具体是指校园足球教师与不同同事、团体,在不同环境工作时的适应能力,具有较强的心理承受能力和自我调节能力。

10. 终身学习

具体而言,它是指校园足球教师为了适应社会发展并实现自己的追求而不断学习的过程。这个过程贯穿他们一生。

11. 带队训练能力

具体是指校园足球教师在培训活动中制定有效的培训计划、实施培训计划、监视培训过程、监视培训负荷、防止伤害等,并且可以使用各种方法和手段来解决培训中的问题。

12. 自我控制

具体是指校园足球教师在压力、愤怒、诱惑等状态下,可以对自己的情绪进行控制,并能有效抑制不良情绪的产生。

13. 团队意识(足球精神)

具体是指与他人合作,为了团队目标和自己的梦想不断拼搏,面对逆境永不低头、沉着冷静。

14. 掌握和运用工具能力

具体是指能够熟练运用现代教学的教学仪器,学习并能快速使用先进体育设施的能力。

15. 自我管理能力

具体是指他们能不断地向优秀的校园足球教师看齐,明白自己与优秀的校园足球教师之间的差距,将工作标准制定出来,并将其付诸行动。

16. 信息获取能力

具体是指能够从多种渠道获取信息,并对与教学和其他活动所产生的信息具有较强的获取意向和愿望。

17. 科研意识

具体是指根据自己所拥有的信息不断探索教学、教育或运动中的未知领域,并不断创新以发现或产生有价值的新事物或新思想的能力。

18.比赛指挥能力

具体是指在了解团队和对手的实际水平和特点以及球员的状态和特点的基础上,有效组织针对不同对手的进攻和防守,现场指挥不断解决问题,掌握比赛的主动性,以确保团队的现场表现是最好的。

19.身体素质

具体是指进行教学示范或课后活动所需要的身体素质,主要包括身体健康,富有精力、速度、敏感性和协调性。

20.概念性思维

具体是指能够使用分析、综合、归纳和其他方法来处理问题或事物,在事物表达的情况下寻找规律性、相关性或基本问题的能力,并能够清楚地表达它们。

21.分析性思维

具体来说,当他们处理一些更复杂的事情时,可以将其分解为几个部分或层次进行处理。

22.基础知识

具体是指具有博大精深的科学基础知识,如语文、数学、科学等。

23.主动性

具体是指校园足球教师在进行教学、培训、团队训练等活动时,可以在没有监督和要求的情况下认识到工作中的问题,并积极主动地解决问题。

24.自信

具体是指相信自己有能力完成某项任务或解决某项问题。

25.培养学生

具体是指关怀和关注学生,愿意培养他们成才,并通过教学和教育促进他们的成长。

26.影响力

具体来说,就是让他人以合适的方式接受自己的思想或行为的能力。

27.关系建立

具体是指校园足球教师可以使用各种方法在工作中或其他时间建立良好的人际关系,以帮助自己完成任务。

28.竞争意识

具体是指在工作中自己所在的团队有胜过对方的想法和干劲。

第三节　校园足球师资胜任力及培训

一、校园足球师资胜任力的内容

校园足球师资胜任力包含的内容是非常丰富的,根据校园足球教学的不同需求,或者根据校园足球师资的水平,可以将校园足球师资胜任力分为两种,一种是校园足球师资基准胜任力,一种是优秀校园足球师资胜任力。

(一)校园足球师资基准胜任力

校园足球教师基准胜任力是指作为合格的校园足球教师工作所需的基本要求。这些能力包括很多内容:竞争意识、基础知识、终身学习、科学研究意识、自信心、身体素质、使用工具的掌握能力、团队意识、专业技能、人际沟通和理解、组织协调能力、管理能力、职业价值观和态度、思想道德素质。

1.思想方面

从思想层面上来说,作为校园足球师资,首先应对从事的校园足球教学与训练活动职业有一定的理解和态度,以及对职业目标的渴望和追求,通常表现为对工作的热爱,奉献,淡泊名利,努力工作等,其次是良好的道德修养、健康的心理情感、正确的政治方向和远大抱负。

2.知识掌握方面

对于现代校园足球教师来说,要具备专业知识,还必须具备广泛的知识面,这样才能更好地满足学生的求知欲和现代教育教学的需要。

3.意识方面

随着时代的飞速发展,旧有的知识加速陈旧,新的知识在不断涌现,那种"一朝学成而受用终身"的观点早已过时,所以校园足球师资应该具有终身学习的科研意识。

4.身体素质方面

良好的身体素质也是成为一名合格的体育教师最基本的职业要求,是开展体育活动的重要条件。没有强壮的体魄,他们就不能胜任体育教师的工作。良好的竞争意识和团队意识不仅是参与足球教学与训练的学生必须具备的重要条件,校园足球教师作为他们的导师,也必须具备这样的能力。

5.沟通交流方面

在人际交往过程中,校园足球教师不仅可以倾听体验他人的思想、想法和感受,还可以了解不同个人和群体之间的文化习俗和信仰差异,与不同的人进行适当的交流,明确表达自己的观点,表达自己的想法,并与学生、家长和同事建立有效的信息沟通。

6.实践能力方面

校园足球师资应能有效地控制、鼓励和协调学校的群体活动,使群体中的个体能够相互融合,达到相应的目的或能力。此外,在现代教育技术的飞速发展中,许多教学仪器被生产和使用。因此,在教学过程中熟练使用教学仪器,使用先进的体育设施,也是校园足球教师所需要具备的一项重要能力

(二)优秀校园足球教师胜任力

相较于校园足球师资的基准胜任力来说,校园足球师资的进一步发展还需要具备更加优秀的胜任力,具体包括以下几个方面。

1.动机与行动

动机与行动能够将校园足球师资成就导向、主动性、信息获取能力充分反映出来,其能够有效保障校园足球师资在工作中获得高绩效的推动力和行动。成就导向是指做好校园足球各项工作,在成长过程中为自己设定具有挑战性的追求卓越的目标,以实现不断创新的目标;主动性是指校园足球教师在工作过程中积极认识问题,并采取措施积极或提前避免或解决这些问题;现代社会是信息社会,这就要求校园足球教师充分掌握信息资源的主

动性,以确保他们在各种比赛中获胜。

2.认知能力

认知能力所反映的主要是校园足球师资的概念性思维、分析性思维、专业知识,其能够从智能方面入手,有效支持校园足球师资对工作的胜任。专业知识主要体现在体育知识和专业教育知识上。作为校园足球教师,具备足球专业知识,是校园足球教师教学的首要条件。概念思维和分析思维主要体现在教学、训练、竞赛和活动中的归纳和分析能力。

3.个人特征

个人特征能够将校园足球师资的自我控制和弹性充分反映出来,其能够从精神上来支持校园足球教师对工作的胜任。具体来说,自制力体现在足球教师精神饱满、情绪稳定和消除不良情绪上;灵活性体现在足球教师良好的心理素质和心理调节能力上,能够灵活应对突发事件,冷静面对压力。

4.业务能力

业务能力能够充分体现校园足球教师在教学、带队训练和比赛指挥等方面的能力,其他能力也将集中体现在这些方面。具体来说,校园足球教师的教学能力可以体现在课前对教学内容的把握、对学生学习能力的诊断、教学目标的制定、教学过程的组织、行动的示范和解释、对学生的控制等多个方面;带队训练能力主要体现在训练计划的制定、训练内容的落实、训练手段的选择、队员能力的控制和伤害的预防;比赛指挥能力要求校园足球教师全面了解和掌握球队和对手的实际比赛水平、比赛状态和球员状态,然后针对不同的对手做出有效的安排,现场指挥不断解决比赛中的问题,掌握比赛的主动权,使球队在现场发挥到最佳状态。

5.影响他人

影响他人能够将校园足球教师的影响力、关系建立、培养学生充分反映出来,其在校园足球师资的工作中作用显著,可以将其看作是校园足球师资工作中的"核心"和"桥梁"。培养学生是校园足球教师工作的核心。校园足球的根本目的是促进学生的全面发展,培养人才,促进我国足球事业的可持续发展,以培养学生为出发点和承担校园足球教师各项任务的责任;影响力和关系建立则起着桥梁的作用。

二、校园足球师资胜任力的培训策略

针对校园足球师资及其胜任力的现状，为了更好地提高校园足球师资的胜任力，保证校园足球的有效开展与发展，需要采取相应的措施来做好校园足球师资胜任力的培训工作。具体来说，可以从以下几个方面入手。

(一)树立发展性思想意识

意，即自我的意思。识，就是认知，认识。意识，代表个人的独立性，它是主观存在的唯一坐标。并非所有的意识形态都能产生积极的影响，只有那些正确的意识形态才能指导客观事物，在看待问题上，要想取得进步，也必须学会并做到用发展的眼光看待问题。

1.学校领导要在思想认识上提升，转变旧有观念

为了开展和发展校园足球，提高人们对足球训练的思想认识，转变学校领导观念，激发校园足球教师的积极性，是处于关键性地位的。学校领导要对包括足球在内的整个体育都加以重视，并且选派优秀的足球师资参加培训，这是培训成功的基础。

一方面，首先要明确政府、学校、培训机构、师资之间的关系，然后对其进行恰当的梳理与处理，使各方面都能够依法依规积极开展校园足球师资培训。

另一方面，学校领导者应从自己的想法入手，以增强他们的思想意识并增强学校的主动性。学校不仅要大力支持校园足球教师外出学习，还必须采取相应的激励措施，鼓励他们积极参与教育培训。合理营造适合校园足球教师特点的学习环境，才能保证校园足球教师培训的有效实施。

2.对校园足球师资工学矛盾进行妥善处理，使"两个主动"意识得以增强

参加训练的校园足球教师应减轻思想负担，妥善处理工作与学习之间的矛盾，积极参加训练，学习新知识，更新知识结构是成功训练的动力。此外，学校应根据他们的身体状况、工作位置、工作时间、学习环境和家庭条件，制定一套与校园足球教师的实际情况相符的教育和培训计划。这种影响还为提高工作和学习效率提供了相应的便利。内化"两个主动"意识，首要任务就是要使校园足球师资的"学习意识"得到有效增强，将他们的学习兴趣有效激发出来，使其能够自觉参与教育培训行动。校园足球师资必须具有这样的思想意识：如果不及时更新理论知识和工作技能的知识结构，我

们将无法与时俱进，将被社会淘汰。因此，这需要定期参加教育培训以提高综合素养。同时，将理论与实践相结合，为以后的校园足球工作汲取知识和技能。第二，培训机构必须具有积极的"服务意识"。纠正学校态度，规范学校办学行为，协调教学管理，优化课程设置，增强办学效果和针对性，切实承担继续教育的社会责任和义务。

（二）设定多元化培训目标

培训目标是培训取得效果的前提，只有根据既定的科学且具体的培训目标，才能使校园足球师资培训的效果得到保证。需要强调的是，学员在需求、原有的知识经验与足球技能水平等方面都存在着一定的差异性，因此，这要求培训机构和教师在设定培训目标时考虑多样性特征。同时，在具体的培训过程中，教师应注意实现目标的过程。

1.落实"三维一体"的目标

校园足球教师的训练目标不仅可以有效指导整个足球的理论和实践训练有明确的方向，而且对足球训练的全过程都有相应的影响。在进行校园足球训练时，与校园足球相关的训练要求教练员充分掌握训练目标、教学内容、教学目标、教学条件等因素，着眼"三维目标"，训练校园足球教师全面发展，并整合三个维度的实现是校园足球教师培训的灵魂。实现"三维目标"的动态整合是校园足球教学与训练的目的。

在校园足球教学中实现"三维目标"是一个动态整合的过程。知识和技能的学习基础主要有两个方面：一个是过程和方法的实现，另一个是情感态度和价值观的实现。过程和方法、情感态度和价值目标与知识和技能的学习是密不可分的。体育教育面临着完整的教学理念，"三维目标"主要体现在校园足球训练的个性化、全面发展和终身发展上。因此，不能从上下文中人为地解释学生的总体发展目标。在整个校园足球训练课堂教学中，必须妥善处理好这三者之间的关系，以保证校园足球训练教学的有效性，促进校园足球训练的顺利进行。

校园足球师资的培训过程中，"三维目标"之间并不是相互独立的，而是有着密切联系的，它们之间相互影响，能够组成一个不可分割的有机整体。知识和技能的目标是强调校园足球教师对基本知识和技能的掌握。过程和方法的目标是强调校园足球教师的"学会学习"与"学会合作"，在训练过程中掌握知识和技能，学会与他人合作，掌握一定的学习技能。情感态度和价值观的目标是强调受过训练的足球教师的情感需求和心理发展，使他们能够从学习过程中体验和学习知识。

2.要对目标达成的过程特性引起重视

在校园足球教师的培训过程中,由于受过训练的校园足球教师的知识水平和学习能力的差异,学习态度和理论价值存在分歧。对培训中相同的教学目标和相同的教学内容在认识和理解上都将有所不同。同时,参与培训的校园足球师资在学习知识消化能力上也是有或大或小的差异性的,这就要求在进行培训时,有关部门需要更合理地制定培训内容和目标。还应根据受训者的情况适当修改或调整培训讲师的教学计划,以尽可能地适应变化的受训者。校园足球教师培训讲师需要及时处理各种矛盾。此外,教学目标在具体实施过程中具有动态方面。教学目标的动态性质给校园足球教练带来了新的使命和艰巨的挑战。同时,校园足球训练也为校园足球教师提供了创造空间,这也有助于激发他们的学习潜力。

需要注意的是,在培训之前所制定的校园足球培训的教学目标并不是固定不变的,是可以进行适当调整的。在校园足球训练过程中,参与校园足球教师的学习情况、学习状态和教学场景可能随时发生变化。当参与校园足球教师的学业状况发生变化时,有必要对教师进行培训,以根据他们自身的经验和智慧对预期的教学目标做出适当的调整,以鼓励即兴互动的师生互动。评估足球训练和教学质量的标准不仅仅是查看是否已达到预定目标,关键还取决于培训教师的教学效果。因此,这就要求培训过程中,一定要对参与培训的校园足球师资的学习状态与导师灵活处理问题的能力加以重视,因为其是校园足球培训活动成果的关键。

(三)开辟系统化培训内容

根据参与培训的校园足球教师的需求,我们将通过划分系统、子行业、开放的理论水平和专业技术水平,促进校园足球教师的"系统"培训。"系统性"训练应反映体育学科的特点,同时要结合校园足球训练类型的特点,让参与培训的校园足球师资能获得更多的教育机会,使其与师资培训的实际需求更一致、更具体、更有针对性。具体从以下两方面着手。

1.构建理论与实践相结合的培训内容

实践是检验真理的唯一标准。但是,理论与实践的结合始终停留在表面上,尚未深入实施,这限制了理论的发展。目前,校园足球训练机构的教师对基层学员的教育背景缺乏认识,对职业素养的理解水平较低,对职业素养的判断较为理想。因此,这将很难在教学老师的专业指导与学生的实践之间找到联系。因此,无法实现理论与实践的结合。在校园足球训练课程的设置中,导师找不到学生的真正需求,而学生也找不到与他们的实际情况相对应的要点,这就无法将他们的学习积极性与主动性调动起来,从而使他们在培训时容易出现注意力不集中、上课瞌睡、玩手机等现象,最后所收到的培训效果必定不会好。另外,在校园足球师资的培训过程中,授课教师也往往存在着没有做好充分准备的情况,比如,备课不足、对讲解的知识点理解不够深入等,这样就会导致对很多知识点照本宣科,缺乏深层次的解释与分析,更谈不上理论与实践相结合了。因此,在培训过程中,授课教师应全面了解参训学员的基本情况,针对学员的实际情况安排教学内容,做到理论与实践相结合。

2.培训资源要加以充分利用并进一步开发

做好校园足球培训并不是凭空就能进行的,需要具备一定的前提条件,而培训资源是必要的基本前提之一,也是校园足球训练的基础。对于培训机构而言,有效利用内部培训资源是其主要方式之一。培训资源的开发可以从三个方面进行。首先,坚持整合内部教育资源、内部组织资源以及在线教育和培训资源。其次,建立内部培训师资队伍系统,强调"校本"教师培训,加强内部培训或将其派往外部学校,以提高内部师资队伍的整体素质,而学校应利用足球技能作为学校的"全面的员工培训"以及对教师的定期评估和评估。第三,除了培训机构之外,还要聘请其他兼职培训教师。雇用培训教师必须首先全面评估其培训和教学经验、特殊技能和个人综合能力,然后根据培训需求进行筛选,如果这项工作做好,将会对培训机构的资源开发产生积极影响。

(四)开展多层次培训方式

多层次培训方式,就是根据学员的知识储备水平、专业技能水平、年龄等指标对学员进行培训,针对不同级别的学员量身定制具体的学习目标,采用不同的教学方法。这种训练方法是为了提高学员培训积极性,以及对进一步提高校园足球培训质量都是非常有帮助的。

调查了解到,目前参与过培训的校园足球师资所占比重非常小,只有十分之一左右,导致这一现状的一个主要原因就是培训资源的缺乏。因此,大力加强校园足球教师培训,开展多层次培训方式,提高业务水平是非常重要且必要的。

1.国培与省培相结合

"国培"是"省培"的战略指导,"省培"是"国培"的精神传承,两者相辅相成,缺一不可。为了更好地做好师资的培训工作,相继启动了"省培计划""国培计划"项目,相对而言,从组织结构、专家团队、业务指导和资源建设等方面来看,国培的专业性较强,信息量更大,资源获取便捷。但是,也存在缺点,例如范围相对狭窄、培训目标不足以及培训人数通常非常有限,特别是对于通常缺乏机会的农村地区的教师而言。"省教育计划"与基层的实际情况联系更加紧密,"国民教育"的这一缺陷得到了有效弥补,但仍有许多地方需要进一步完善和整合。"省级培训"需要学习"国家培训"在培训师资、培训内容、组织管理等方面的优势,紧密结合每一批学生的实际需求,从培训的各个方面实施培训的建设。结合实际情况,积极做好"国培""省培"的紧密结合,使培训的效果得到有效保证。

2.地方足球协会与地方教育部门培训相结合

因为"国培"和"省培"的数量有限,所以开辟"地方"培训是对"国培"与"省培"的补充。要将地方优势充分发挥出来,使地方教育行政部门与地方足球协会联合进行地方足球师资培训。地方教育行政部门要想方设法,尽可能为校园足球师资提供更多的学习机会。安排一些优质师资讲授足球理论、观摩本地区优秀的教学体系、训练体系、管理体系、课程设置,观摩校园足球教学的优秀案例等。地方足球协会注重"训",安排一些优质教练讲授足球技战术,提高学员实战能力,满足学员需求,丰富学员培训方式等。

(五)搭建培训师资专业发展平台

1.构建授课教师数据库体系

在目前的授课教师中,大部分来自体育教育专业。大部分师资在科研领域都是佼佼者,能够给予参训学员最前沿的学科理论知识。但是,他们也存在着一些不足之处,比如,对足球专业技术、对足球的未来发展知之甚少。因此,必须建立一支结构精良、职业素质高的足球训练队。因此,培训机构可以寻求教育行政管理和社会力量的支持,突破有限的培训教师的角色,平衡各个领域、专业和水平的老师,并努力建立一支由优秀的足球老师、教育管理者和健康人士组成的团队。由优秀足球退役运动员组成的著名一线专家教学团队数据库体系。

2.将国内外高层次的培训师资引进来

国外的专家在思路和方法方面往往能做到有效创新,这就给我国足球师资培训工作带来了新鲜内容，由此，能够有效激发出参训学员在授课方式与训练方法等方面的兴趣和主动性，获取更多的经验。在足球师资相对紧缺的情况下，培训机构采取一系列的积极鼓励政策来达到增强授课质量的目的，比如，增加报酬和颁发荣誉证书，这样也可以达到吸引国内外高水平足球专家和体育教育专家进行教学的目的。

3.建立健全网络信息研修平台

培训还需要建立一个在线培训平台。通过相关的网站、培训专栏、微信平台和 QQ 交流小组，学员可以获取国内外校园足球发展情况、校园足球培训视频资料、校园足球教学技术指导资料等方面的信息。受训人员继续通过培训建立的"培训网络平台"加强交流，并将新思想和新知识内化到内心，并内化到教学培训中。这样，校园足球师资在今后的工作实践当中积极开展自学自练，提升执教水平，为校园足球事业的发展提供有效的助推力。

（六）建立多层次监管体制

校园足球师资培训确保有效，需要具备的一个重要前提条件是建立较为完善的校园足球培训的监管机制。校园足球培训在相关保障机制的共同作用下，才能发挥校园足球培训的正常功能，各级教育行政部门应该增强管理力度，严格按照标准执行，才能合理利用资源，消除资源浪费现象，才能取得满意和良好的培训效果。

1.建立健全有效保障机制

校园足球培训的保障机制是正常开展校园足球培训的基本条件。建立和完善有效的校园足球培训保障机制，首先需要确立校园足球培训目标，目标的制定要因地制宜，实事求是。具体来说，可以采取以下几个举措：第一，将培训教师主人翁的地位确定下来；第二，改革和完善校园足球培训管理体制；第三，建立有利于激发教师积极性的校园足球培训管理制度。

2.建立多层次监管平台

建立足球师资培训的监管平台，加强对足球师资培训的监管是足球培训的长效机制。目前，各级足球师资培训存在因监管不到位而导致的一些问题。因此，建立足球培训监管平台就成为我国各级足球师资培训过程中的当务之急。从当前形势来看，针对监管平台，可以建立国家级监管平台和省级监管平台。国家级监督平台主要监督国家培训和省级培训这两部分。

省级监督平台可以监督省级培训和地级培训。监督平台需要检查培训机构和培训学校是否有资质,能否满足培训要求,以及检查培训教师是否满足要求,监督整个培训过程和教学过程,并在整个培训期间对学员进行跟踪调查。因此,这就要求在建立监督平台时,一定要使我国足球师资培训持久有效的重要机制得到有效保证。

第六章　校园足球师资培养的理论及发展

校园足球教师是开展校园足球各项活动的主导者和主体之一,起到的作用是非常重要的。打造一支素质过硬的校园足球师资队伍对校园足球活动的可持续发展来说意义重大。为此,本章就对校园足球师资培养的理论及其发展进行研究。

第一节　校园足球师资培养的现状

校园足球师资的职前培养主要指的是学历教育,也就是指教师经历高等教育的过程。一直以来,高等体育院校都是我国学校体育师资主要的培养基地,其所培养的毕业生是我国各类学校体育教师的主要来源。下面主要对我国高等体育院校和高校体育专业体育教育和运动训练专业培养目标、培养模式、培养流程等进行分析。

一、校园足球师资

对于培养体育教育或运动训练等专业人才来说,确定主导思想应是非常谨慎和复杂的,只有这样才能确保将他们培养成为"一专多能"的应用型复合人才的目标不动摇。足球专项人才培养作为体育院校人才培养的一个主要专项之一,对于已经将发展足球运动作为一项国家战略的大背景下是相当重要的工作。当前,校园足球活动开展越发广泛,开展面逐渐拓宽。此时,应当利用体育院校体育教育专业和运动训练专业这两个人才培养平台,为校园足球师资培养发挥重要作用。

二、校园足球师资培养模式

我国体育院校对体育教育和运动训练专业的足球专项生的培养所采取的是训练培养模式。这一模式是受"技术理性"的支配,力求培养学生成为日后社会期望的足球领域的"技术员"。该模式的特点为注重实践训练,练就学生掌握足球运动娴熟的技战术和其他足球综合技能。同时以前我国体育院校人才培养模式又可以称为是一次性的模式,也就是说学生从进入高校接受系统培养直到进入工作单位之后,均不再接受同样的专业系统培养和训练。

三、校园足球师资培养流程

在对我国共 28 所处于不同地区和不同类型的体育院校进行的调查后发现,目前我国体育院校的人才培养流程主要有招生流程、教育培养流程和毕业生就业流程三个。作为其中一类的足球专项学生来说,也要经历这一系列的培养流程。流程过后经考核合格后,方可走向用人单位,胜任各类相应岗位。

(一)招生流程

现阶段,我国体育院校的足球专业招生的方式主要有两种。一种为通过由体育教育专业招生考试渠道选拔的学生,另一种为通过运动训练专业考试渠道选拔的学生。然而从实际来看,体育院校的体育教育与运动训练两个专业招生是有一些区别的,具体为招生对象、招生专业、考试形式和录取政策这四点上。不过,这两个专业的招生流程基本是相同的,都要经历一个招生简章的公布、报名、资格审查、考试、录取和公布录取信息等几项组成的流程。

(二)教育培养流程

对于人才的培养来说,教育培养流程是其中非常关键的一项,这也是决定人力资本价值得以提升的环节。教育培养流程由人才目标和培养规格制定流程、教学计划制定流程、教学运行流程、教学评价流程等若干分流程构成。

培养规划是所有学校为实现培养目标而制定的具体行动计划,计划中的内容也是为了达成最终的目标而设计出来的。如此来看,针对培养规划进行的管理工作就由培养规划的研究、制定和实施三个部分组成。学校培养计划的制定往往会受政府的宏观指导、社会发展现实和教育教学规律等多方面的影响。

对于教学计划的管理来说,其任务具体是在培养规格下制定学生培养目标;制定在遵循国家关于体育院校足球专业学生的相关规定下适于本学校实际的教学工作计划;指导学校教学中教学活动、课外活动、课表编排和课时分配等全方面工作;组织管理相关教师与工作人员具体落实工作。

教学管理是所有学校工作的重点,它是学校工作的核心。一个学校的管理水平如何直接决定了它的教学质量,由此也决定了从这里走出去的人才的综合质量。再从具体的角度上来说,学校的教学管理的重点是课堂管理,包括合理配置以及高效使用教育资源。教学的运行管理分为教学过程管理和教学行政管理。课程管理的具体内容主要有制定教学大纲、课堂教学组织、实践性课程的组织、训练的组织、教师管理、教学资源管理和教学档案管理等。

教学评价,是以科学的方式和手段对学生的学习过程和成果以及教师的教学过程和效果进行的价值判断。由此可以看到,所谓的教学评价实际上包括对学生的学习情况和教师的教学情况两方面的评价,而不单只对学生学习情况的评价。

(三)就业管理

对于现代高校来说,针对学生开展的就业管理不是一项简单到只是发放三方协议和提供就业信息的事情。现如今,高校的就业管理工作已经大大拓展,而且大有向着更加深入的纵深发展的趋势。体育院校作为体育运动专业院校,自然在就业管理工作上有更多的建树,如此才能为广大体育专业毕业生拓宽就业途径和增加就业机会。为了适应社会的发展需求和文化发展需求,众多体育院校不断尝试设置更具实用性的专业。在体育院校中较早设立的专业有体育教育专业、运动训练专业、社会体育专业,而在社会不断发展的今天,还涌现出了更多更新的体育形式,为此,体育院校也适时增设了公共事业管理(体育方向)、体育新闻、运动人体科学、体育英语、休闲体育等专业。增添的众多专业无疑使专业学生的所学更加与社会实际需要相适配,让他们的就业更加多元化。统计显示,体育院校毕业生大部分的职业方向是体育教师,然而在现代越发注重学生专项成长的文化背景下,普通体育教师的职业路途走得并不顺畅。在 2015 年的《中国足球改革发展总体方案》出台后,我国急需大量的校园足球指导者,显然这为体育院校毕业生(足球专项)提供了有一个就业机遇。体育院校毕业生补充到校园足球师资中固然是一件好事,但需要明确的是校园足球师资与普通的体育教师还有很多不同,其中最大的不同就是他们所肩负的责任,或是说工作内容。所以,一旦学生立志未来要从事校园足球教师这一职业后,就要从入学开始为自己规划将来的发展方向。体育院校的就业辅导部门也要适时地、经常性地对这类学生进行就业指导,为学生的就业从知识、能力、素质、身体和心理各方面做好充分的准备。

第二节　校园足球师资培养的基本理论

一、校园足球师资、校园足球教师、体育教师的概念

（一）校园足球师资

首先，确定属的概念，即可以确定的是校园足球师资也是师资的一种类型。我国是一个有着非常良好的尊师重道传统的国家，在历史上也曾有过众多思想家、教育家、政治家对教师这一行业做出定义。在阅览一些古籍后，可以发现其中有些就表述了"师资"的概念。有一种定义为"可效法及可引为鉴戒的人"，如老子曰："善人为不善人之师，不善人为善人之资也。"对这句话的解读可以为：善人是不善人的学习的榜样，而不善人则是善人吸取经验教训的反面教材，师与资之间存在一种相互转化、相互依存的关系。还有一种是指"能胜任教师职务的人"，如宋代范仲淹曾说："臣闻三代盛王，致治天下，必先崇学校，立师资，陈正道。"这里的"师资"就是狭义上的具体的教师。《中华人民共和国教育法》中也对教师做出了定义，认为教师是履行教育教学的专业人员，承担教书育人，培养社会主义事业建设者和接班人，以提高民族素质为使命。从广义上讲，教师是那些能够给他人传授知识或技能的人；从狭义上讲，教师是接受过专门教育和训练的人，并在教育中担任教育和教学工作的人。

其次，确定种差。对于校园足球师资来说，它的种差是以校园足球活动为主要工作任务的。除此之外，对校园足球师资概念的确定还不能忽视了时间因素，即应当包含现在或将来所有从事校园足球工作的教师。

这样一来，在属概念和种差的交叠下，就形成了校园足球师资的概念，即指现在或未来以校园足球为主要工作任务，并承担相应的教学训练工作的人。

当概念确定之后，就要开始确定概念的内涵和外延了。校园足球师资的内涵反映的是其本质，即承担校园足球活动相关工作的人。外延则是这一反映出的外在整体。任何校园足球活动都是由众多元素构成的系统，在这个系统内存在众多岗位，这些岗位彼此间要相互配合，如此才能实现系统功能的正常运转以及系统目标的实现。这也是校园足球师资的外延概念与传统师资概念的不同之处，在外延概念中，校园足球师资还囊括了与之相关

的管理人员和保障人员。校园足球师资的内涵和外延带有一定的稳定性，但即便如此，也不是说这其中的元素就一定不能出现变化，所以它也具备一定的可变性。激发它的可变性的，是在长时间和更广泛空间范围内的环境的变化带动其发生的改变。

(二)校园足球教师

2013 年，国家体育总局和教育部联合推出了《体育总局、教育部关于加强全国青少年校园足球工作的意见》(以下简称《意见》)。该《意见》明确提出了各校园足球布局城市的工作要求为在实际需求下争取用 3 至 5 年时间落实校园足球定点学校中至少配备 1 名足球专业教师，同时打造出一支专兼结合的足球教师队伍。

校园足球教师，是指受过足球专项教育且能在学校中向学生传授这些知识或技能，以发展学生的体质，培养学生足球的兴趣和爱好为目标的足球专项技能教师。校园足球教师的主要职责就是指导和组织校园足球教育和活动的开展，他们作为这项工作的主体之一，是校园足球活动质量的决定性因素。具体到实际的足球教学与活动的组织工作中，足球师资要利用他们丰富的足球理论知识和实践指导能力承担起足球课堂教学、足球课外活动、足球专项训练等活动，甚至在有比赛时有足够的临场指挥的能力。具体来说，校园足球师资的工作任务有以下几项。

(1)将足球理论知识和运动技能等传授给学生，并且注重对学生足球运动兴趣和终身体育意识的培养，以此调动学生参与足球运动的积极性，让他们爱上足球，并乐意做足球运动的推广者。

(2)校园足球教师是新课程标准制定的决策者之一。处于教学一线的校园足球教师接触的学生众多，由此他们对处于不同阶段的青少年的身心特点有着较为清晰的了解，在此情况下制定的足球课程、教学内容、教学方法、考核标准及评价方法等都更有说服力和符合现实教育需求。

(3)在有需要的情况下，校园足球教师还要承担一些普通教师的工作，如组织学生进行课间操活动、负责学生日常事务管理工作、对学生进行思想教育工作等。

(4)校园足球教师需要承担足球科研任务。具体的足球科研任务有校级、省部级等级别的科研项目；发表足球运动相关论文或文刊，这是将所获得的宝贵教学经验从实践转为理论的重要步骤，如此也能为其他校园足球工作者带来启发。

鉴于上述工作任务的需要，就对校园足球教师的能力提出了较高要求，即需要他们具备基本的职业道德、良好的表达与沟通能力、丰富的足球理论知识和实践技能、良好的教学组织与管理能力以及一定的科研能力等。

(三)体育教师

1990 年 3 月 12 日,国家教委在出台的《学校体育工作条例》(以下简称《条例》)中明确提出体育教师也是教师队伍中的重要一员。具体来看,《条例》第五章第十八条指出:体育教师是在学校核定的教师总编制数内。每个学科的性质和特点不同,这也使得教师的工作特点和分工要求存在着不同,正因如此,才会区分出不同学科的教师。在学者李样主编的《学校体育学》中对体育教师有这样的表述:体育教师也是教师队伍中的一分子,他们也肩负着培养学生全面发展的使命。金钦昌和潘绍伟等学者以体育学科的性质和体育教师的工作任务作为依据,认为体育教师是促进学生身心健康发展和学生体质增强的组织者和引导者,他们向学生传授的不仅是某项运动的知识与技能,还应传授给他们正确的生活理念、卫生知识和健康意识,他们是精神文明的教育者和传播者。两位学者还认为体育教师所开展的是一种脑力与体力相结合的教育工作,他们所面对的对象众多,一般来说教学所处的空间也更为广阔,工作任务繁重且复杂等。因此,根据我国教师队伍和学校教育教学工作的性质与学科的区分,绝对可以认为体育教师是教师队伍中的一个重要组成部分,他们所开展的是促进学生身心健康、体质增强的体育教育工作。从这点上看,他们与其他学科教师共同承担着促进学生全面发展的重任,甚至可以看到体育教师所提供的教学行为给学生带来的素质提升是其他学科所无法提供的。

(四)三者之间的关系

在了解了上述关于校园足球师资、校园足球教师和学校体育教师的定义后可以获得一个清晰的认识,即校园足球师资、校园足球教师和体育教师之间在概念上有相交的地方,而相交出来的结果,就是校园足球教师。

(五)校园足球教师与普通体育教师的关系

拥有足球专项教师的学校就会存在足球教师与普通体育教师的区别问题。可以说,两类教师相比较,既有相同点又有不同点,具体分析如下。

足球教师和普通体育教师的相同点主要如下。

(1)相同的工作职责。两类教师相同的工作职责在于同样作为体育类学科教师,他们都要组织和管理课堂教学、课余活动、课外运动训练等事宜。他们的价值体现都是学生通过学习后展现出的优秀运动技能及其精神属性的提升。

（2）相同的教学对象。两类教师所面对的几乎是同一批学生，即在校学生。尽管在教学模式上可能会出现以自然班为单位开展的教学活动和以选项意愿构成的教学班为单位开展的教学活动，但总体上这些学生还是这所学校中的成员。

（3）相同的工作场所。两类教师的工作场所均为学校的室内或室外场所，其中在室外开展教学活动的情况居多。

足球教师和普通体育教师的不同点主要如下。

（1）足球运动专业化程度不同。普通体育课中有时也会包含足球运动的内容，这部分内容由普通体育教师教学即可完成。但与校园足球定点学校的足球课程相比，普通体育课的足球内容与其就存在不同的教学目标。为此，承担更高足球运动教学目标的足球教师就是不可缺少的，他们在指导学生足球运动时会对技术、战术和足球理念等部分的内容有更高的、更专项化的要求。如此看来，从足球项目的专业化程度上来说，校园足球教师在这方面必然要高于普通体育教师不少。

（2）教学目标不同。我国校园足球活动开展的目标主要为以足球运动为手段，提升广大青少年身心健康水平，增加足球人口，以及为我国培养足球后备人才。而中小学体育课的目标则是让学生掌握基本体育运动技术和卫生保健知识，使体育教育成为素质教育的重要构成要素。将两者进行对比可知，它们对学生的运动技术水平的掌握有着不同的要求，从中可以看到校园足球活动有着非常显著和明确的足球专项目标，而普通体育教学则是一种对学生全面运动素质提升的目标期许。

（3）教学内容不同。校园足球教师是专门为校园足球活动开展而设置的专属职位，他们主要负责学校的足球课程教学和课外足球训练等，教学内容带有显著的专项性特征。而普通体育教师所教授的内容就较为广泛，如足球、篮球、排球、田径、游泳、武术、健美操等，尽管其中也包含一些足球内容，但这部分内容并没有高出其他内容的重要性。这就是两类教师在教学内容上的不同的具体体现。

二、校园足球师资培养与培训体系

在国务院《关于加强教师队伍建设的意见》中分别对"培养"和"培训"两个词语做出了区别解释。认为对足球师资的"培养"特指对教师进行的职前教育。而对足球师资的"培训"则特指对教师进行的职后教育，时段范围包括决定录用教师后入职前的教育与入职后的培训。师资培养与培训体系，是指以师范院校为主体,综合性大学参与,包括师资培养阶段、入职教育阶段、职后培训阶段的开放灵活的教师教育体系。

现如今,在"终身教育"理念的影响下,对教师进行的培养活动正从独立的师范教育向着教师教育阶段过渡,即人们越发认为对教师的教育也是不能缺少的,并且应该是贯穿教师生涯始终的。校园足球师资的培养活动也应当顺应教师教育发展的趋势,向着教师教育的"终身化"和"一体化"方向发展,注重对新入职的足球师资开展必要的职前培养、入职教育和职后培训,从而使其构成一个完整的校园足球师资培训与培养体系。这对校园足球师资在日后顺利开展教学和活动组织等行为都很有意义。

通过上面的表述可知校园足球师资培养与培训体系的概念内涵是以校园足球师资为对象的,并伴随其整个教学生涯的教育培训活动。该概念还有一层外延含义,即指以校园足球师资为对象的职前培养、入职教育和职后培训活动的总和。校园足球师资培养与培训体系的完整概念为:以校园足球师资为对象的教育培训活动,包括职前培养、入职教育和职后培训三个阶段。图 6-1 就是这一总体概念所展现出的结构图。

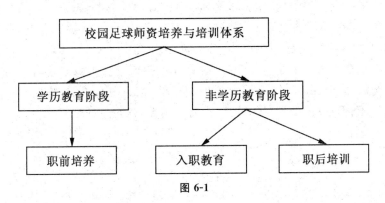

图 6-1

对即将成为校园足球师资的教师来说,职前培养活动就是他们的预备教育,入职教育是其职业导入教育,职后培训则是为了完善其教学能力和综合素养的继续提高教育。这三种教育在不同的时段出现,各有各的侧重点,三者共同构成了校园足球师资一体化的培养体系。这三者的目标始终是一致的,均为提升校园足球教师的多方面能力。

(一)校园足球师资职前培养

校园足球师资的职前培养阶段是有志向成为校园足球师资的学生的学历教育阶段。在这一阶段中学生要接受的培养主要是基础性和系统性知识,这会对他们日后从事相关职业打下一个扎实的理论基础。它的任务是以教育学科的知识为主,掌握一定的足球专业知识和体育教学技能并进行初步的教学实践,使他们初具一名校园足球教师的品质和能力。此外,他们还需要对校园足球的现状、特点和发展趋势有更多的了解,清楚自己即将从事的职业的各个方面,为将来走上工作岗位做好充分的准备。可以说,这是一个学生成为足球教师前的准备阶段。

(二)校园足球师资入职教育

作为校园足球培养一体化体系中起到承上启下作用的入职教育更多采用的是导入式培训。对于每一位校园足球教师来说,他们的职业生涯都要从入职教育开始。这一阶段的培训任务是将其在职前培养阶段学到的基本知识和基本技能进一步夯实,并且要将之与工作实践相结合。其实在职前教育阶段学生也接受过理论与实践相结合的培养,但总的来看,此前阶段中的实践课程的针对性偏弱,并不能完全满足实际工作的需要。而在入职教育中,新足球教师能够得到来自学校和培训教师更多的帮助,以使自己能够更快地进入角色,发挥出自己的教学和组织才能,同时也是在这个阶段,可以发现自己还有哪些不足并予以尽快弥补。此外,还有一项重要任务需要在入职教育阶段来完成,那就是通过培训来提高新教师的足球教学和训练能力,改善教学行为,建立教学自信。实际上,入职的新足球教师并不完全是高校毕业生,还有可能是从社招渠道招聘而来的有一定教学经验的教师,即便如此,让他们参加入职教育也是很重要的,如此能使他们过往的经验适应校园足球的特点、方式和需要,这也会对他们未来的工作开展有所助益。

(三)校园足球师资职后培训

校园足球师资的职后培训的重点为弥补足球教师在教学和训练过程中发现的自身知识和能力上的缺陷,以及获得自身持续不断的教学能力的进步,同时了解世界最新的足球运动发展方向与成果,不断更新掌握的知识。目前来看,我国校园足球教师的培训主要还停留在弥补缺陷上,以此让一些在教学和活动组织工作中稍欠水平的教师弥补这些不足,从而达到合格的足球教师的标准。之所以会呈现出这种情况,主要与我国目前的校园足球师资结构有关。与前两个培训阶段相比,职后培训的内容明显更加广泛,形式也更加多样,这也是由于职后培训所培训的对象较之前两个阶段的对象更为复杂。需要注意的是,职后培训的组织和内容等工作的安排要满足不同级别、不同水平和不同地区的校园足球教师的要求。

（四）校园足球教师培训与普通体育教师培训的区别

专门在校园中从事足球相关教学和组织的教师是专业化的足球教师，他们与普通体育教师有着诸多不同，但也有一些相同点。那么，基于这些不同，在给足球教师做培训时也应适当注意和普通体育教师的培训区别开来。

1.培训目标的区别

校园足球教师的培训目标为不断提高足球教师对足球运动的认识水平、专项能力和综合素养，以期打造出一支思想正确、业务过硬、有一定专长的校园足球师资队伍。相比于校园足球教师，对普通体育教师的培养目标就是不断更新体育教育理念，领会体育与健康课程标准精神，丰富专业知识，努力尝试创新，拓展专业领域技能和综合素质。由上述两种培训目标也可以清晰看出，其根本区别主要在校园足球教师的培养目标更加具有针对性。

2.培训内容的区别

对校园足球教师的培训来说，其主要是为实现之前确定的培训目标而做出的恰当安排。为此，多数培训的内容为校园足球的教学和训练等。相比之下，普通体育教师的培训内容要更加广泛，其中也可能会安排一些足球的学习内容，但课程的专项性较低，各方面都会涉及一些，总体而言则更倾向于学习新的体育教学理念、方法、技能。

3.培训形式的区别

与普通体育教师相比，在培训形式上，校园足球教师会更加符合足球运动项目的特点，主要形式为实践课、观摩课、实训课等为主。而普通体育教师的培训形式多为专家讲座、课题探讨或小组交流。

4.培训师资的区别

校园足球教师与普通体育教师在培训师资方面的区别主要为，培训校园足球教师的主要为特别聘请来的体育院校足球项目专家、中国足协教练员讲师以及国外足球领域的专家等，这些师资普遍都有着丰富的足球理论研究经历，抑或有足球队的带队或管理经历等。这些专家的指导对校园足球教师能力上的提升或思路的开拓都有着很大的帮助。而培训普通体育教师的师资主要为师范院校体育教育领域专家、教育心理学专家、中小学一线优秀教师等。

5.考核方式的区别

校园足球教师培训的考核是有着一整套等级考核制度的,相应的也给不同水平的校园足球教师定级,并且每个人都有通过努力继续升级的空间。而对于普通体育教师的培训考核来说,主要是以单元和专题结束后的考试为主,并且也不会根据成绩确定一个级别。

从上述几点对校园足球教师和普通体育教师培训的对比可以看出,尽管两者都服务于学校体育教育,但是由于在教学任务、教学目标、专项化程度等几个方面的不同,仍旧需要对其进行有区别的教师培养与培训活动。

三、校园足球师资培养、培训的流程优化与再造

在这里谈论的关于对校园足球师资的培养、培训流程的优化与再造的理念。实际上是来自生产领域和商业领域。将这两种领域的概念引入到校园足球师资的培养流程领域中是最新的一种研究思路,这是期待用流程再造的视角来解决教学过程中的问题。在这种思路下,学校即可被视为是一家工厂,其所提供的教育服务以及合格的毕业生就是它的产品。实际上,在校园中开展的教育活动除了将学生作为被教育的对象外,教师作为知识的传授者也需要不断接受教育。

(一)制定校园足球师资培养与培训体系战略规划

校园足球师资培养与培训体系的建设非常重要,其中涉及多方面的要素。其中培训流程的规划与设计是重要的一个方面。在设计、优化与改造校园足球师资培养与培训流程的过程中,首先就要从整体上来把握这一培训体系的战略规划,这是校园足球师资培养与培训体系的立足点和出发点,因此构建校园足球师资培养与培训流程或者对其流行进行优化改造的第一步应当是确定整个篮球师资培养与培训系统的发展战略(图6-2)。①

---

① 贺斌.校园足球师资培养与培训体系流程及组织结构优化和再造研究[D].北京:北京体育大学,2016.

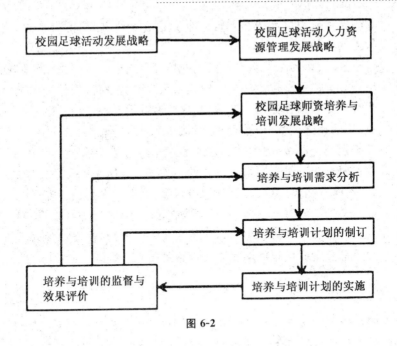

图 6-2

（二）校园足球师资培养与培训流程优化与再造的目标

校园足球师资培养与培训不同阶段的流程整合的目的在于有效提高整个师资培养与培训体系的效率，使培训成本有所降低，提高不同部口的协同效应。

具体来说，流程的优化整合的目的主要有以下三个方面。

1.提高师资培养与培训的效率

在具体的校园足球师资培养与培训流程优化整合过程中，要想使师资培养与培训的效率得到提升，首先就要精简流程和活动，具体来说，即为减少不必要的与人力资本增值无关的流程和活动，同时，与核心、流程相关的活动要适当增加，采用的具体方法有以下几种，具体应根据需要来选用（表 6-1）。

表 6-1 流程优化整合方式

清除（E）	简化（S）	增补（E）	整合（I）	信息化自动化（A）
流程间的等待	程序	增值活动	相同活动	简单重复劳动
缺陷、失误	沟通	高效的制度	团队	数据采集
重叠工作	表格	良好的氛围	顾客	数据分析
官僚主义	语言	积极的分化	资源	数据传输

流程的优化与整合方法并不是只有上述这 5 种,标准化和业务流程外包也是常见的两种方法。

具体来说,所谓的培养与培训流程的标准化,指的是把师资培养与培训过程中一些关键流程制作出标准步骤或模板,严格按照模板程序进行操作,这一方式对于培训过程中的清晰流程、重复运行的流程是较为适用的,如此一来,能够达到相同绩效,容易管理、用工和用时少的效果。

业务流程外包,则指的是在人才培养和培训过程中将核心流程以外的工作或者不擅长的工作交给组织以外的相关专业团队来做。这样做的一个初衷就是"术业有助攻",校园足球师资培养与培训工作的快速发展,需要具备的一个必要条件,就是要将精力主要放在培养培训工作的核心流程上,一些辅助性的流程和管理流程可以外包给一些专业团队,这样,对于师资培养与培训的效率和专业化程度的提高是有帮助的。

2. 提高校园足球师资培养与培训体系的柔性

校园足球师资培养与培训体系的灵活性,指的是能够使不同培训对象和培训层次的要求得到尽量满足,从而使培养与培训工作的多样化和差异化得以保证。

师资培养与培训流程的柔性也具有显著特点,主要表现在以下几个方面。

第一,当师资培养或培训战略发生改变时,能够通过对培训流程的组合方式和顺序的调整,来达到适应战略要求的变化的目的。

第二,培养与培训流程能够以培训任务的不同为依据,在原有流程的基础上,进行适当调整,从而与新任务的要求相适应。

第三,流程划分要注意保证其适宜性。同时,还要对整个培养与培训体系的稳定性和灵活性加以衡量。

3. 以顾客为导向

教育活动被划归到服务性事业的范畴,其本身具有一定的特殊性,这种特殊性主要体现在服务对象分为内部和外部,其中,内部服务对象为参与教育活动的学生或被培训者,外在的服务对象为接收单位或学校。因此在校园足球师资培养与培训流程设计上,要以学生、被培训者和定点学校的需要为导向,积极转变旧有的观念,从过去的以工作为导向工作方式,逐渐转变为以服务对象为导向的工作方式。以顾客为导向与以部门为导向的流程之间是有显著区别的(图 6-3)。

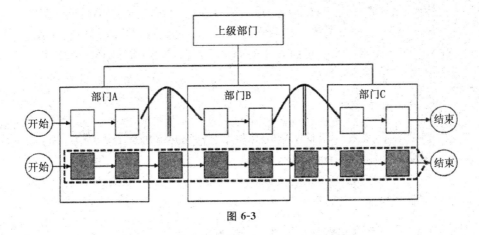

图 6-3

（三）校园足球师资培养与培训流程优化与再造的过程

校园足球师资培养与培训的流程优化与再造的过程有以下几个方面。

1. 描述流程现状

首先，要通过各种不同手段和工具、方法的利用，在遵循客观原则的基础上来描述校园足球师资培养与培训体系的现状。

可以说，对校园足球师资培养与培训多种流程的现实状态进行准确、客观、实事求是的描述，对于流程优化和再造的正确设计和实施具有基础性的意义。

2. 诊断流程问题

在对校园足球师资培养与培训体系流程进行客观描述之后，就要对流程中存在的问题进行全面的分析并加以诊断。

对于校园足球师资培养与培训体系流程中存在的问题，发现的方法是多种多样的，可大致归纳为 4 种类型。

第一种：是通过流程绩效。

第二种：是通过深入实地进行调研、研讨会等。

第三种：是通过访谈和问卷调查等。

第四种：是"标杆法"，具体是指通过参照优秀行业组织的流程模式。

3. 流程的优化与再造

对校园足球师资培养与培训体系流程中存在的问题进行诊断之后，就需要进行重要的核心步骤了，就是流程的优化与再造。

针对现有师资培养与培训流程体系存在的问题,以发展的战略规划和人才培养价值链环节为依据,设计新的校园足球师资培养与培训流程体系,由此,能达到降低整个系统的人才培养成本,提高培训资源利用率,提高人才培养质量和效率的目的。

4.流程配套设计

最后一步,是校园足球师资培养与培训流程体系的配套设计,这一步骤是流程顺利实施的保障和基础。

在流程配套设计当中,包含的部分是多方面的,其中,组织结构和流程运行机制的构建是最为重要的两个方面,要重点关注。

(三)构建校园足球师资培训组织结构体系

在完成以上工作之后,便进入到校园足球师资培养与培训体系组织结构体系的建构阶段。一般情况下,这一阶段主要由组织结构诊断、组织结构分析和组织结构实施等几个部分组成。

1.培训体系组织结构的诊断

师资培训体系组织结构的诊断是一个重要的步骤,主要是指利用合适的调查方式,充分调查我国校园足球师资培养与培训体系组织结构的现状,从而为师资培训组织结构体系的建设提供必要的事实依据。

(1)校园足球师资培养与培训体系组织结构调查。校园足球师资培养与培训组织结构调查的主要目的在于理清各部门之间的关系,以及各部门内部不同职能部门之间的关系。一般来说,调查的内容主要包括:培训部门的组织架构、各部门之间的相互关系、主要培训流程体系。

(2)明确影响师资培训体系组织结构的要素分析。在分析影响师资培训体系组织结构的要素时,可以结合具体实际从以下三个方面进行考虑:第一,搞清楚我国校园足球活动发展的战略以及师资培养体系的发展战略;第二,明确校园足球师资培养与培训体系的组织规模、设计部门以及参与范围;第三,要了解我国校园足球师资培养与培训体系的内外环境;第四,了解师资培训组织结构内部的资源和信息技术条件。通过这些要素的分析能为构建师资培训的组织结构提供良好的保障。

(3)发现与校园足球师资培训组织结构的问题并进行分析。总体上来看,关于校园足球师资培训组织结构的问题重点集中在以下几个方面。

①组织结构与工作核心流程是否相匹配。

②组织功能与组织结构是否匹配。

③组织职责与权限是否匹配。

④组织结构能否适应周围环境的变化。

⑤组织内部部门之间的关系是否和谐,是否存在冲突。

⑥领导机构分工是否明确和合理。

2.培训体系组织结构的分析

(1)校园足球师资培养与培训体系功能与环境的变化分析。在校园足球师资培训组织结构建设的过程中总会受到一定的内外部因素的影响,也就是说这是一个动态发展的体系,它会随着环境的变换而变换。在环境发生变换时,校园足球师资培训体系的功能也会相应地发生一定的改变。分析这些变化情况能为师资培训组织结构的建设提供一定的依据。

(2)校园足球师资培养与培训体系组织决策的分析。为实现校园足球师资培训的目标,需要分析足球师资培训体系的组织决策。这样才能在组织结构的构建中明确不同阶层应当做出那些符合自身职责和岗位的决策。

(3)校园足球师资培养与培训体系组织关系分析。分析校园足球师资培训体系中的组织关系也是一个重要的流程,这一流程主要是分析部门同哪些单位或个人产生相关联系,以及其所承担的任务需要哪些部门配合完成。

3.校园足球师资培训体系组织结构的设计

(1)组织结构设计过程。一般来说,校园足球师资培训体系组织结构的设计过程主要包含4个步骤,即组织部门划分、组织结构单元要素设置、核心流程团队组建和组织结构的生成。每一个步骤都是非常关键的,需要处理好每一个方面的工作。

(2)组织部门划分。随着学校教育的不断发展,校园足球师资培训机构的业务流程也越来越细化和专业化,为了保证组织运转得顺畅性,要注意以下几点要求。

第一,选择部门的流程。其目的主要在于了解该部门包含哪一类流程活动,属于战略流程、业务流程或支持流程中的哪一类。

第二,选择部门划分的基本原则。在选定流程类型后,接下来依据流程部门划分的原则展开下一步的工作。

第三,确定部门的名称。主要是指依据流程活动的划分原则可以分为哪些部门。

第四,生成部门清单。主要目的是将部门信息一一罗列出来,不能有所遗漏。

（3）设置结构要素。一般来说，校园足球师资培训体系的组织结构要素主要包括岗位、资源、责任、能力、权利、任务六个方面。这里的岗位主要是指承担组织流程任务的人或团队。责任是流程任务的承担者或团队应完成的工作或未完成时应当承担的后果；资源是流程负责人或团队在完成工作的过程中可以利用的资源；能力是指完成流程任务时所应具备的能力；权利是指完成流程任务时所应具备的强制影响力。这些要素要一一明确，从而为构建师资培训组织结构奠定良好的基础。

（4）构建流程团队。流程团队的构建需要依据流程内活动之间的关系确定流程团队的人员配置，因此流程团队构建的首要任务就是对组织流程进行梳理。无论流程型组织结构形式是怎样的，其内部都是以流程为主导，组织内部的各个部门之间不再像职能为导向组织结构一样以各自部门工作利益为指导，而是转变为以顾客利益为指导。以流程为导向的组织结构内部各部门之间相互衔接是非常紧密的，上一个部门通常是下一部门的服务对象，也就是说上一个部的输出是下一个部门的输入，这样就能将顾客的利益直接传导到流程中各个环节部门。

综上所述，通过校园足球师资培养、培训的流程优化与再造，能为我国校园足球师资队伍的建设提供良好的保障，从而培养出一大批高素质的校园足球人才。

四、校园足球师资培训计划概要

（一）师资培训内容及安排

1.初级师资培训内容

初级师资理论培训内容具体如下。

（1）师资培训体系介绍　　　　　　　　学时：2小时
（2）草根足球同校园足球的结合　　　　学时：2小时
（3）适宜儿童的准备活动和整理活动　　学时：2小时
（4）儿童足球游戏编排　　　　　　　　学时：2小时
（5）计划的制定及如何组织一节训练课　学时：2小时
（6）如何制作一个校园足球活动的海报　学时：2小时
（7）发展协调性、灵敏性、移动技术　　学时：2小时
（8）足球的教育功能　　　　　　　　　学时：2小时
（9）校园足球训练方法　　　　　　　　学时：2小时

(10)足球节的组织	学时:2 小时
(11)青少年 5 人制比赛简化规则	学时:2 小时
(12)中国校园足球发展介绍	学时:2 小时
(13)儿童足球基本技术	学时:2 小时
(14)不同年龄组儿童的特点	学时:2 小时
(15)青少年要大力发展协调性	学时:2 小时
(16)小场地比赛特点	学时:2 小时
(17)校园足球竞赛的组织与编排	学时:2 小时
(18)8 对 8 比赛介绍	学时:2 小时
(19)比赛原则简介	学时:2 小时
(20)比赛组织与指导	学时:2 小时
(21)小球员测试	学时:2 小时
(22)青少年对抗练习	学时:2 小时
(23)足球运动的安全与健康	学时:2 小时
(24)学习足球提高素质	学时:2 小时
(25)包容性训练理念	学时:2 小时
(26)足球运动员的营养	学时:2 小时
(27)11 人制比赛规则简介	学时:2 小时
足球理论考试	学时:2 小时
反馈和开班仪式	学时:2 小时
每班不超过 50 人	总学时:24 小时

初级师资实践培训内容具体如下。

(1)准备活动和整理活动游戏	学时:2 小时
(2)儿童足球游戏—运球	学时:2 小时
(3)儿童足球游戏—颠球(足、头、大腿等)	学时:2 小时
(4)儿童足球游戏—接控球	学时:2 小时
(5)儿童足球游戏—短传球	学时:2 小时
(6)儿童足球游戏—长传球	学时:2 小时
(7)儿童足球游戏—射门	学时:2 小时
(8)协调性、灵活性、移动技术练习	学时:2 小时
(9)绳梯的使用方法简介	学时:2 小时
(10)守门员技术	学时:2 小时
(11)4 对 4、5 对 5 比赛	学时:2 小时
(12)足球训练授课方法实例	学时:2 小时
(13)组织一个足球节	学时:2 小时

(14)8 对 8 比赛　　　　　　　　　　　　学时:2 小时

(15)包容性训练　　　　　　　　　　　　学时:2 小时

(16)11 人制比赛规则实践　　　　　　　　学时:2 小时

　　　　　　　　　　　　　　　　　　　平均学时:24 小时

初级师资理论、实践培训总时数(理论 24 小时、实践 24 小时,总计 48 小时)。

2.中级师资理论培训内容

中级师资理论培训内容具体如下。

(1)足球技术和技能　　　　　　　　　　学时:2 小时

(2)激励队员　　　　　　　　　　　　　学时:2 小时

(3)青少年体育教学训练的要点　　　　　学时:2 小时

(4)足球训练与比赛中的心理学问题　　　学时:2 小时

足球理论考试　　　　　　　　　　　　　学时:2 小时

反馈和开班仪式　　　　　　　　　　　　学时:2 小时

小组讨论实践课　　　　　　　　　　　　学时:4 小时

中级师资理论培训每班不超过 24 人　　　总学时:16 小时

中级师资实践培训内容具体如下。

(1)带球　　　　　　　　　　　　　　　学时:2 小时

(2)传接控球　　　　　　　　　　　　　学时:2 小时

(3)创造射门机会和得分　　　　　　　　学时:2 小时

(4)个人防守压迫抢球　　　　　　　　　学时:2 小时

　　　　　　　　　　　　　　　　　　　总学时:8 小时

中级师资理论、实践培训总时数(理论 16 小时、实践 8 小时,总计 24 小时)。

3.高级师资理论培训内容

高级师资理论培训内容具体如下。

(1)青少年体育训练中产生心理疲劳的原因　学时:2 小时

(2)补充营养时间的选择　　　　　　　　学时:2 小时

(3)体育道德行为　　　　　　　　　　　学时:2 小时

(4)建立信息收集渠道　　　　　　　　　学时:2 小时

足球理论考试　　　　　　　　　　　　　学时:2 小时

反馈和开班仪式　　　　　　　　　　　　学时:2 小时

小组陈述实践课　　　　　　　　　　　　学时:4 小时

每班不超过 24 人　　　　　　　　　　　总学时:16 小时

高级师资实践培训内容具体如下。

(1)由守转攻　　　　　　　　　　学时:2 小时
(2)小组进攻　　　　　　　　　　学时:2 小时
(3)由攻转守　　　　　　　　　　学时:2 小时
(4)小组防守　　　　　　　　　　学时:2 小时
　　　　　　　　　　　　　　　　总学时:8 小时

高级师资理论、实践培训总时数(理论 16 小时、实践 8 小时,总计 24 小时)。

(二)培训组织者的职责

1.培训组织机构

(1)全国校园足球办公室。
(2)全国校园足球办公室委派的部门。

2.培训组织机构的职责

(1)组织培训活动,提供培训信息,开展培训宣传,确定学员资格。
(2)制定培训日程。
(3)准备培训场地和设施。
(4)确定培训讲师。
(5)每年 11 月前申报次年培训计划。
(6)将培训具体事宜在培训开始前 30 天通知参加培训的教师。
(7)通知所有师资与培训相关的详细内容。
(8)为前来参加培训的教师提供一定的培训用品。
(9)妥善安排好以下工作。
①将培训所需设备调试妥当。
②安排好讲师与学员的食宿。
③如有需要可为教师准备统一的服装。
④将场地及周边环境安排妥当。
⑤做好必要的医疗保障准备工作。
(10)安排交通工具。
(11)安排一定数量的学生作为实践课的教学对象。

3.培训结束后的职责

(1)将培训设备及器材归还或妥善保管。
(2)培训结束 10 天内以书面形式向全国校园足球办公室相关部门汇报

培训情况和成果。

(3)收集参训教师的书面培训总结。

(三)校园足球师资培训实施与评价

1.师资培训条件与设施

(1)师资培训的基本条件与必要设备

①培训班学员和讲师的配比不小于 30∶1。

②标准足球场(不小于 8 人制)。

③标准足球门(最好可以移动)。

④安全平整的球场。

⑤保证每两名学员一个足球。

⑥对抗服 2 套。

⑦标志物。

⑧电教设备(包括多媒体)。

⑨统一的服装。

⑩考试用的教室。

(2)附加设备

①气筒。

②气针。

③文具用品。

④球袋。

⑤太阳伞。

2.培训讲师的聘用条件及程序

不同级别的校园足球师资培训讲师需要有相应的资质认证,具体情况如下。

(1)初级校园足球师资讲师,最低需要具备全国校园足球办公室的资质认证,这一资质主要为参加过国际足联举办的草根足球讲师班课程并考核合格。此外,还应具备如下资质。

①主讲师应获亚足联 B 级教练员资格。

②助理讲师应获亚足联 C 级或以上教练员资格。

(2)中级校园足球师资讲师要在具备初级师资讲师资格的基础上获得中国足协的 D 级教练员讲师资格。

(3)高级校园足球师资讲师要在具备中级师资讲师的基础上获得中国

足协C级教练员讲师资格。

(4)培训组委会要将聘用通知在培训开始前两周发送给讲师。

(5)收到聘用通知的讲师应尽快给予确认回复。

(6)培训前组委会应将下列资料交予讲师。

①当期参加培训的学员的信息。

②当期培训的理论课程培训地点、实践课程培训地点及场地条件等。

③食宿安排情况。

④助教安排及助教相关信息等情况。

⑤其他培训资料。

(7)培训前讲师应根据参训教师的具体情况制定当期培训的课程表。

3.培训管理

(1)理论考试评价

①考试时间一般为2小时,并且要安排监考人员。

②提供考试所需的文具用品。

③营造氛围良好的考试环境。

④对教师提出的卷面不清晰等问题给予解答。

⑤评分。

(2)实践考试评价

①陈述和实践的考试环节要将学员分组进行。

②从大纲中选择出每组学员的考题。

③记录考题,填写评价表。

④记录学员考试所用的时间。

⑤给予学员考试点评。

(3)培训结束后工作

①在培训结束后两周内将成绩单上报全国校园足球办公室备案。

②在培训结束后两周内上报当期培训总结。

③对试卷进行妥善保管。

④结算培训活动费用。

⑤汇总学员考勤情况。

4.师资实践课评价

(1)师资总体印象

①仪容仪表情况。

②态度与行为情况。

③鼓励与激励情况。

(2)训练的组织与安排

①场地和器材的布置与利用的合理性。

②训练活动的场景真实性创造能力。

③在发现问题后是否有能力调整训练。

(3)观察指导

①能否及时发现问题。

②发现问题后能否及时找到应急办法。

③解决问题后的训练效果。

(4)沟通与交流

①是否完全了解训练主题。

②沟通与交流效果是否显著。

③示范动作的正确性。

对不同级别的师资进行评价的关注点有所区别。一般来说,对初级师资更关注他们的总体印象,对中级师资更关注他们的教学组织和管理能力,而对高级师资则更关注他们对学员的指导和沟通能力。

5.师资实践评价(样表)

初级师资着重观察其参与的态度:

中级师资及格为 60 分

高级师资及格为 70 分

等级划分:优秀—3;良好—2;一般差—1;不及格—0。

表 6-2　师资实践评价表

讲师签字:

序号	姓名	总体印象			组织能力			观察指导			沟通交流			总分
		仪表	热情	激励	组织	真实性	重组	发现问题	解决问题	进展	对主题清晰	沟通技巧	示范	

6.全国校园足球师资培训班成绩表

表 6-3 全国校园足球师资培训班成绩表

讲师姓名:			地点:			
序号	姓名	实践能力	理论考核	考勤	成绩	备注

学员人数: 通过: 已通过: 未通过:

备注:1.通过成绩＝实践考核 60 分以上者,理论考核 69 分以上者,规则考试 60 分以上者。

2.实践能力分为三档:优秀;一般;差。主要看师资是否具备足球基本技术能力。

第三节 校园足球师资培养的发展策略

经过一系列比对、分析和研究,认定开拓机会型战略(SO)是最为适合我国校园足球师资培养与培训体系发展的战略。这一战略的思路是借助我国针对足球运动进行大力改革的大好机遇,并且高效利用可用于校园足球师资培养的资源,从体制和机制创新出发,发挥现有优势,构建一个多部门参与的,校园足球师资培养与培训活动相结合的完整校园足球师资培养与培训体系。为了实现该战略,可以从如下几方面做起。

一、校园足球师资培养与培训体系资源整合

对校园足球师资培养与培训体系资源进行整合的目的在于让本就有限的体育资源更高效地服务于校园足球师资的培养与培训工作。另外,就整合资源来说,还有更大一层的目标,那就是在社会中尝试挖掘更多的可用于培养与培训校园足球师资的资源。其中,较为重要的资源来源就是教育部、体育总局、地方政府和各体育院校等机构,并在此基础上对这些资源进行合

理配置和优化重组,最终顺利完成校园足球师资培养与培训工作。

如果从时间节点这一特征来分析校园足球师资培养与培训的资源整合的目标,可将其分为三个层次。第一层次为对师资资源的整合,以此构建一个职前培养、入职教育和职后培训三环节可共享的资源库;第二层次为对课堂教学资源的整合,以使处于不同培养需求的足球教师可依据自身情况自如使用,如此更便于课堂教学资源获得共享;第三层次为对实践教学资源的整合,这能让参训教师有更多的机会感受先进的足球理念和获得实践经验,以此改变过往那种学校足球太业余、竞技足球太专业的极端问题。

二、优化和再造校园足球师资培养与培训体系流程

如今我国的校园足球师资培养与培训体系由职前培养、入职教育和职后培训三个阶段构成。这三个培养环节在实践中展现出了一些问题,如三个阶段之间存在相互割离、脱节等问题。一名合格校园足球教师的培养流程必须要经历这三个培养阶段,如果这一流程中的各个阶段显现出松散和脱节的状态的话显然是不利于培训质量达标的。为此,就急需重建一个流程来重新整合原本有些分裂的校园足球师资培养与培训流程,这就是流程的优化与再造。

三、构建统一的校园足球师资培养与培训体系组织管理系统

对校园足球师资培养与培训体系的资源进行整合显然是一项难度极高的工作,过程中会涉及教育、体育等多个系统,以及体育院校、地方政府等多个部门。因此,要想完成好这项整合工作,加强总体领导以及构建相应的组织管理系统是必不可少的,同时还要从制度上入手,以期为管理提供依据和规范各方的行为,进而提高工作效率和质量。要切实做好这项管理系统构建工作,应重点对以下两大机构进行整合。

(1)整合领导机构。建立一个全国性的校园足球师资培养与培训工作领导机构是做好对领导机构整合工作的基础。这个全国性机构的人员应由参与相关培训工作的单位选派,该机构的功能主要为统筹、规划校园足球师资培养与培训体系资源的整合工作,其工作内容多为宏观层面的。

(2)整合实施机构。在校园足球师资培养与培训领导机构的领导之下,还需要设立一个具体执行各项工作的运行机构。该机构的主要职责为协调各相关职能部门,部署具体工作任务,制定培养培训计划,同时对校园足球师资培养与培训的各阶段和各职能部门的工作进行督促。

四、校园足球师资培养与培训体系信息平台建设

信息技术的高速发展是当前时代最为显著的标志。信息传播的快速得益于互联网的建立,从而也使得互联网成为现今最重要的信息资源共享平台。如此一来,要想构建起一个为校园足球师资培养与培训体系服务的信息平台,就要相关资源转化为数据的形式上传到网络媒介上,这样就实现了校园足球师资培养与培训体系资源在线上空间的共享。

五、建立校园足球师资培养与培训体系运行机制

校园足球师资培养与培训体系中包含有众多子系统和单元,而机制就是系统内这些子系统和单元相互联系和产生作用的"稳定器"。所以,要想建立起完善的校园足球师资培养与培训体系,就必须要注重对机制的构建,从而对提高校园足球师资人才培养效率有所帮助,并且这还会提高培养与培训措施的针对性和适用性,降低培养成本。这样就实现了相关工作从"人治"到"法治"的转变。

下面就详细分析几项关乎校园足球师资培养与培训体系正常运转的机制。

(一)资金筹措和管理机制

目前,针对校园足球师资的培养培训工作尚在起步阶段,并且投入这一领域的资金较为短缺。为此,相关领导机构几乎都将拓展经费来源作为重点工作,竭尽全力争取社会各界的支持。而当获得资金后,应对资金进行恰当管理,配套建立监督机制,切实保证资金的使用方向的正确和效率。

(二)校园足球师资培养与培训体系教师资源开发和使用机制

要做好校园足球师资的培养和培训工作,就一定不能缺少一支结构合理、素质优良的校园足球师资培养师资队伍。为此,应做好如下几项工作。

第一,加强对现有足球师资培养师的培训,他们的能力和素养决定了培养出的足球师资的能力和质量。为此,可以选派优秀的足球师资培养师参加国际足联举办的足球教练员讲师班,或是将其送至足球发达国家的校园学习当地校园足球的发展经验。

第二,为教师提供到校园足球试点学校和职业足球俱乐部锻炼的机会,

如此可能会启发他们更好地将两者结合的新思路。

第三，可聘用社会相关领域的人士参与培养工作，这些人士包括知名运动员、教练员、一线校园足球工作者等。

（三）合作共享机制

合作共享机制中需要参与的合作方为教育部、体育总局、体育院校和各地方政府，而共享的则是这些单位掌控的可用于校园足球师资培养和培训的资源。例如，通过签署联合培养协议，体育院校可与各地方政府合作，院校负责培养，地方政府负责提供场地和相应支持；通过互联网平台，可以实现校园足球师资培养与培训体系精品课程、培训案例、精品教材等资源的共享；通过邀请、聘用等方式，邀请优质讲师来到学校为学生开展授课和讲座活动。总之，这种多方合作共享机制一旦建立，就能为各有关方之间搭建起一个协作的桥梁，如此更便于资源的共享。

（四）校园足球师资培养与培训体系研究机制

当校园足球师资培养与培训体系建立之后，还需要落实好一个对这一体系的研究机制，这是让该体系得以不断发展和升级的重要手段。校园足球领导机构应经常鼓励体系内各部门在做好常规工作中的基础上，与时俱进、着眼未来，并本着不断完善和突出特点的精神对体系运转的机制开展各种研究活动，以期更好地服务于体系的实践。

第七章　江苏省校园足球师资培训体系构建探索

江苏省是我国校园足球开展情况较为理想的省份之一,其校园足球开展的良好成果不仅表现在组织了诸多成效显著的足球活动或课程,还在于其同样关注校园足球师资质量的提升,建立起了一套校园足球师资培训体系。可以说,江苏省校园足球师资培训体系的构建,在很大程度上决定着校园足球师资的发展水平,因此,本章是处于核心地位的。本章从江苏省的实际出发,从构建的必要性、现状、具体实施以及未来设想几个方面入手,来全面探索校园足球师资培训体系的发展与构建。

第一节　江苏省校园足球师资培训体系构建的必要性

鉴于目前非足球专项教师是校园足球的主要主体,为使活动开展得更加顺利,达到预期效果,就需要对这些非足球专项体育教师进行专业化培养,而不能退而求其次地放任这种情况发展下去。之所以对非足球专项体育教师进行专业化培养工作,还是在于作为校园足球的指导者,他们在足球课程和足球活动当中都承担了主要工作,他们的理念和工作方式都在很大程度上决定了校园足球的开展质量。为了做到这点,变"非专项"为相对"专项"是不可或缺的。

对于任何一项需要改革的事物来说,它的成败在于实践。再好的改革理念也要通过实践得到落实和验证。由此可见,非足球专项教师专业化是校园足球顺利开展、取得实质性效果的关键。目前,校园足球的重点是在数量众多的中小学中,面对如此多的用人需求,短时间确实是难以满足的。为了暂时弥补足球教师的数量缺口,如何将现有的普通教师培养成为可供使用的校园足球师资,就将成为现阶段支撑校园足球顺利发展的关键工作。

然而在现阶段有一个非常值得注意的问题,那就是针对校园足球教师职后培训的研究明显不足,而对非足球专项教师培训的课题研究更是缺乏。缺少这样一套校园足球教师培训方案在一定程度上会给对非专业化足球教师培训的质量带来影响。为此,强化对非足球专项教师的专项化培训工作势在必行。

第二节　江苏省校园足球师资培训体系的现状

一、我国校园足球师资入职教育体系

通过问卷和访谈的调查方式，汇总出的结果显示目前我国校园足球定点学校师资培养与培训工作的开展更多是在职前和职后两个阶段进行，而即将要正式入职前的教育培训则几乎没有安排，即便有一些安排也更多是形式上的。现实中学校对足球师资入职教育的做法为，将其视为普通体育教师，让其加入到这类教师的常规入职教育活动中，对于足球专项师资来说，缺少专业的入职教育将无法使其顺利度过角色转换期，这为其之后顺利在学校组织开展足球教学或活动造成一定困难。

目前，我国校园足球教师和普通体育教师入职教育工作的开展主要包含以下内容。

（一）入职教育组织机构

目前我国尚未建立起一个一体化的体育教师教育制度和体系。对即将入职的足球专项教师的入职教育通常由学校和地方教育行政部门组织开展，有些学校还将这项工作委托给当地的教师进修学校和教师教育学院等机构。

（二）入职教育培训对象

2009 年 3 月 25 日，教育部对此后全国各地中小学教师队伍的补充方式特地发出了通知。通知要求中小学教师队伍的补充都要采用公开招聘的方法，且对高校毕业生予以优先考虑。2014 年 5 月，国务院在其颁布的《事业单位人事管理条例》(国务院令第 652 号)中进一步确认了以公开考试的方式作为补充学校教师队伍的方法。这项要求的具体规定包括在条件允许的省市全面推行中小学教师公开招聘考试制度，根据考生的考试成绩择优录取，以此将优秀的教师人才纳入到教师队伍之中。

在如此背景下，使得目前我国中小学普遍招聘的包括体育教师等在内的新教师均以高校毕业生为主，这对于校园足球教师来说也是更多如此，即也受到这两个政策制约。

(三)入职教育培训形式

目前我国对新入职的中小学体育教师(包括足球教师)的入职培训主要采取导师指导、集中培训和校本培训等几种形式。导师指导简单来说就是由用人单位选派一名同领域综合水平较高的老教师来给新体育教师做培训;集中培训则是将新体育教师配送至教育局委托的教育学院、师范学校或教师进修学校等机构接受培训;分散培训则是由新体育教师所在学校负责。不过鉴于目前我国教育部门还没有开展针对新校园足球师资的专项培训,因此,对这类教师的培训主要采取同普通学校体育教师相同的方式和方法。

(四)入职教育培训内容

鉴于目前我国教育部门还没有开展针对新校园足球师资的专项培训,因此我国校园足球师资所接受的入职教育内容基本与足球专项没有太紧密的关系,更多是与普通体育教师类似的思想政治教育、学校情况介绍、体育课教育教学指导等宏观层面的内容。对这类知识的学习主要采取授课法和座谈法等较为传统的教学方法。

(五)入职教育培训师资

为中小学体育教师做入职教育培训的主要是从高等院校、教育行政部门聘请来的专家、讲师、资历丰富的管理人员等。

二、我国校园足球师资职后培训模式

(一)教育部门主导的全国青少年校园足球骨干师资国家级专项培训

由我国教育部门主导的青少年校园足球骨干教师专项培训是一种校园足球师资职后培训的重要模式。这一模式具有官方性质,培训的对象为校园需求骨干教师,因此培训的质量相对较高。通常来说,在校园足球试点城市中,组织校园足球师资培训的单位主要为各地方体育与教育部门。这些培训活动主要以不定期的、临时性短期培训为主,普遍缺乏系统性地统筹安排,所针对的培训对象主要为足球教师、校长和裁判员。培训的流程没有太多新意,更多的是延续传统的教师培训方法。

(二)高校承办的中小学教师"国培计划""省培计划"

1."国培计划"

"国培计划"是指"全国中小学教师培训计划"。教育部、财政部在 2010 年开始实施,计划中从中小学校启动了全国教师培训(以下简称"国培计划"),是教师培训的早期阶段,主导重大项目的实施,并及时有助于推进改革。[1] 国家培训计划培训体系主要包括三个分项:"中小学教师示范培训项目""中西部农村骨干教师培训计划"和"全国幼儿教师培训"。通过"国培计划"的实施,我国各中小学的足球教师无论是在足球理论知识上还是专业技能上都有了明显的提升,这对于提高中小学足球教学质量具有重要的意义。

2."省培计划"

"省培"是指省(区)积极承办"国培"任务项目的总称,是指由国家主办的集体"国家培训班",积极承担国家培训项目。可由有关省市委托,并可在省会(首府)举行。也可以根据实际情况送到基层培训班。由各省(区)教育部门和体育部门共同负责地方培训方案、培训、选拔和学员培训的具体实施。各省(区)要选择优秀人才、优秀等机构、高水平教师和管理人员承担培训管理任务。培训班的具体组织形式应与课堂教学、实践锻炼和指导培训相结合,精讲多练,多角度、多方位对学员进行培训。

(三)中国足协举办的专业培训班

由中国足协组织的专业培训班也是促进中小学足球师资力量提高的重要形式。不同校园足球师资培训的阶段有不同的培训形式。目前,常见的足球师资培训形式主要有集中培训、观摩学习、专家讲座、中国足协 C 级 D 级教练员培训。总的来看,这些均为不定期集中培训的形式。参加培训的教师多为各地方校园足球办公室根据教师意愿选派来的。这一形式的培训活动的授课天数为 3～4 天,有些培训会在一周内完成,有些则会安排两周内完成,有理论内容讲解、实践内容指导和考核。其中,中国足协教练员 C 级和 D 级等级教练员专项培训班是最具权威性的培训活动,也正因如此,报名参加者众多,但由于受到讲师人数、班级人数和授课时间等条件的限制,只有少量报名者能抢到培训资格。

---

① 刘焱辉.湖南省校园足球师资培训现状与对策研究[D].湖南工业大学,2018.

由此可知,以足协为主导的校园足球师资培训是以各地集中培训为主,教练员等级培训与其他形式的培训为辅的一种培训方式。

三、江苏省校园足球师资的发展状况

在江苏省小学校园足球培训中,体育教师兼具给学生进行体育教学上课和足球培训的双重任务,他们在学校占着十分重要的位置,所以小学校园足球的发展质量水平直接取决于这些教师能力水平的高低。本书对江苏的苏南、苏中、苏北三个地区四所小学体育教师 23 人进行师资现状的发展进行调查,具体调查结果见表 7-1。

表 7-1　苏南地区小学校园足球教师的学历和专业　　　　$N=23$

指标	本科以上学历	本科学历	专科学历	足球专业	非足球专业
人数	3	16	4	9	14
比例	13%	69.6%	17.4%	39.1%	60.9%

(一)苏南地区小学校园足球师资情况

1.苏南地区小学校园足球教师的学历和专业

由表 7-1 可以看出,苏南地区小学校园足球教师水平整体较高,本科及以上学历占了很大比例,但接受过足球专业技术技能培训的占到约 40%,占到约一半,这就对全面培养学生的足球技能和发展校园足球有很大的促进作用。

2.年龄结构情况

表 7-2　苏南地区小学足球教师年龄结构　　　　$N=23$

年龄	30 岁以下	30～39 岁	40～49 岁	50 岁以上
人数	13	5	3	2
比例	56.6%	21.7%	13%	8.7%

从表 7-2 中可以看出苏南地区小学校园足球教师 30 岁以下年龄段比较多,占据 56.5%,超过了总数的一半,30～39 岁的教师占 21.7%,40～49 岁的教师占 13%,而 50 岁以上的教师只占到了 8.7%。由此可以看出苏南

地区年轻足球教师占据了很大一部分,而且,足球教师的经验需要长时间的积累才能完成,所以年轻教师需要更多的培训来完善自己的教学技术水平。

3. 教师工作满意度

表 7-3　江苏苏南地区小学足球教师对工作的满意度　　　　N＝23

指标	非常满意	满意	一般	不满意	非常不满意
人数	4	14	4	1	0
比例	17.4%	60.9%	17.4%	4.3%	0

众所周知,足球教师是小学校园足球正常发展的主要人物,只有这些教师对自己工作满意了才能使小学校园足球快速发展。由,上表可以看出,苏南地区足球教师对工作的满意度占到很大一部分比例,这是源于苏南地区很多学校领导对足球这项运动比较重视,从而使足球设备齐全,对足球教师的待遇高,因此使足球教师产生满足感。

(二)苏中地区小学校园足球师资情况

1. 教师学历与专业情况

表 7-4　苏中地区小学足球教师学历与专业情况　　　　N＝23

指标	本科以上学历	本科学历	专科学历	足球专业	非足球专业
人数	2	13	8	6	17
比例	8.7%	56.5%	34.8%	26.1%	73.9

从表 7-4 中可以看出苏中地区小学校园足球教师水平整体居中,本科及以上学历占整体人数的一半,比苏南地区相对较弱,且接受过足球专业技术技能培训的只占到 26.1%,非足球专业的占到了 73.9%,这就对苏中小学校园足球的开展和提升产生了很大的局限。

2. 教师年龄结构情况

表 7-5　苏中地区小学足球教师年龄结构　　　　N＝23

年龄	30 岁以下	30~39 岁	40~49 岁	50 岁以上
人数	9	6	6	2
比例	39.1%	26.1%	26.1%	8.7%

从表6中的统计可以看出苏中地区小学校园足球教师30岁以下年龄段占据39.1％,30～39岁的教师占26.1％,40～49岁的教师占26.1％,50岁以上的教师.只占到了8.7％,由此可以看出苏中地区年轻足球教师占据了比较大的比例,中年教师也不少,这就说明了教师的专业水平在某一固定层次,需要通过培训来进一步提升自己的教学水平。

3.教师对工作满意度情况

表7-6 苏中地区小学足球教师对工作满意度情况 N＝23

指标	非常满意	满意	一般	不满意	非常不满意
人数	2	10	7	3	1
比例	8.7％	43.5％	30.4％	13％	4.3％

从表7-6中可以看出,苏中地区足球教师对工作的满意度只占到一半比例,一般的占到30.4％,不满意与非常不满意的占到了17.3％,这说明了苏中地区一些学校领导对足球这项运动没有很重视,从而使足球设备不是齐全或对足球教师的待遇不是很高,因此使一些足球教师对自己的工作并不是很满意。

(三)苏北地区小学校园足球师资情况

1.教师学历与专业情况

表7-7 苏北地区小学足球教师学历与专业情况 N＝23

指标	本科以上学历	本科学历	专科学历	足球专业	非足球专业
人数	1	9	13	4	19
比例	4.3％	39.1％	56.5％	17.4％	82.6％

从表7-7中可以看出苏北地区小学校园足球教师水平比较偏低,本科及以上学历占整体人数还不到一半,比苏南苏中地区弱很多,且接受过足球专业技术技能培训的只占到17.4％,非足球专业的占到了82.6％,说明苏北地区校园足球教师的专业水平整体不高,大多都是非专业教师进行课堂教学,这使校园足球的发展提升空间缩小很多。

2.教师年龄情况

表 7-8　苏北地区小学足球教师年龄结构情况　　　　　　　N＝23

年龄	30 岁以下	30～39 岁	40～49 岁	50 岁以上
人数	6	6	8	3
比例	26.1％	26.1％	34.8％	13％

从表 7-8 中的统计可以看出苏北地区小学校园足球教师 30 岁以下年龄段仅占据 26.1％,30～39 岁的教师占 26.1％,40～49 岁的教师占 34.8％,50 岁以上的教师占到了 13％,由此可以看出苏北地区年轻足球教师不多,更多的是中年或老年教师,这说明了苏北地区有经验的足球教师多一点,他们的理论水平高一点,但由于年龄偏高,他们的实战能力减弱,使小学校园足球的开展缺乏了活力。

3.教师对工作满意度情况

表 7-9　苏北地区小学足球教师对工作满意度情况　　　　　　N＝23

指标	非常满意	满意	一般	不满意	非常不满意
人数	1	7	8	5	2
比例	4.3％	30.4％	34.8％	21.7％	8.7％

从表 7-9 中可以看出,苏北地区足球教师对工作的满意度只占到很小的比例,一般的占到 34.8％,不满意与非常不满意的占到了 30.4％,这说明了苏北地区很多学校领导对足球这项运动没有很重视且足球场地设施等不够充足,而且很多足球教师的待遇不是很高等等原因局限了校园足球的开展与提升,致使很多足球教师对自己的工作并不是很满意。

（四）江苏省苏南、苏北、苏中地区学校足球师资的对比

综上所述,江苏省各地区的学校足球师资存在着一定的差异,无论是足球教师的学历与专业水平,还是教师的年龄结构都存在着一定的差距。其中苏南地区学校的足球师资力量明显较强,突出表现在足球教师年龄呈现年轻化趋势,结构更为合理,学历更高,专业知识更为扎实,对工作的满意度也较高。然后苏中地区的学校足球师资处于中间的位置;苏北地区处于落后的局面。

四、江苏省校园足球师资培训存在问题

校园足球师资是保障我国校园足球运动开展的重要因素。从当前的情况来看,我国的校园足球师资总体表现出匮乏的状态,现有的足球教师水平参差不齐,更多学校的足球教师是由普通体育教师代劳。为了推动我国校园足球运动的开展,不论是国家还是地方都开始对培养校园足球师资的培养工作给予了重视,并相应组织了众多培训活动。实际当中,这些培训活动主要采用的是短期集中培训的方式。这种培训方式有一些优势,但不足也是显而易见的。本节就分析一下校园足球师资短期培训的问题。

(一)培训时间、地点过于集中

现有组织的校园足球师资培训活动大多采用的是短期集中的方式。这种模式的优点在于可以在短时间内培训大批足球教师,这对提升培训效率大有好处。但这种模式的这点优势的同时,也能发现正是由于需要在指定的时间、地点进行培训,使得培训过于集中,一些学员可能会受各种因素的影响,出现"工学矛盾"和"休学矛盾"。这样一来,在培训当中就经常出现"旷课"的情况,如此使学员两头无法兼顾,培训质量自然得不到保障。另外,从培训组织的角度上考虑,短期集中培训需要把足球教师集中在一地,那么在培训期间的食、住、行上的安排也是对培训组织方能力的考量,而为此还要投入一笔不菲的资金。如此一来,这种方式的培训组织得越多,培训组织方的工作量与工作强度就会越大。为此,解决短期培训时间、地点过于集中的问题就需要想到一些周全的办法,以期能发挥其优势的同时还能弥补其中的不足,让培训质量始终保持在较高水平。

(二)培训时间短,培训内容多

针对校园足球师资开展的短期培训的培训时间普遍较短,最长的时间也就在10天左右,但需要培训的内容却很多,几乎囊括了所有与足球运动相关的内容。在如此短的时间内学员要学习很多的东西,这不论是给培训方还是学员都带来了较大的压力,特别是对于那些在某些基础方面有漏洞的学员更是加大了他们的压力感。足球运动中涉及的内容是一个完整的体系,这一体系之下有众多的子内容,这些众多的子内容仅仅依靠有限的培训时间是绝对无法做到面面俱到的。培训时间段和培训内容过多这个不足,显然对在一定程度上降低培训效果,如果培训只是针对某一项子系统,又不能保证内容的全面性,而保证了全面性,又不能对某一方面具体展开太多,

这一矛盾始终影响着短期培训的效果。

（三）难以满足不同层次足球教师的学习需求

参加校园足球师资培训的众多学员的水平各有不同，有的足球运动基础较差，有的足球理论知识缺乏，有的教学能力薄弱，有的是根据校园足球发展的需要"转行"而来的。并且他们还各自有不同的擅长领域，如有些学员擅长理论内容的教学，有些擅长足球体能指导，有些则擅长技战术训练，还有些擅长裁判工作等。这样一来，参加培训的学员总是有属于自身的学习需求的。然而培训的主题往往是确定的，而且面向的是一个整体，鉴于时间短内容多的缘故，本就难以在有限的时间内完成原本的培训内容，就更没有时间顾及到学员的个体学习需求了，这使得有些学员感到培训的价值不大，从而逐渐对参加这类培训兴趣降低。所以，我们还需要找到一种培训方式，以解决培训当中足球教师个体学习需求问题。

（四）培训缺乏系统性教材

在目前组织的校园足球师资培训中存在一个缺乏系统性教材的问题。教材是培养活动的媒介，是足球师资将要学习到的内容。一套编排合理、逻辑连贯、图文并茂的足球教材会非常方便学员在培训活动期间或之后的自主学习的。现有的用于校园足球师资培训的教材多为培训组织人员搜罗而来的优秀足球讲师发布在网络上的课件，抑或是不同级别的足球教学大纲，而对于实践课的教材也主要是以文字材料为主，基本没有系统的影音资料。缺乏系统新的教材会让学员感觉培训缺乏严谨性和严肃性，从而制约了他们学习的主动性，培训也更容易被视为一种形式。

实际上，在信息技术如此发达的今天，并不难整理或创编出一套体系完整的足球师资培养教材，无论是教材建设，还是足球资源库建设或是打造足球培训网络平台都是较好的办法，但当务之急的就是如何将这些可用素材整合到教材之中，它不应是简单的拼凑，而是应在符合足球运动发展规律下科学进行整合与优化，从而形成一个符合不同水平、不同级别的校园足球师资培训的系列教材。

（五）考核与评价形式需要改进

每期校园足球师资培训结课前都会安排有一个考核与评价环节。不同培训课程的考评环节有不同的方式，总体上全国并没有一个统一的标准，这样一来就会使考评显现出了更多的主观性和随意性，如此则很难准确地反映出学员参加培训活动后的提升情况。另外，缺乏严谨的考评工作也会让学员对培训活动的重视程度不够,从而减低学习积极性和质量,更不会激发起他们深入钻研问题的精神。还有一点是,受限于培训活动时间段、内容多,许多内容让学员在短期内快速消化也是不现实的。因此,能否设计出一个针对校园足球师资培训的考核方法,就成为能否让学员清楚认识自身知识与技能的不足以及激发自身再学习动力的关键。

(六)缺乏后期的继续培训

校园足球师资的培训工作是一项系统工程,如此就决定了这不是一种"一锤子买卖"的培训,本应存在一个之后的再培训活动。这对当前我国校园足球师资总体水平偏低的现状下,注重培训之后的继续培训是很重要的,它是一种让师资得以持续进步的手段,即使在当前的一些培训中组织方已经关注到了运用分批、分层次等的培训方式,但受制于参加培训的毕竟是少数学员,如此要想使足球师资的整体水平获得提高仍旧需要建立其一个继续培训的制度。另外,在短期集中培训模式下,足球教师总是难免因"工学矛盾"和"休学矛盾"等不能完成相关培训,这就可以在后期培训中予以弥补。

(七)培训覆盖面的问题

当前所组织的校园足球师资短期培训活动大多是定期举办的,通常为一年 10 期,每期名额有限制,如此一来就使这一培训的覆盖面大大减小,有许多学员都因为有限的名额而难以成功报名。实际上,要想解决这一问题只能通过增加期数和增加每期的人数这两种方式,而期数、人数的增加还受到讲师、场地等资源的限制,这始终是一对矛盾。

对于校园足球开展并不算普及的我国来说,急需大量优质的校园足球师资来到校园之中指导学生的足球教学与足球活动。因此,拓宽校园足球师资培训的覆盖面就显得非常重要,只有这样才能让更多有志从事这项工作的人得到培养的机会,并在日后的岗位上发挥学到的才能。

第三节 江苏省校园足球师资培训体系构建的实施

一、校园足球师资培训体系构建方法

校园足球师资培训体系构建的方法有很多,下面就对其中的三种来加以分析和阐述。

（1）按照校园足球师资的知识能力结构和教学能力发展阶段,来将校园足球骨干师资培训划分为不同目标形态的不同级别,以校园足球师资的培训级别的差异为依据,从而确定相对应的校园足球骨干师资培训课程。在此基础上进行课程体系的设计。

这一构建方法的模型为纵向层次型课程体系(图7-1)。

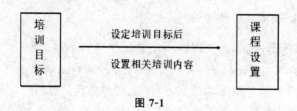

图 7-1

（2）按照校园足球师资在校园足球中实际教学的不同特点,来将校园足球师资的工作内容确定下来,主要包括足球教学、足球教(科)研、足球训练、组织足球活动等方面,针对每一职能对足球师资(不同层次)的素质要求,来将培训目标确定下来,然后以此为导向,将课程目标确定下来,然后再进行课程体系的设计工作。

校园足球师资培训课程体系的模型为横向职能型课程体系(图7-2)。

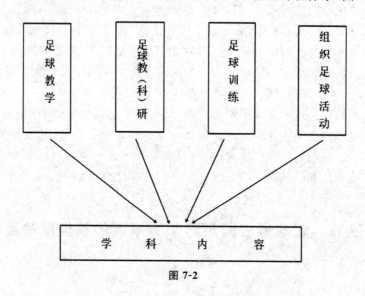

图 7-2

（3）按照足球师资在知识、能力、创新三个纬度上(不同层次)应具备的素养,将校园足球培训目标确定下来,然后确立课程目标,最后对课程体系加以设计。通常,可以将其分为三个层次,即初级、中级和高级。每一层次的目标是不同的。

三维立体型课程体系的基本模型见图7-3。

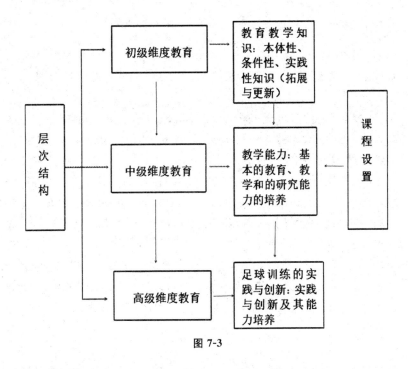

图 7-3

二、校园足球师资培训体系构建步骤

(一)合理设置培训目标

就校园足球师资的培训目标来说,目标是培训工作的出发点,同时也是工作的终点,还是选择培训内容和培训方式等元素的依据。一个科学合理的培训目标,应符合现阶段校园足球活动开展的现状,以及体现出培训课程的系统性、整体性与衔接性。校园足球师资的培训是一项系统工程,对培训目标的设定要以足球教师的素质结构、个人需求、专业发展规律等要素为依据,据此进行全方位地规划。制定培训课程目标时还要关注到目标要能满足教师的个人需求,目标要设定在最近发展区中,这样有助于对学员产生较大的学习驱动性。为此,就需要在培训前对学员进行了解和综合分析,洞悉他们的基本情况和需求,这是制定出具有明确性、层次性和可操作性的有效培训目标的依据。

另外,培训目标的设置还应紧随教育部对足球教师、足球运动及学校体育发展的最新政策精神,确保相关培训的职业特殊性要求,立足终生教育及教师专业化发展理念,最终促使校园足球师资培训工作呈现出整体化形态。

1. 初级(水平二)校园足球骨干师资培训基本目标

(1)使足球教师一定要将对校园足球事业的热爱激发出来,不断提高自身对足球运动所蕴含的隐性道德品质的认识,同时,还要有效提升个人修养。

(2)增强协作精神,健全人格,对足球运动与学生身心发展、教育三者之间的关系有全面且深入的了解与认识,足球教学因材施教,将学生对足球运动的兴趣有效激发出来。

(3)知识结构合理,在校园足球相关基础理论知识培训方面有所侧重,对校园足球的先进理念进行学习和吸收,同时,也对足球教学的方式方法理论、足球技战术进行学习和掌握,除此之外,还要与足球教学实践相结合来进行足球教育教学的再学习。

(4)能对最新的足球教学方法的基本原理进行掌握,积极实施启发式教学,将学生对足球运动的兴趣有效激发出来,同时,还要有效增强对足球运动知识了解、认识的欲望,培育学生品德、智力、优良的体质。

2. 中级(水平三)校园足球骨干师资培训基本目标

(1)校园足球师资在校园足球理念的学习和积极投身于校园足球事业方面要坚定信念。

(2)遵循教育规律和足球运动规律,尊重学生身心发展特点,并且对三者之间的契合点进行准确把握。

(3)不断更新和拓展足球相关理论基础知识和前沿知识,了解足球教育教学理论和实践的最新成果,努力奋斗,使自身足球教学的创新能力和实践能力得到有效提升。

3. 高级校园足球骨干师资培训基本目标

使校园足球师资与校园足球教学、训练的需要更加贴合和适应。以培养学生为中心,成为校园足球师资实打实的基层专家。具体应从以下几个方面着手进行。

(1)在校园足球相关基本理论和学科先进知识方面要不断更新,校园足球师资对校园足球学无止境的认识、持续学习的意识要进一步增强。

(2)反思总结自身足球教学经验,缺点要纠正改善,优点继续发挥,形成一套独特的教学、训练风格,使足球教学、训练的质量也有所提升。

（3）对校园足球教学、训练理论和实践的最新成果有所了解。

（4）具有一定的科研能力，能够通过先进设备的利用，将其运用到足球教学、训练当中去的，不断提高自身足球教学、训练的创新能力和实践能力。[①]

（二）科学选择培训内容

培训内容是培训活动展开和培训目标实现的重要载体。因此，对于培训内容的选择就要格外有所考量，它必须要依据培训指导思想，以培训目标为准则，力争做到因材施教。培训内容要切实有助于提升参训学员的理论和实践技能，除此外还有让人们对校园足球的现状、政策、校园足球文化、组织比赛和活动等有足够了解和掌握必要的方法。具体来说，合理选择培训内容应做到如下几点。

（1）培训内容要理论与实践兼具。培训内容中既然包含理论性的内容，也要包含实践性内容，更要注意将理论与实践相结合，如在讲解某一理论内容时安排一个对应的实际案例，案例可通过视频、图片等形式展现出来。这样做的好处是能够给学员展现出一个与实战紧密结合的情境，如此也让理论知识的学习更能显现出价值，逐渐形成基于个体经验和独特个性特征的个人教学体验。

（2）培训内容应结合足球专业理论与专业技能。非足球专业出身的教师在足球专项上存在一些不足，培训活动的开展就是弥补这些不足的。为此，培训内容的选择就要与校园足球教师岗位工作的特点紧密结合，这样才能使非足球专业教师在理论与实践两方面同时得到知识补足，并能用理论指导实践，然后再将实践中获得的经验反过来印证理论。

（3）培训内容应结合教师的教学需求。尽管非足球专业的教师在足球专项上有薄弱点，但作为体育教师，他们普遍有着更好地对运动项目的理解和感觉，这使他们对掌握另一个运动项目更有优势。那么，培训的关键问题就在于如何让他们学到的新理念、新知识转化到实际的校园足球活动工作中去。为此，在培训开始前就要首先了解参训人员的专业知识结构水平与培训诉求，在基础上选择相应的培训内容，如此确保所选择的培训内容正好是学员们想学习的，这会大大提高培训内容的针对性与有效性。

（4）培训内容应与现代信息技术结合。信息技术在足球领域的运用已经是非常普遍的事情了，如在高水平足球队的训练和比赛中，教练员做出的

---

① 袁锦龙.小学校园足球骨干师资培训课程体系的研究［D］.广州体育学院，2017.

很多训练和战术决策都是依据信息统计数据而来的,此外,电子战术板、电脑分析软件等高科技手段的出现也提高了足球运动的训练和临场比赛指挥效果。这一趋势要在培训内容中有所展现,如此得以让非足球专业教师融入现代教学训练的氛围中。为了突出信息技术对足球运动的影响,对这部分内容的培训也可以使用线上线下结合的模式进行。

(三)有效拓宽培训方式

针对校园足球师资的培训应充分结合学员的知识结构、能力结构、教学经历等多方面进行。依据个性化需求与专业化发展需要,通过多途径、多层次、多形式的培训方式,增强培训实效性。除经常开展的校内培训外,还可适当安排校外培训,同时注意培训形式的灵活,如采用专家讲座、专题研讨、外出学习、课题研究、自主学习等多种形式。

1.外出培训

根据足球教师培训的各方面需要和实际条件,适度安排非足球专业教师到校外相关足球师资培训单位参加学习活动。这一形式的培训是较为常见的培训方式。为此,教育部门和体育部门还特地投资建设了一些校园足球骨干师资培训基地,这些基地自建成伊始就给校园足球教师提供了更多高质量的培训活动。

2.校内培训

非足球专业教师在未来所参与的校园足球活动的开展地点是本校,有些教师甚至在教学中已经教授过一段时间的足球项目了。通过传授足球运动基础知识、提升运动技能水平,培养学生团结协作的优良品质,这也是对教师自身教育教学能力的提高和升华。因此,将对校园足球非专项教师的培训活动安排在校内进行,如此可以将校内的资源优势发挥到最大,同时也能让培训活动的时间、形式、内容等变得更加灵活,甚至可以根据学校发展的实际需求组织针对性更强的培训。

3.网络培训

互联网和多媒体技术的发展可谓是彻底地革新了现代社会中信息的传播渠道,人们获取各种信息不再像过往那样受到地域和时空的限制,这就催生出了更新、更便捷的培训方式,即网络培训。借助互联网平台的信息传播优势,校园足球主管部门可邀请优秀足球教练员拍摄足球教学、训练和比赛等视频,并将这些内容发布到全国校园足球教练员网络平台上。同时还要重视对足球网络资源课程的建设工作,定期举办校园足球话题的交流活动,引导非专业足球教师进行线上线下专业知识学习,丰富获取知识的途径。借助网络开展的校园足球非专项教师的培训有助于缓解工学矛盾,也更能满足学员的个性化学习需求。

(四)有效完善培训模式

现有的校园足球师资培训模式可以分为两层培训模式,即普惠培训和精英培训,在此基础上,新型的分层分级足球师资培训模式被提了出来。

所谓分层分级培训模式是指:从培训主体、培训理念、培训对象、培训内容、培训手段、培训管理几个因素着手,从普惠培训、精英培训两层培训角度出发,按照水平一、水平二、水平三、水平四、水平五,将足球教师培训分为五级培训(图7-4)。需要强调的是,各培训要素间相互配合,各方面相互协调,从而使校园足球师资培训模式得到进一步的完善。

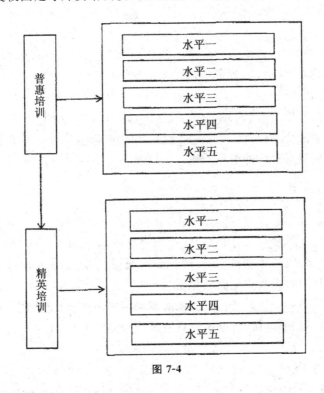

图 7-4

1.分层分级教练员培训模式的前期准备

第一,江苏省校足办聘请足球专家,以校园足球教学大纲、各水平学生特点和江苏省的具体情况为依据,来对水平一至水平五各水平的教师培训的线上培训资料和线下培训资料进行研究,且整体框架不变,每年以足球发展情况为依据来进行适当的更新与补充。

第二,江苏省校足办建立了一个具有线上学习、线上考核、线上交流和线上共享功能的校园足球网络平台,要求参训师资在规定时间内完成线上学习与考核,定期开展线上论坛,在线上进行交流、学习。

第三,江苏省校足办建立了讲师团,选出团长并将江苏省所有校园足球专家进行编号,由市校足办领导,开展足球师资培训工作。

第四,校足办建立培训跟踪系统,对参与精英培训的师资建立成长电子档案,制定成长计划表,要求每一位参加精英培训的师资在培训结束后登录成长电子档案,将培训时间、地点、内容记录下来。

2.分层分级培训模式的名额划分

首先,进行五级普惠培训,普惠培训以全国青少年足球特色学校、江苏省青少年足球特色学校优先培训,对非足球特色学校足球师资储备要加以重视。

培训名额划分:首先培训各个地级市的全国青少年校园足球特色学校足球教师,然后培训江苏省青少年校园足球特色学校足球教师,最后培训意向申报足球特色学校的学校,且注重为非足球特色学校储备校园足球师资。

各足球特色学校培训的名额分配的比例标准为小学 6 个名额、初中 3 个名额、高中 1 个名额,同一名教师多次参加同等级、同类别培训的情况是严禁的,要使狭义足球师资培训进一步普及。

3.分层分级培训模式的具体操作方法

第一步:校足办发出培训通知,要求参加培训的师资自由安排时间在网络平台学习并在规定时间内完成线上考核。培训通知下发后,参训教师按要求完成线上注册,并选择小组、课程和班级,完成线上所有课程后进行考核,通过考核之后进入集中面授阶段。

第二步:集中面授并考核。集中面授采用实践、实训、分组交流方式,授课结束后进行现场考核,对通过者颁发培训合格证书,考核通过者予以合格证书不通过者跟下一批培训者再次培训。

第三步:再次检验培训效果。培训结束后,将本次培训的所有课程资料上传至网络平台供参训教师复习。每层培训结束后,进行培训效果检验,采用"同课异构"的微课形式、校园足球水平教学计划等形式的比赛。

综上所述,江苏省校园足球师资培训过程模式见图7-5。

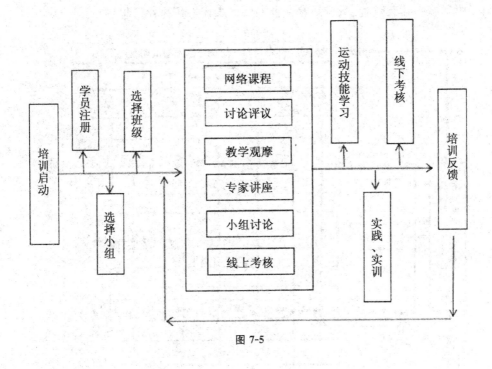

图 7-5

第四节 江苏省校园足球师资培训体系构建的未来设想

我国校园足球师资培训体系的组织结构模型如图 7-6 所示。江苏省可以对此加以借鉴，并与自身的实际情况相结合，来进行适当调整。

一、校园足球师资培训体系组织结构维度

要想构建一个开放式的校园足球师资培训体系的组织结构，首先要做的就是将组织结构的维度确定下来，组织结构的构成维度应当以其主要流程为主干搭建。

以流程的分类理论为依据，可以将组织流程分为两种类型：一种是支持流程，一种是业务流程。其中，支持流程由校园足球师资培训体系的课程建设流程、讲师队伍建设流程、教材体系流程和教学设备流程构成；校园足球师资培训体系的业务流程主要由职前培养流程、入职教育流程和职后培训流程三部分构成。此外，在对校园足球师资培训体系进行一体化再造的过程中，将校园足球师资培训需求分析一体化流程、规划制定一体化流程、教

学运行一体化流程、教育质量评价一体化流程重新构建了起来。

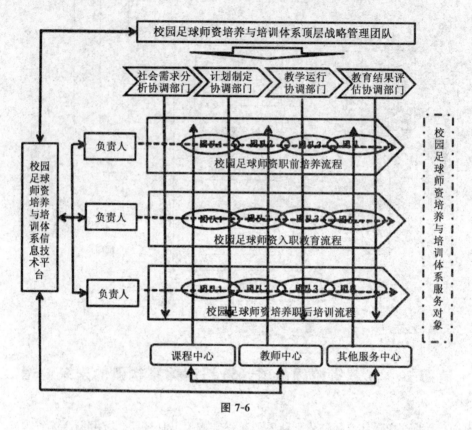

图 7-6

由此可以看出,校园足球师资培训体系的组织结构维度的构成要素有三个方面,即校园足球师资培训体系人才培养流程、校园足球师资培训体系人才培养支持流程和校园足球师资培训体系一体化流程,一个三维立体的组织结构空间模型在这三个主干维度的共同努力下得以形成。

二、校园足球师资培训体系职能服务中心

在校园足球师资培训体系当中,支持流程具有独特的作用,主要表现为,通过一个良好的服务支持平台间接地为校园足球师资培训体系实现人力资本的增值服务,从而使人才培养流程任务顺利完成而向其提供必要的技术与物质上的支持。具体来说,支持流程主要有四个,即为课程建设、教师队伍建设、教材建设和教学设备供应。所谓的职能服务中心,指的就是这些支持服务流程的运行平台,这些职能服务中心不管在职能中心还是在工

作重心上,都发生了较大的转变:在职能中心方面,过去的以各自部门的职能为中心逐渐向以校园足球师资人才培养流程为中心转变;工作的重心由过去的监督、审查、控制逐渐向指导、帮助、和支持人才培养业务流程团队转变。

除此之外,各职能服务中心之间不仅要为人才培养核心业务流程提供服务支持,还要在相互之间加强横向和纵向沟通联合,整合的内容涉及的方面也较为广泛,比如,不同校园足球师资培养与培训阶段和不同职能部门间的功能,同时,还要将职能服务的整体性和系统性特点体现出来,为校园足球师资培养与培训提供完善的系统的服务与支持。

三、校园足球师资培训体系职责岗位体系

校园足球师资培训体系的职责岗位体系是由校园足球师资人才培养的核心业务流程、支持流程和一体化流程为维度框架与校园足球师资培训体系顶层战略管理团队共同构成,其中包括各核心流程的负责人和团队、各一体化流程负责人和团队、职能服务中心负责人和团队以及校园足球师资培训体系顶层战略管理团队。

(一)校园足球师资培训体系顶层战略管理团队构建

1.校园足球师资培训体系战略管理团队建构

对于校园足球师资培养与培训来说,其中的一个重要工作内容就是战略管理团队建设,同时,这也是完善当前校园足球师资培训体系组织结构构建和跨部门合作的基本任务。

校园足球师资培训体系跨部门合作的战略管理团队建设的实施,不仅要对西方发达国家的先进经验加以借鉴,还要与中国的国庆相结合,将外部经验与内部问题综合起来加以运用才能取得理想的成效。

通过调查分析可以得知,我国校园足球跨部门合作在组织结构方面仍存在着一些具体问题亟须解决,具体可以采取以下几个方面的措施加以解决。

(1)将参与培训的各部门的职能及职责权限明确下来。我国校园足球的开展特点主要表现为:活动覆盖面广、规模大、参与部门和人数众多,目前,参与校园足球师资培养的部门主要有:高等体育院校、教育部、体育总局和地方政府,因此,将参与校园足球师资培养与培训的各部门的职能及职责权限明确下来,对于跨部门校园足球师资培养与培训战略管理机构的构建

是有着基础性意义的。

(2)将跨部门的培训体系顶层战略管理团队建立起来。校园足球师资培训体系跨部门战略管理团队的构成部分主要有四个,即高等体育院校、中国足协、教育部、各个地方政府,这些部门的主要职责是参与校园足球师资职前培养、入职教育和职后培训。

从我国的具体国情出发,与校园足球活动开展的情况相结合,目前,我国所实行的是联席会议管理制度,这一制度是在教育部的主导下实施的,这一管理方式对于校园足球师资培训体系战略管理机构的设立来说也是适用的,如此一来,其中起到主导作用的就是国务院牵头或被授权的教育部了,联合其他三个部门组建校园足球师资培训体系战略管理团队,该部门的主要职责就是对全国校园足球师资培养与培训一切活动负责,可以将其归属到国家主管部门的派出机构的范畴,其在权威化管理上具有一定的权利。

校园足球师资培训体系战略管理团队中所包含的人员是来自多方面的,其中,最主要的有两个方面:一个是政府机关相关职能部门领导,还有一个是校园足球领域的专家学者或主要利益相关者。

(3)将培训体系战略发展专家咨询委员会建立起来。要想使校园足球师资培训体系的发展战略的科学性和可操作性得到保证,就需要将专门的专家咨询委员会建立起来,并且保证其广泛代表性、专业性和独立性特点,这样,还能可以随时为跨部门合作进行中所出现的问题提供决策咨询等方面的服务。

2.校园足球师资培训体系战略管理团队的作用与职责

(1)培训体系战略管理团队的作用。顶层战略管理团队在以流程为导向的校园足球师资培训体系组织结构中,具有以下几个方面的显著作用。

第一,对组织的发展进行战略思考和决策。

第二,以内外环境的变化为依据,来对组织流程体系和结构体系进行设置和适当调整。

第三,积极指导组织内的各类流程团队和职能服务中心的工作,同时对相关的业务进行整合、协调。

第四,将信息技术平台搭建起来。

(2)培训体系战略管理团队的职责。校园足球师资培训体系的顶层战略管理团队的直接领头人是全国校园足球领导小组,小组成员主要有由相关工作的不同部门的相关专家和职能部门人员。具体来说,该战略管理团队的职责主要有以下几个方面。

第一,以校园足球活动发展的需要为主要依据,同时,还要充分结合校园足球师资培训体系外部环境和内部资源的具体情况,来将师资培养体系发展的战略规划科学地制定出来,并保证其合理性与可操作性。

第二,从系统理论的角度出发,系统的结构与功能是系统的重要属性,这两个属性之间是关系较为紧密,两者既相互联系又相互区别,可以通过对系统结构的改变来达到提高系统功能的目的。除此之外,还能使师资培养的效率和质量也有所提升。

第三,校园足球师资培训体系的构成要素主要为许多不同类型的流程和流程团队以及其他元素,可见其作为重要的系统具有显著的复杂性和开放性特点。校园足球师资培养与培训工作体系的顺利运转,并不是各个要素独立工作就能实现的,而是需要他们协同工作,这种协作在整体和具体的流程和要素上要都有所体现。通过各种手段对校园足球师资培训体系内的各种流程和流程团队提供指导和进行协调,就是顶层管理团队的职责所在。

第四,建构信息技术平台并对其加以管理。信息化是校园足球师资培训的必由之路。实现不同培养阶段和流程之间的教学信息和资源的信息化,同时实现数据信息管理一体化,就成为了校园足球师资培训体系的顶层管理团队的一个重要职责。

(二)校园足球师资培训体系流程团队

1.校园足球师资培训体系流程团队类型和跨部门运行机制

我国校园足球师资培训体系流程团队跨部门协同类型可以将其归纳到政府内部跨部门协同模式的范畴。而与之相适应的团队运动机制主要有以下三个方面。

(1)主要负责领导牵头机制。这一机制,实际上就是由全国校园足球领导小组中分管师资培养与培训的领导参与类型和阶段各不相同的校园足球师资培训流程的管理,通过跨部门来协调或者解决某一项特定的工作。

(2)整合协调下属的职能部门机制。流程团队通过联席会议协调下属的不同职能部门,来长时间对校园足球师资培养与培训的全局性、战略性问题进行协调,使它们能够达成长期合作的意向。

(3)主要承办部门牵头机制。在校园足球师资培训的不同阶段,相关部门要做好自身相应的工作职责,要召集有关部门,来协调并落实涉及校园足球师资培养与培训领域、环节的事项。

2.校园足球师资培训体系流程团队类型

我国校园足球师资培训体系的流程团队是按照系统流程架构形成的。

我国校园足球师资培训体系的流程主要有校园足球师资培训体系人才培养流程、校园足球师资培训体系人才培养支持流程和校园足球师资培训体系一体化流程着三个方面,其共同组成了一个三维立体的组织结构空间模型,这也就决定了校园足球师资培养与培训的体系的流程团队也是相应的三种类型,具体如下。

(1)校园足球师资培训体系人才培养流程团队。我国校园足球师资培训的组成部分可以根据不同的阶段进行划分,即为职前培养阶段、入职教育阶段和职后培训阶段,这三个部分之间是既相互独立又相互联系的密切关系,相互之间是具有影响和衔接的。

需要强调的是,这三个部分每一阶段应有一个总的流程团队来对其所有的工作负责,这些流程团队又以师资人才培养需要为依据来对总流程进行进一步的划分,根据级别的不同来将其逐渐划分为更小的流程团队。

(2)校园足球师资培训支持流程团队。校园足球师资培训体系组织结构属于长期静态型流程组织结构,支持性流程负责向人才培养的核心流程提供保障和支持。在校园足球师资培养与培训一体化体系当中,主要有课程建设流程、师资与讲师队伍建设流程、教材建设流程和教学设备使用流程。围绕这些流程建设专业的流程团队以协调、衔接和指导不同培养与培训阶段的校园足球师资培养与培训相关流程的工作,从系统的整体性角度出发,结合组织发展的战略与培养与培训的实际需要为校园足球师资培养与培训核心流程提供必要的课程、师资、器材保证。

(3)校园足球师资培训体系一体化流程团队。以我国校园足球师资发展战略为主要依据,构建一个多部门参与的一体化培训体系是今后的一个重要构想和发展趋势,其中,包含着职前培养、入职教育、职后培训三个方面,且这个方面之间是紧密衔接的。

一体化的校园足球师资培训流程在构建时,一定要抓住的一个关键点,就是将以前条块分割的校园足球师资培训体系打破,而后将统一协调的人才培养流程建立起来,这一培训体系是具有显著的完整性的,且是上下相结合的。

通常,以流程任务的性质和特征为依据,可以将系统内一体化流程进行纵向划分,划分为不同的、细致的一体化流程,涉及到:战略管理、需求分析、规划制定、教育培养、教育评价等方面。需要强调的是,这些细分的流程都有各自的负责团队。

校园足球师资培训体系一体化流程团队具有其自身的特殊职责,具体表现如下。

第一,对校园足球师资培养与培训发展规划和重大的改革措施进行研究和探讨,并且针对不同阶段提出相应的实施方案和相关的意见和建议。

第二，通过调查和研究，针对校园足球师资培训的需求，提出切实可行的意见和建议。

第三，遵循区别对待的原则，针对不同培养与培训阶段师资人才的培养规格和培养目标给予相应的指导，并且根据实际情况将所适用的意见和建议提出来。

第四，对不同校园足球师资培训阶段的教学计划和培训计划提出相应的指导意见和建议，并对其进行严格审核。

第五，以不同阶段的人才培养目标为依据，来科学评估校园足球师资培训效果，并提出与之相适应的指导意见和建议。

第六，校园足球师资培训体系一体化流程的指导委员会或联席机构要将其联系职前培养、入职教育和职后培训的纽带作用充分发挥出来，使各个阶段的联系更加紧密，将不同阶段之间的界限打破，从而使校园足球师资培训体系的一体化发展得以顺利实现。

四、校园足球师资培训体系信息技术服务平台构建

提高师资培养的效率和质量，是校园足球师资培训体系实施一体化流程管理的最终目的，而信息化技术的运用，则能够为人才培养的效率和质量的提高提供必要的帮助，同时，还能使培训流程运行的精确性和可靠性特点得到进一步的强化。因此，构建校园足球师资培训体系信息技术服务平台是非常重要且必要的。

(一)校园足球师资培训体系信息技术系统构建的原则

在构建校园足球师资培训体系信息技术系统时，一定要保证该系统与培训体系各个方面是相匹配的，具体表现如下。

1.信息技术系统与培训体系组织结构相匹配

首先，要将校园足球师资培训体系组织结构作抽象处理，使其成为信息对象，然后，也要对系统的运作模式进行抽象处理，使其成为信息对象的属性和方法，建立面向整个组织结构的信息模型。系统的信息架构已经由实体模式逐渐转变为信息模型。

2.信息技术系统与培训体系流程架构相匹配

在校园足球师资培训体系的流程结构的基础上，将与之相匹配的信息传递系统建立起来，通过信息系统的集成运行，使系统内不同流程团队间各

类信息的自动化流动得以实现,突破过去职能化信息壁垒,达到有效提升校园足球师资培训体系各类流程的运作效率,降低人才培养成本的目的。

3.信息技术系统与培训体系技术架构相匹配

校园足球师资培训体系技术结构,主要是指在师资培养过程中应用到基础技术体系,其中包含着多方面的内容,比如,教学软件平台、教学网络资源、教学运行信息资源和硬件技术等都可以归纳到其内容的范畴,而且这些技术之间是相互作用和相互支撑的,对校园足球师资培训体系的运转起到重要的支持作用。

(二)校园足球师资培训体系信息技术平台的架构

我国校园足球师资培训体系当中存在着战略流程、核心业务流程和支持流程,因此,以此为依据,可以将信息技术平台进行进一步的层次和子系统划分,具体见图 7-7。

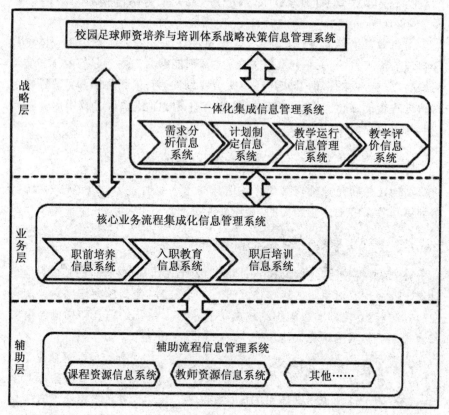

图 7-7

1.战略决策信息管理系统

校园足球师资培训体系决策子系统与其发展战略流程是相对应的,校园足球师资培训体系组织结构中的高层管理团队在战略决策上提供相应的帮助和支持,是其主要目的所在。决策信息支持系统在校园足球核心业务运作层的师资培养与培训各方面数据的分析的基础上,为高层管理团队战略决策提供必要的依据。校园足球师资培训体系的决策信息支持系统所涉及的模块有三个方面,即信息数据采集模块、信息数据处理模块、信息数据分析预测模块。

2.一体化协调整合信息管理系统

校园足球师资培训体系的一体化协调整合信息管理系统与一体化协调整合流程是相对应的,其主要目的是收集校园足球师资培养与培训的不同阶段具有相似功能的流程信息,然后进行相应的分析处理,以达到对相关流程进行协调与整合的效果,实现校园足球师资培训工作的一体化、集约化,最终使人才培养的质量和规模都得到有效的改善和提升。

3.核心业务流程集成化信息管理系统

校园足球师资培训体系核心业务流程是组织运作的主体,其与信息系统相对应,信息系统则属于校园足球师资培训体系集成化管理信息系统的范畴,其在整个校园足球师资培养与培训依稀信息技术系统中处于核心地位,它包含两个子系统,一个是核心业务信息系统,一个是一体化协调整合信息系统。校园足球师资培训体系核心业务信息系统,在经过集成化处理后,校园足球师资培训体系一体化协调整合信息系统就形成了。

4.支持流程信息系统

校园足球师资培训体系支持辅助流程信息系统主要是为核心教育培养流程提供流程运行所必需的资料数据,与其对应的信息系统有两个方面,一个是课程资源信息集成系统,其具体包含几个作用各异的中心平台,比如,教学资源中心平台、课程中心平台以及网络课程平台;一个是教师资源信息集成系统,其主要是由教师基本信息数据库、招聘管理信息系统、培训开发信息系统、绩效评价信息系统这几个方面构成的。

参考文献

[1]何志林.足球[M].北京:人民体育出版社,2004.

[2]张瑞林.足球运动[M].北京:高等教育出版社,2005.

[3]熊子如.校园足球发展意义、困境及对策研究[J].青少年体育,2020(08):60—61.

[4]梁伟.校园足球可持续发展评价研究[M].济南:山东人民出版社,2016.

[5]陈强,陈晓燕.校园足球发展模式与可持续发展研究[J].体育世界,2019(12):59—60.

[6]杨富友.关于足球文化对校园足球运动的可持续发展研究[J].体育世界,2020(02):46+54.

[7]林辉杰,马勇占,梁海丹.校园足球发展的系统观:基于"普及"与"提高"协调发展视角[M].南京:江苏人民出版社,2020.

[8]侯学华.校园足球核心价值体系与路径选择[M].南京:东南大学出版社,2020.

[9]蒲一川.我国足球文化建设的价值取向及发展路径[J].绵阳师范学院学报,2012,31(03):103—107.

[10]郝纲.我国校园足球活动开展的现状问题及对策研究[J].当代体育科技,2018,8(26):161+163.

[11]何强.校园足球热的冷思考[J].体育学刊,2015(02):5—10.

[12]王哲.我国校园足球运动开展现状[J].运动,2012(44):81—82.

[13]梁伟.校园足球可持续发展评价研究[M].济南:山东人民出版社,2016.

[14]毛振明,席连正,吴晓曦.论"新校园足球"的顶层设计[J].武汉体育学院学报,2019(03):76—80.

[15]何志林.足球教学训练工作指南[M].北京:人民体育出版社,2010.

[16]董众鸣,龚波,颜中杰.开展校园足球活动若干问题的探讨[J].上海体育学院学报,2011(02):91—94.

[17]李纪霞,何志林,董众鸣.全国青少年校园足球活动发展瓶颈及突

破策略[J].上海体育学院学报,2012,36(03):83—86.

[18]汪升,龚波,陶然成,等.我国校园足球与青训体系的有机衔接[J].武汉体育学院学报,2018,52(03):83—88.

[19]颜中杰.我国中超职业足球俱乐部梯队运动员现状研究[J].体育科技,2011,32(02):34—39.

[20]孙克诚,董众鸣.我国足球后备人才多元化培养路径现状及对策[J].上海体育学院学报,2011,35(03):76—79.

[21]李艳杰,林军.校园足球热背景下足球师资现状研究——以江苏省为例[J].当代体育科技,2019(09):169—170.

[22]彭丽英.论当前青少年校园足球教练员人文素养的价值研究[J].青少年体育,2018(04):46—47.

[23]唐轶民.浅谈足球教练员必须具备的职业素养[J].当代体育科技,2017,7(04):220+222.

[24]曲晨.我国校园足球教练员专业知识结构特征的研究[J].中国学校体育(高等教育),2018,5(08):65—69.

[25]王刘华,梁青青,查方勇.高校教师胜任力素质模型的构建与实证研究[J].价值工程,2019,38(21):232—235.

[26]余普.校园足球教师胜任力模型构建研究[D].陕西师范大学,2018.

[27]张长城.基于结构方程的校园足球教师胜任力模型构建研究[J].嘉应学院学报,2017,35(05):89—95.

[28]刘焱辉.湖南省校园足球师资培训现状与对策研究[D].湖南工业大学,2018.

[29]冯庆鲲,侯军,何远飞.关于我国校园足球师资培养的思考[J].肇庆学院学报,2019,40(05):90—94.

[30]范宇豪.江苏省校园足球特色学校足球专项师资队伍建设现状调查[D].南京师范大学,2017.

[31]赵金龙.校园足球师资培训的探讨[J].四川体育科学,2019,38(05):127—129.

[32]贺斌.校园足球师资培养与培训体系流程及组织结构优化和再造研究[D].北京体育大学,2016.

[33]于斌,张威雪.对完善校园非足球专项教师培训方案的思考[J].体育世界,2019(11):186—187.

[34]问绍飞.国家足球战略下江苏省高校校园足球师资培养教学现状研究[J].体育科技,2019,40(04):131—132.

[35]曾丹,邓世俊,耿建华.中国校园足球指导员培训教程[M].北京：人民体育出版社,2015.

[36]程公.论足球后备人才培养的全面质量管理[M].北京：北京体育大学出版社,2011.